于漪全集（修订版）

第六卷

阅读教学

上海教育出版社

像骆驼一样负重奔波

1982 年，回母校——省立镇江中学探望班主任花翰香老师

20 世纪 90 年代，在听课间隙，与刘国正（右一）、张拗之（右二）、章熊（右三）三位先生交换意见

谈语文课程标准学习体会

出版说明

《于漪全集》是基础教育领域首部特级教师的全集，也是上海教育出版社为特级教师出版的第一部全集。自 2018 年 8 月第一版出版以来，在传承、弘扬和建设新时代社会主义文化、以教育自信创建自信的教育等方面发挥了重要作用，深受广大读者特别是第一线教育工作者的好评。

《于漪全集》收录了于漪在不同时期出版的专著以及发表于全国各类报刊的论文、讲话、序跋等作品。编辑过程中，虽尽力搜集，仍难免挂一漏万。部分文章的写作时间和出处未予注明，留待日后修订逐步完善。在此，也对原发报刊编辑部、图书出版单位一并致谢。

《于漪全集》第一版由上海市教师学研究会组织有关教师、专家编辑。于漪的教育思想植根于教学实践，是理论与实践有机融合的生动阐述。有时一材多用，是为了从不同角度阐释相关问题，为读者呈现丰富的不同历史阶段的思考成果。

《于漪全集》第一版以“一辈子学做教师”为线索，根据文章内容，分为二十一卷，从基础教育、语文教育、课堂教学、阅读教学、写作教学、教师成长、序言书信、教育人生八个方面多维度展现于漪来自教育第一线的理论研究成果，基本体现了当代教育家的典型形象。

于漪自 2019 年 9 月被中共中央授予“人民教

育家”国家荣誉称号以来，担当新的历史使命，坚持思想创新，特别是在中国特色教育学、教师学等重大理论建设上奋力探索，笔耕不辍，不断形成新的思想成果。鉴于此，上海市教师学研究会及时组织学术力量，对《于漪全集》第一版作了全面修订：一是补充了于漪教育新论述；二是增加了于漪教育活动年表；三是在版式、装帧上作了调整，从第一版的较小开本八类二十一卷改为较大开本的八类十二卷；四是对文字和内容错漏加以改正。

我们希望，《于漪全集》修订版能够继续为广大教育工作者学习于漪教育教学思想，探索中国特色教育学、教师学，为国育才，为党育才，发挥应有的作用。

目录

指导阅读教学

指导阅读方法

与中学生谈阅读

古今中外佳作精选导读

读写双效提升

阅读教学
指导

催开智慧的花朵

有智慧的人，生命能闪光。学习，见解独特；工作，机敏过人。年轻人都想自己有智慧，能见人之所未见，想人之所未想。智慧从何而来？不是天上掉下来的，也不是脑子里固有的，而是靠勤奋学习，毫不懈怠。

阅读能催开智慧的花朵。一个愚昧的孤陋寡闻的人不可能有智慧，年轻人要用源源不断的知识清泉滋润自己成长。阅读是长知识的重要途径，读得精深，启迪智慧，读得广泛，开阔视野。

读，要兴味盎然。书是文化的传承，文明的记录。“自孔子圣人，其学必始于观书。”书中包孕了极其丰富的哺育人类的文化养分，书读得越多，对人生、对社会、对自然的认识往往会高屋建瓴。就个人而言，多读书，读好书，会去浮躁、去庸俗、去狭隘、去浅薄，会增知识、增见识、增涵养、增高尚，优化气质，提高素质，达到“腹有诗书气自华”的境地。读书不像看电视那么轻松，声、色、光、电组合的图像作用于耳目，娱乐性强。年轻人看电视当然无可非议，它同样可扩展视野，增长见识，但是它不能也不可能代替读书。要真正吮吸人类文明的乳汁，非静下心来认真阅读不可，从根本上认识这一点，阅读就有内驱的动力，就会兴味盎然，长盛不衰。

读，要能读出味儿。犹如品茶，细细品尝，对其中的清香、苦香、幽香、馨香辨微析毫，就有提神醒目、沁人心脾之感，读好书也应如此，要通过语言文字的咀嚼，探索和领悟其中蕴含的深意，蕴含的内在美。不说什么名家大作，就是常常见到的一般短文中的句段，

本文收入《给语文教学加点钙》（上海教育出版社 2001 年版）。

读一读，驻足遐想，文中闪光的思想也会给人以启迪。如《观三叠泉瀑布》一文中，作者观庐山三叠泉瀑布后有这样一段议论：

> 人的一生或许只是一条溪流，没能成为瀑布。他们一生没能崭露头角，甚至湮没无闻，头顶苍天背倚石壁流干了最后一滴汗，但他们的追求和探索却比溪流还长！他们不愿在静止中消逝，不愿在平坦中徜徉，愈是遭受挫折愈是放声歌唱，孤寂时畅想大海，弱小时自强不息，这不更值得人们称赞吗？

如果浮光掠影扫视，只会留下作者在这儿打比喻的感觉，是平板的、无味的；如果认真咀嚼，开展联想与想象，味道就隽永得多。作者一开始就告诉读者，人生可能成为“瀑布”，飞流直下三千尺，辉煌壮观，也可能“只是一条溪流”，只是前后未明说，让读者自己领会。后者是重点礼赞的。尽管不像瀑布“崭露头角”，尽管“湮没无闻”，但生命的价值、生活的质量是厚实的、有意义的，不停息地“追求”，毫不懈怠地“探索”，笑迎困难挫折，向着伟大的目标奋斗不止，这种小溪精神不正是埋头苦干建设祖国、创造未来的人民群众创业精神的写照吗？闭眼一思，许许多多朴实无华的在各个岗位上兢兢业业、艰苦奋斗的无名英雄形象就会奔涌脑海。咀嚼这些词句，会对人生有所感悟。

当然，不是所有的文章都须这样读。但是精读一些好诗文，循序渐进，日积月累，加以博览群书，就会真正领悟读书的味儿、人生的味儿、社会的味儿、宇宙天地的味儿，就会“浓雾散去方见山”，智慧的花朵饱满，吐香人间。

巧弹“单元教学”琴键

中学语文课的教学内容主要通过课本反映出来。因此，课文教学是语文教学的主体。课文教学可单篇进行，也可组织单元进行，而树立单元教学的观念十分重要。

一、树立“单元教学”观念

早在 20 世纪 20 年代，就有人提出了“单元教学法”，产生了“单元论”教学思想，并在世界范围内，包括在我国，有过广泛的影响。现在我们所说的单元教学尽管有新的含义，但显然是从那时发展而来的。现在的单元教学是根据类聚的原则，把某一方面基本相同或相近的课文组织在一起，确定明确的教学目标，采用灵活多样的教学方法进行教学，以期有效地提高学生的语文能力。

根据大纲的要求所编定的全国中学通用的语文教材，就是按单元来编排的。它以读写训练的要求为主线，按文章体裁配合知识短文组成单元。每个单元有一个或两个教学重点，单元之间既有一定的区别，又有一定的联系。每册课文分成若干个单元，知识短文和课文紧密结合，组成了一个结构比较完整的体系。在一个单元里，课文又有讲读与自读之分，有基本篇目与非基本篇目之分，这些教材通过不同

本文收入《给语文教学加点钙》（上海教育出版社 2001 年版）。

方式的组合，以突出重点，实现教学目的。如人民教育出版社出版的高中第三册教材中有两个小说单元。第一个小说单元由《药》《祝福》《母亲》和《项链》四篇中外小说组成，四篇都是基本篇目。第二个单元由《阿Q正传》《守财奴》《装在套子里的人》和《夜》四篇中外小说组成，这四篇也都是基本篇目。每个单元的前两篇是讲读课文，后两篇是自读课文。第一个小说单元的教学重点在于引导学生掌握小说的故事情节、细节，学习人物形象的分析，同时培养学生比较阅读中外著名小说的能力。第二个小说单元的教学重点在于让学生理解塑造人物的手段和人物典型环境的描绘，同时培养学生速读的能力。同是小说单元，各有自己的教学目标，但又有一定的联系，体现了知识传授、能力培养的系统性、连续性和递进性。基本篇目可作为讲读课文，也可作为自读课文。在一个单元里，含有讲读和自读两种课文，其目的在于让学生运用从讲读课文中学到的知识和能力，在教师指导下去独立学习和分析自读课文，学到举一反三、触类旁通的本领。

单元教学避免了单篇教学容易产生的烦琐、不必要的重复、缺乏序列和缺乏系统性的弊病，加强了教学的目的性、计划性和系统性；避免单篇教学容易产生的教师跟着教材走的弊病，突出了教师根据大纲、根据教学要求处理教材的主动性和必要性。进行单元教学，目标集中，重点突出，学生易有明显的收获，必须重视，必须加强实践。

二、全局在胸，认真运筹

进行单元教学不能就某一单元论某一单元，要全局在胸，认真运筹。只有总揽全局，才能站在全局的立场上，了解各个单元教学的地位、作用和侧重点，弄清全局和局部、局部和局部、纵向和横向之间的关系，把握整套教材的内部结构，才能做到高瞻远瞩，瞻前顾后，突出重点，带动一般，有计划、有目的地完成教学任务。

例如议论文教学，人民教育出版社出版的全套高中教材安排了九个单元。通过这九个单元的教学，要使学生在议论文的读写方面达到如下要求：能理清层次，把握中心论点，分析论证方法，注意文章的逻辑性；能比较熟练地阅读一般的政治读物、科技读物和文艺读物，具有一定的质疑、释疑和评析的能力。这个关于议论文教学的整体要求要分解为若干个具体的教学要点落实到各个年级、各册教材、各个单元。九个单元的分布情况是：高一年级两个单元，高二年级四个单元，高三年级三个单元。显然，训练学生读写比较复杂的议论文的重点在高二年级。在高二年级，要求学生把握论证结构的多样性，如并列式、层进式、对照式，把握论证方法，如归纳法、演绎法、例证法、引证法、类比法、喻证法、反证法、归谬法、比较法，了解并掌握议论的语言特点。这些教学要点要通过《义理、考据和辞章》《谈谈虚和实的关系》等十多篇课文的教学来落实，这就必须洞悉各篇课文的特点，把教学要点合理、均匀地分布到各个单元之中，以有关课文为例子，训练学生议论文的读写能力。高一年级两册教材各有一个议论文单元，和这两册教材中的记叙文单元、文言文单元横向比较，显然，分量没有后二者的重。从纵向来衡量，高一年级议论文的教学要点在于把握观点和材料的关系，把握如何围绕中心论点展开论述，这显然是为高二年级学习和掌握多种多样的论证结构和论证方法做铺垫，同时，也体现了初高中阶段议论文方面的衔接。教学大纲高中一年级基础知识要求中有“复习议论文有关论点、论据和论证方法的知识”，这个要求正是在高一年级两个议论文单元教学中要落实的。如果不充分认识这两个议论文单元在高中阶段议论文读写训练中的地位和作用，就不可能有意识地重视初中和高中阶段议论文方面知识、能力的衔接，不可能把握住议论文教学中的分寸，也许在论证结构方面超前讲授，也许在论证方法方面过早要求。因此，准确地把握“序”是十分重要的。就以高一年级的两个议论文单元而言，第一册教材中的《善于建设一个新世界》《拿来主义》等议论文的单元教学重点应在于复习初中阶段有关论点和论据的知识，使学生能独立归纳段意，理解主旨，在写作训练方面主要是选准角度，确定论点；第二册教材中的《在马克思墓前的讲话》等议论文的单元教学重点应是复习初中阶段有关议论文论证方法的知识，使学生能剖析议论文的结构，理清围绕中心论点展开论述的思路，在写作训练方面能根据论点选择论据。后一个单元教学的成功依赖于前一个单元教学的成功。每个单元是独立的，又是相互联结的，前后是一个整体，不可分割。高中三年级三个议论文单元着力于文学评论、思想评论的有关知识的掌握，着力于议论文的思路训练，要求学生进行专题阅读和熟练阅读，进行各种表达方式的综合训练和议论文的综合训练。这在高二年级的基础上又加深了一步，拓宽了一步，它更带有综合性、实用性。

高中阶段议论文九个单元是议论文教学的“全局”，但就整套教材来说，它又只是局部，局部与局部的关系要摆正。它与记叙文、说明文、小说、文言文等单元相比较，次序先后、分量轻重、重点难点都要反复斟酌，放在恰当的位置上。议论文单元教学除进行读写训练外，要配以听说训练；除进行遣词造句的语言训练和篇章结构的组材训练外，还要渗透相关的逻辑知识。因此，进行单元教学必须总揽全局，这是最基本的一步，也是最重要的一步。

三、精心设计，寻求“最佳方案”

总揽全局以后，对各个单元的教学须精心设计，寻求教学实践中的“最佳方案”。一个单元教学的内容比一篇课文教学的内容要丰富得多，它应该是一个完整的教学独立单位，在知识传授、能力培养和智力发展方面比较“配套”，在读、写、听、说训练方面比较“配套”。一般说来，设计单元教学可包括以下一些内容：

(1) 制订单元教学目标，包括思想教育、知识、能力、习惯、态度等。

(2) 处理教材中的主篇和次篇、基本学习材料和一般学习材料之间的关系，明确教学的重点和难点。

(3) 确定教学程序，包括如何激发学习兴趣，如何铺展教学内容，如何进行读、写、听、说的训练；包括课时安排、教学环节的衔接等。

(4) 选择教学方法，包括阅读、讲解、提问、讨论、练习、总结等。

(5) 安排训练项目，包括读、写、听、说等方面的训练，须要求明确，方式多样。

(6) 考虑必要的教学手段，如运用挂图等教具和视听的现代化手段，以取得直观的效果。

(7) 进行适当的测试，对学生学习本单元的情况及时获得反馈。

设计单元教学的内容不是凭空臆造，除了要依据大纲要求，考虑本单元在整册教材中的地位和作用、本单元与前后单元的关系、本单元课文的共性与个性，还要特别注意学生的语文水平和学习心理、学习习惯。只有牢牢把握这些依据，才不会离谱走线，才可能制订出切合学生实际、切合教材实际的单元教学目标，才可能取得良好的教学效果。

要落实单元教学目标与要求，须弄清楚本单元内两类课文之间的关系和各篇课文之间的关系。两类课文之间的关系有类比的、对比的、补充的等。高中第三册第三单元有四篇课文，自读课文《雄关赋》《西湖漫笔》和讲读课文《内蒙访古》同是写景状物、夹叙夹议的比较复杂的记叙文，是类比型的关系；《为了忘却的记念》是叙事记人的文章，熔记叙、抒情、议论于一炉，《内蒙访古》与《为了忘却的记念》之间的关系可视为补充型的关系。讲读课文是两篇比较复杂的记叙文，夹叙夹议是它们写作上的共同特点。后者以记事为主，间或有所议论；前者采用了访问游记的形式，先后围绕古长城和阴山一带的汉代城堡组织材料，在复杂的记叙中引用文献资料或数字以加强表达效果。把两篇互为补充的课文组合在一起，既可引导学生比较两文中夹叙夹议的共同点，又可让学生懂得夹叙夹议在叙事记人文中以及写景状物文中的具体运用。又如高中第一册第四单元为说明文单元，有四篇课文，它们的共同点是抓住事物的特征说明事物，又都是对具体事物进行说明，有说明植物的——《南州六月荔枝丹》《一个好树种——泡桐》，有说明动物的——《蝉》，有说明手工艺品的——《景泰蓝的制作》，因此，它们之间的关系是类比型的。然而，深入一步剖析，就可知道这一组比较复杂的说明文由于各自说明的角度、说明的方法不尽相同，它们之间的关系又是补充型的。《南州六月荔枝丹》和《蝉》是对于具体事物做文艺性说明，而《景泰蓝的制作》和《一个好树种——泡桐》文章平实质朴，从这一方面看，我们又可将它们之间的关系视为对比型的。弄清楚这些关系，教学时可有意识、有目的地抓相同点、相异点的比较，落实教学重点，落实读、写、听、说的训练。

四、
选择恰当的教学方法

单元教学不可模式化，应根据各单元中各类课文的特点、课文编排的意图和学生学习的实际情况选择恰当的教学方法。常用的方法有：

（1）以一篇带多篇。选择单元中最为典型又能比较完整比较明显地体现单元教学重点的课文为主篇，引导学生精读这一篇，从语言文字到思想内容反复推敲，然后以此为中心，组织学生将有关课文与之比较，或补充，或生发，或延伸，形成众星捧月之势，在读读、讲讲、议议的过程中，落实单元教学目标。如上述的高中第三册记叙文单元的教学，就可以《为了忘却的记念》为主篇，带其他三篇。前者在记叙的基础上夹以犀利的议论和强烈的抒情，组织材料严谨，是比较复杂的记叙文的典范。文章的时代背景，感情的深沉委婉，将零碎材料组成严谨的整体，议论的精辟，等等，对学生来说，均有一定的难度，精读、推敲，比较合适。

（2）分类比较。选择某一个角度，将有相同特点的课文归并成类，指导学生进行比较。通过比较，突出重点，克服难点，落实单元教学目标。如高中第一册第二单元共五篇课文，都是写景状物的。根据组材特点来看，《雨中登泰山》《长江三峡》《难老泉》三篇是按照作者的游踪安排的，用了移步换景的写法；《海燕》《我的空中楼阁》两篇是定物换点，定景换点，对描写对象从不同的侧面进行刻画。把两类课文进行比较，不仅景物的特征毕现，而且可学到多种组材的方法。

（3）对照阅读。根据单元里课文编排的特点，教师教学时可组织学生将相关的几篇课文对照阅读，以加深学生对知识点、训练点的理解与掌握。如高中第五册第三单元应用文，《〈农村调查〉序言》《怎样写调查报告》两篇课文从理论上阐述了调查研究的意义、态度、方法，以及怎样写调查报告，而《昔日荒山变绿洲》正是一篇调查报告，以后者为实例，与前两篇课文对照起来阅读，相互印证，对调查报告的写法可领会得具体、深入。

（4）梳理问题，开展讨论。先组织学生通读单元里所有课文，然后在通读的基础上梳理出若干问题，重点讨论要求掌握的知识点和训练点。选用此种方法，单元课文的难度不能过大，课文之间的共同点、联系点要比较明显。

不管采用哪种教学方法，都要贯串读、写、听、说的训练，都要充分调动学生学习的积极性，都要讲究教学效果。

进行单元教学必须注意以下几个问题：

（1）有侧重点，不平均使用力量。单元教学具有整体性的特点，使用单元内各篇课文的目的，在于落实单元教学目标与要求。在实现单元教学目标的过程中，各篇课文所发挥的作用应不尽相同，有主、有次，有轻、有重，这样，方能突出重点。如果不根据单元教学目标与要求对课文内容作恰当的配置，不作取舍、剪裁，平均使用力量，其结果是徒有单元教学的虚名，实质上仍然是单篇教学，难以发挥单元教学的优势。

（2）单元内各篇课文的共性与每篇课文的个性须结合起来。教学中抓各篇课文的共性，可帮助学生认识某类文章写作上的某些规律，但如果仅停留在“共性”的探讨上，又会失之笼统。共性寓于个性之中，只有在牢牢把握各篇课文的特色的基础上探讨“共性”，才能既认识文章中的某些规律，又能具体感受遣词造句的语言技巧。

（3）激发学生的求知欲和学习的主动性，着力培养他们独立思考、独立分析问题的能力。单元教学与单篇教学比较，单元教学必须思考的问题容量要大得多，它往往涉及前后、左右及方方面面的关系。如某篇课文与某篇课文相同点的概括，某篇课文与某篇课文相异点的比较，读、写之间的知识如何互补，听、说训练如何相互促进，前后知识如何连成串，等等，均须在读、写、听、说训练的过程中，引导学生独立思考，认真分析。

（4）及时检测、反馈，加强教学效果。单元教学内容比较丰富，知识传授、能力训练跨度都比较大，而学生的基础、接受能力又存在这样那样的差别，因此，对教学效果及时检测、反馈，有助于迅速采取相应的措施，弥补不足，提高质量。检测，不能只狭隘地理解为考查、考试，口头提问、书面练习也都可及时检测学生学习的情况，对教学信息进行反馈。

（5）教师要充分发挥主导作用。单元教学对教学内容的剪裁、组织，对读、写、听、说各项训练的搭配，对通过结合语文能力的训练有目的地发展学生的智力，等等，均有较高的要求，这就需要教师运筹帷幄，充分发挥主导作用。单元教学的各项内容犹如钢琴的琴键，只有综观全局，分清轻重缓急，抓住重点，分解难点，协调弹奏，才能演奏出悦耳的乐曲。教师要深入研究单元教学内容，洞悉底里，又要不受单元教学内容所限，根据大纲和学生的实际情况，开拓，延伸，注意精读、博览的结合，课内、课外的双向交流，大力提高语文教学质量。

提倡青少年读点新诗

世界上如果没有诗歌，人们的心灵会很寂寞。我不会写诗，但平时也喜欢读诗，读时当然不会想到什么诗可以“兴”“观”“群”“怨”，可是，读到了好诗，心里总觉得有所慰藉。

中国是诗歌的王国，生活中充满了色彩绚丽的诗。学生的校园诗歌中有许多好诗。

诗从生活中来，诗有生活。

《啊，星期五》就是一首充满学生情趣的诗。作者写出了少年学生每到星期五的骚动心情：“坐立不安”，板凳上好似“钉满钉子”，脑袋里“各科知识无处插手”，时间“过得好慢好慢”……这一切衬托出少年学生的“归心似箭”。更有味的是诗的最后两行：

星期五——
我要回家啦！

看似幼稚、平淡，而正是这稚气的句子把少年学生天真欢乐的情绪表达得淋漓尽致。

这首小诗很逗人，至少是逗得我想起少年时代的学习生活。每当星期五来了，自己就有那种心情。

这首小诗只反映了学校生活的一个侧面，《岁月拾遗——有关初三生活之一》《让多边形的生活织成漫天彩霞般的图景》等反映的学习生活面更加广阔。诗作者思路开阔，想象丰富，遨游于古今中外

本文收入《给语文教学加点钙》（上海教育出版社 2001 年版）。

的知识海洋之中，徜徉于色彩缤纷的大千世界，把学习的苦趣与乐趣、人生旅途上的希望与憧憬刻画得饶有兴味，真是“把眼睛读成赤、橙、黄、绿、青、蓝、紫”，“让胸中贮满喜、怒、哀、乐、爱、恨、怨”。

诗有鲜明的形象。

诗以形象叩击读者的心弦。《戴围巾的鲁迅》以诗的语言塑造了以真诚在雪地上踏出大大的人生的鲁迅先生的形象。“破帽之下声如黄钟/先生，此刻正是深冬/你夹着讲稿匆匆步行。”读完之后，这些诗句会在脑里回荡。

又如《山村小学教师》形象十分鲜明。试看：

在山巅
高高地喊一声
上课喽
山谷回音
上课喽
嗓音便是铃声

描写得正如王国维所说“语语都在目前”。

形象鲜明的诗往往令人难忘。小时候喜读新诗，刘延陵《水手》最后几行形象鲜明，至今尚能背诵：

但他却终归想到
石榴花开得鲜明的井旁，
那人儿正架竹子，
晒他的青布衣裳。

是诗，也是画，景美，情美。

诗能讲点道理。

《粉笔·麦子》这首诗就寓有哲理，醒人耳目，启人深思，但诗的作者并不凭空抽象讲道理，而运用的是鲜明形象。如诗开头几行：

粉笔和麦子一样
碎骨粉身养大我们
她们的肤色　令人
想起母亲的奶汁

以形象表思想，思想感情中蕴含具体形象，正是人们常说的形象思维的妙用。

以具体形象表思想的诗句一下子就能印到读者的心上。我小时候喜读冰心的《繁星》《春水》中的小诗，其中一首写小草，至今仍能脱口背出：

弱小的草呵！
骄傲些罢，
　只有你普遍的装点了世界。

获奖的《桥》，热情歌颂教师，形象丰满，感情真挚，反映了敬爱教师的热烈情怀。桥“短”桥“长”，“脆弱”“坚实”，“平常”“神奇”，形象生动地虚实对比，教师形象凸现眼前；“系着远古的日月”，“牵着未来的星际”，“拱起了知识的天地”，“破译世界与人生的许多秘密”，颂扬了教师的事业是天地间最伟大最崇高的事业。这首诗比较整饬，全诗三节，每节五行，每节诗前两句与后三句一实一虚对比，读起来比较上口。这令我想起了冯至的有些诗，如《南方的夜》《那时……——一个中年人述说五四以后的那几年》等等，读来朗朗上口。

青少年学生最好也背一些新诗。我在上面顺便引了小时候所读至今尚能信口悠悠背出的新诗诗句，意思就在这里。语文教师多主张青少年学生背诵些诗歌，但都给古诗占去了。那些古诗名篇千古传诵，虽有种种原因，但读来朗朗上口是很重要的一条。古诗负载着中华民族数千年优秀的文化，在炼字炼句、炼情炼意方面有丰富的宝藏，青少年学生做些记忆中的积累是必要的，但新诗更贴近现代生活，更能拨动读者的心弦。我是多么希望有朝一日青少年学生也能背诵些脍炙人口的新诗！

徜徉古诗词王国

中国是诗词王国，五千年的优秀文化熔铸了不计其数的脍炙人口的优秀诗词。许多诗词流传千古，哺育了一代代人的成长，是我国极其珍贵的精神财富。不说别的，仅是唐诗宋词，就多如天上璀璨的繁星，散发出迷人的光彩。

优秀的诗词像种子一样，有顽强的生命力。它们破土而出以后，和芳香的空气融合，长久地弥漫大地。今天，我们学习古诗词，诵读古诗词，咀嚼，体会，感悟，心驰神往，仍然能徜徉在美妙的意境之中，嗅到它们散发的芳香。

教学生学习古诗词，诵读古诗词，既不能放任自流，又不能降格为技能技巧的分析，要着力于整体感知，充分发挥诗词中蕴含的丰富的育人功能。

一、有意识地用中华优秀文化对学生进行精神哺育，打思想、道德、文化的底子

学生要成为祖国的建设者和接班人，必须具有良好的思想道德素质，具有相当的文化底蕴，形成健全的人格。诗词中蕴含着深厚的文化，宝藏极其丰富。可以这么说，上自天文，下至地理，万事万物，皆入诗词中。美丽的景色、做人的道理、高尚的情操、审美的趣味，

本文收入《给语文教学加点钙》（上海教育出版社 2001 年版）。

应有尽有，对情感的熏陶、精神的提升、习惯的养成、人格的塑造，起不可估量的潜移默化的作用。学生学习、背诵，用这些优秀诗词打做人的底子，打文化的底子，底色亮丽，在人生旅途中受用不尽。

例如文天祥《过零丁洋》中“人生自古谁无死，留取丹心照汗青”的生死观、价值观，在诵读时，要让学生懂得：读书在于明理，明做人之理，明报效国家之理。抓住了其中的思想精华，学生读起来就有感情，就能荡气回肠。又如杜甫的《望岳》，读到“荡胸生曾云，决眦入归鸟。会当凌绝顶，一览众山小”时，那种开阔的胸襟，那种立志奋勇攀登高峰的精神能给人以不尽的启迪。再如白居易的《赋得古原草送别》的“离离原上草，一岁一枯荣。野火烧不尽，春风吹又生”所蕴含的顽强拼搏、百折不挠的意志是学生成长的重要精神养料。

诗词中蕴含的思想精华和情感魅力，举不胜举。教师教学生诵读古诗词，是通过自己创造性的劳动，用中华优秀文化，用精练、精湛的母语哺育我们的后代，在他们心田撒播文化的种子，撒播做人的良种。教师热爱优美的中华诗词，教出感情，教出气氛，学生从诗词中受到感染，受到启迪，往往刻骨铭心，终生难忘。

二、
把握诗词的诗情画意，
开阔学生想象，
培养和发展创造意识

诗词是作者生命的冲动，感情的倾诉。“情动于中而形于言。”当外物和内情猛烈撞击或交融时，就会形成动人的诗词，就会产生千古绝唱。诗词是灵动的，充满了作者的智慧和灵秀，因此，教师教学生阅读，千万不能肢解，不可嚼烂，千万不能把秀气、灵气教丢了。如果把灵动的、活泼泼的诗词教僵了，教呆板了，就使它们丧失了熏陶的力量、感染的力量。

一首诗就是一幅画或多幅画，是由众多意象组合起来的画。德国

文艺评论家莱辛曾这样说："诗是动的画，画是动的诗。"诗中有时间的悠长，空间的辽阔；有静景的描绘，动态的勾勒；有色彩的点染，线条的流动，是启发学生想象，培养学生悟性、灵性、创造性的极好教材。教师教学时应整体把握，朗读吟诵，在有限的课堂里拓展学生无限的想象，让诗中景、诗中物、诗中人在学生脑海里浮现、加工，展现一幅幅立体的图景；引导学生步入诗境，使他们如见其景，如见其物，如见其人，如闻其声，实现心灵的沟通、情感的交融。

诗歌极具形象性，学生诵读时注意联系生活实际，联系自己的知识储存，开展联想，开阔想象，体会起来就有情有意，有滋有味。如刘禹锡的《秋词》："自古逢秋悲寂寥，我言秋日胜春朝。晴空一鹤排云上，便引诗情到碧霄。"学生有秋天寂寥、肃杀的生活体验，这首诗描述的却是"胜春朝"，令人振奋。"胜春朝"可写的很多，这儿只描述了一个小景。背景、主题鲜明突出，生意盎然。"排云上"把鹤的奋飞写得活灵活现。更令人叫绝的是把诗情引到了碧霄。情托景，景引情，情景相生。咀嚼，联想，想象，就能受到诗人豪情的感染。诗歌语言有跳跃性，含许多不尽之意，空白很多，很有利于想象，有利于创造思维的发挥。比如，省略的可以添加起来，跳跃的可以连缀起来。对诗中情、画中意可以从不同角度理解，从不同侧面理解，从不同方位理解。鼓励学生在诵读过程中思想插上双翅，自由翱翔；鼓励他们思接千载，视通万里；鼓励他们再造形象，用生动的语言描摹形象，体会，感悟，步入诗的境界。

如辛弃疾的词《破阵子·为陈同甫赋壮词以寄之》："醉里挑灯看剑，梦回吹角连营。八百里分麾下炙，五十弦翻塞外声，沙场秋点兵。　马作的卢飞快，弓如霹雳弦惊。了却君王天下事，赢得生前身后名。可怜白发生！"所寄寓的杀敌立功的壮志豪情注满了字里行间，感人至深。词中描绘的连续转动的一幅幅画面扣人心弦。醉里把灯挑亮，抽出宝剑细看；一梦醒来，耳听各个营房接连不断响起的号角；兵士们在军旗下面分吃烤熟的肉食，多种乐器合奏着悲壮粗犷的军乐。这是何等磅礴的气势！"沙场秋点兵"，在秋天这个季节检阅军队。看，战马像的卢马一样跑得飞快；箭射出去，弓弦振动，发出雷一般的响声。这一连串转动的画面，看的、听的、跑的、射的，黑夜、白天，创造了极其壮观的形象，为的是“了却君王天下事”，替君王完成统一天下的大业。这种对祖国的赤诚，这种一心一意为国献身的豪气，注入描绘的景物之中。物表露情，情融入景，构成了激动人心的爱国篇章。而最后一句“可怜白发生”是点睛之笔，美好的理想不过是梦想而已，难以实现。壮志未酬，催人泪下，给整首词蒙上了悲壮的色彩，给人以强烈的感染。

诵读诗歌，一定要读出画意。脑中有画，有立体的图景，能用生动的语言描绘出画意，思维活跃，想象力、创造意识就得到发展。

三、把握诗词的音乐美，让学生自主诵读，发挥主动性积极性，积累语言，增添文化积淀

诗词是语言的精华，学习诗词对学习语言、提高理解和运用语言的能力特别有帮助。诗词的语言准确、生动、凝练、精辟、优美、形象，往往一字千钧，一字震人心灵。它们的特点很多，言简意丰、言简意深、言简意赅，留给读者许多想象的空间。如“红杏枝头春意闹”“春风又绿江南岸”，一个“闹”字，一个“绿”字，境界全出，成为千古佳话。

汉语中的每个字都有其声调，阴平、阳平、上声、去声，不同的字放在一起排列组合，会组成动听的乐章。古诗词讲究韵律，乐感极强，平声仄声交错组合，跌宕起伏，节奏鲜明。正因为诗词的语言凝练精辟，具有悦耳的音乐美，因而，诵读指导千万不能一个模式，更不能用什么几步法。须懂得：学生是有个性的，每名学生对诗词中的形象、情味、语言可以有自己独特的理解与感受。因此，教师要解放思想，放手让学生自主诵读，拿什么腔读什么调都可以，只要真正进入角色，身历其境，与诗词中的景、物、情、人沟通；只要积极性高涨，可以读得慷慨激昂，可以读得委婉含蓄，与诗词的意、情、境合

拍；只要发挥主动性，读出语言的味道，读出语言的表现力、感染力就行。

课堂教学中常常信奉齐读的方法。齐读只是一种方法，整齐、一律，读音比较规范是做到了，但往往是满足于一般要求、共同标准，学生思考、想象的空间极少，个性特点难以发挥，对佳作的深入理解也常常受到影响。因而，这种方法在古诗词阅读中应少用、慎用，让学生自主诵读的天地更为广阔。

要相信学生的能力，教师不应越俎代庖。当然，学生在诵读过程中，教师的指导作用也不能放弃。如字音读错了要纠正，句子读破了要指点，教师可参与学生朗读，可示范朗诵，等等。

语文教学应该是最具有吸引力、感染力的教学，也是最能培养学生良好素质与创造能力的教学。但是，由于机械训练的干扰，支离破碎的分析和教师的指令与包办，相当数量的学生兴趣寡然，乃至厌学。古诗词教学在这方面突破，有其得天独厚的条件。只要真正尊重学生的自主学习，真正让学生做学习的主人，加强他们的诵读实践，他们就不仅能扎扎实实积累语言，积累文化，而且在思想情操上受熏陶，在形象思维、创造意识等方面受锻炼。更为重要的是，他们学得愉快，学得欢乐，沉浸在中华文化的氛围之中。

此外，教师还应注意开拓课外阵地，培养学生诵读古诗词的兴趣和爱好，发展他们健康的个性。课内毕竟是一小块，课外才是一大片。配乐朗诵、节日抒怀、见景说诗、描绘赏析、吟唱会等均为较好的读诗方式方法。学生阅读古诗词的兴趣非天生成，要靠培养，可从提高认识入手，在激发求知欲上下功夫，辅之以及时的鼓励与表扬。

巴尔扎克曾说过，艺术是思想的结晶，艺术作品就是用最小的面积惊人地集中了最大量的思想。培根说过："阅读使人充实，……诗歌使人巧慧……"古诗词是思想的精华、智慧的源泉，文化含量极高，青少年若钟情于此，必能在语文能力、思想道德素养和文化素养方面奠定良好的基石。

渗透与滋润

各学科教师都担负既教书又育人的双重任务，都要认真处理知识性和思想性之间的关系，而语文教师和其他学科教师相比，在塑造学生心灵方面更负有特殊任务。这是因为教材本身有优美的语言、生动的形象、鞭辟入里的道理、丰富高尚的感情，能产生极大的感染力，在学生心中留下深刻的印象；这是因为语文课是中学课程中的基础课，课时多，教学时间长，天天接触，月月训练，耳濡目染，潜移默化，它对学生所产生的熏陶作用往往是其他学科所难以比拟的。语文教师怎样才能自觉地担负起教文育人的双重任务呢？我的体会是：

一、对文道之间的关系须有清醒的认识

语言文字是表情达意的工具，既然表达情意，用它组成的作品，总有一个思想性的问题，总富有一定的感情色彩。思想感情为里，语言文字为表，“诗言志”，“文载道”，这就决定了语文课的基本特点：工具性和思想性。教学中必须既授文又传道，二者要有机结合，辩证地统一起来。

语文教学中进行思想素质教育千万不能误解为脱离语言文字架空地分析大道理，不能误解为抓住课文中的某一观点、某一事物大加发挥，也不能误解为语文教学内容要跟着一时一地的政治任务转，打乱

本文收入《给语文教学加点钙》（上海教育出版社 2001 年版）。

教学的进程。若这样，就背离文道统一原则，语言文字的理解与训练被削弱，教材的感染力、说服力被削弱。

有一种担心是不必要的，即认为重视思想素质教育会削弱语言文字的教学，违背学科的工具性。教文是语文教师的天职，教会学生正确地理解和运用祖国的语言文字是语文教师责无旁贷的任务，把思想素质教育渗透到语言文字训练之中不但不会削弱语言因素的教学，反而促进词句篇章的落实，二者相辅相成，相互促进。文章的精髓离不开词句篇章的表达，教学中如离开词句篇章去讲析，文章精髓就失去光泽，失去育人的威力；分析推敲词句篇章，如不充分阐发它们所表达的情和意，当然也就显示不出语言文字的精到之处。只有缘文释道，因道解文，二者结合，才能把语言文字教“活”，才能充分发挥它的工具作用。语文课不是纯工具课，语文教师不是文字匠，要在语文教学中贯彻教育方针，就要认真地坚持文道统一的原则。

二、探索寓道于文的途径和方法

语文教学中寓于“文”的“道”是极其丰富的，有我们中华民族赖以生存、发展、兴旺发达的最重要的精神支柱爱国主义精神，有反对剥削反对压迫、以解放全人类为己任的共产主义思想，有无私忘我献身于人民的高尚情操，有认识世界的科学的立场和观点，等等。教师传授这些“道”时不能倾盆大雨，不能从主观臆想出发，而是要紧扣教材的特点，针对学生的实际，细水长流地渗透、滴灌，在“润”上下功夫。

寓道于文的途径很多，大凡输送知识信息，听、读、说、写训练，课外阅读，课外活动，等等，只要选择和创造恰当的方法，都是寓道于文的畅途。那些闪光的思想、闪光的精神，就会伴随着语言文字渗透到学生的心田。

究竟如何寓道于文呢？可探索的方法很多，下面列举一二。

(1) 挖掘文章内在的思想性，揭示其蕴含的深意。一篇好的课文必然是作者情动于中而形于言的产物。教师钻研教材时要从语言文字入手，仔细琢磨，反复推敲，真正理解作者的写作意图，体会文中所蕴含的思想的高度、深度、广度，把思想精华所在牢牢抓住，揭示阐发，启发学生深思。如《在马克思墓前的讲话》开头一段是："3 月 14 日下午两点三刻，当代最伟大的思想家停止思想了。让他一个人留在房里还不到两分钟，当我们再进去的时候，便发现他在安乐椅上安静地睡着了——但已经是永远地睡着了。"从表面看，这段话平平实实，交代了马克思逝世的时间、地点。但是，只要透过字面深入挖掘，就可领悟到其中蕴含的对马克思这个伟人的崇高评价，对马克思如海一般的深情。文中未明写"逝世"，而是用"停止思想了""安静地睡着了""永远地睡着了"来表达。为什么不用"停止呼吸""心脏停止跳动"来表达？这是因为，用"停止思想"更能突出马克思是"当代最伟大的思想家"。他批判地继承了人类全部的精神财富，他的伟大思想是人类智慧的结晶。他"停止思想"，就意味着一盏多么明亮的智慧之灯熄灭了，人们的悲痛难以用语言表达。不写"与世长辞""离开人间"，而写"安静地睡着了"同样蕴含深意。因为这样写能含蓄而深沉地表达恩格斯失去战友的无限悲痛，他认为他的战友永驻人间，只是"睡着了"而已。然而，事实是无情的，毕竟是"永远地睡着了"。破折号后面的语句，既是前面"睡着了"的重复，又是"安静地睡着了"的补充。咀嚼这样的词句，感人肺腑的高尚情操和语言因素融合在一起，渗透到学生心中。

（2）重锤敲打关键词句，使它们溅出耀眼的火花。一篇好的课文总有一些言简意赅、言简意深、言简意丰的词句，教学中把握它们，引导学生重锤敲打，使其中饱含的思想情操溅出耀眼的火花，照亮学生的心灵，引起他们的共鸣。如《荔枝蜜》中"我不禁一颤：多可爱的小生灵啊！……"这段话，作者写时显然是动了情的。教学时我抓住"颤"这个字要学生推敲："颤"是什么意思？为什么作者会"颤"？又为什么"不禁一颤"？"颤"以后流入笔端的是怎样的思想，怎样的感情？"颤"是抖动，这儿是因外因而产生的抖动。工蜂"最多"活六个月，整日整月采花酿蜜，生命却如此短暂，作者意想不到，心颤动了；是作者被养蜂员老梁的话猛然一击，情不自禁地做出的反应，故而是“不禁一颤”。这个“颤”是对“辛勤酿就百花蜜，留得香甜在人间”的小蜜蜂的赞颂，是对小蜜蜂短暂的生命所显示的意义和价值的领悟。所以，紧接着是发自肺腑的赞美——“多可爱的小生灵啊”，随后又融情于理，评述蜜蜂对美化人类生活所做出的贡献。通过对“颤”的锤打，拎起这一段的议论与抒情，注情于蜜蜂小生灵，使“对人无所求，给人的却是极好的东西”的高尚情操散发耀眼的光芒。锤打的词句要选准，不要就事论事，要选表现力极强的，能打动学生心的。教这段文字，如果丢弃“颤”，而抓“对人无所求”反复述说，就难以收到以情激情的效果。

（3）变换提问的角度，选择最佳入口处，激荡学生的感情。对某篇文章、某段文字进行阅读指导时要精心选择角度，寻找由文入道的进口。如果是平板的，只从惯用的写作术语、语法术语出发去分析，去提问，就会有意无意地削弱语言文字中蕴含的教育作用。《七根火柴》中无名战士牺牲的场景写得很感人，教这个场景时如何显现无名战士高大的形象，让他那无私忘我、忠诚于党的事业的崇高思想在学生的感情上有所激荡呢？如果这样提问行不行：“这儿对无名战士进行了怎样的语言描写和动作描写？”不行。这样提问已经不自觉地抽掉了“道”的内容，在写作技巧上打转，问得苍白无力，学生难以激动。换个问法呢？“无名战士牺牲前说了什么话？有怎样的动作？表现了他怎样的思想？”和前一种问法比，进了一步，因为摆脱了纯文字技巧的客观立场，而把无名战士放在主要地位。但是，还可把角度选得更好。可以这样提问：“无名战士留给人间的最后话语是什么？留给人间最后的动作是什么？这些语言、动作显现了他怎样的心灵？怎样的精神？和一般人相比，他的伟大之处在哪儿？”一首激情洋溢的歌曲，主旋律一出现，就会把人的心抓住，把感情“吊”起来，欲罢不能。关键之处的提问也应如此，要把学生的感情“吊”起来。通过上述的一问一比，无名战士无私忘我的精神光芒四射，学生感情的潮水就会涌上心头。

（4）创设情境，带领学生置身于情境之中，使他们耳濡目染，受到熏陶。人的情感总是在一定的情境中产生的，语文教学中要注意创设与教学内容相应的情境，创造和渲染气氛，使学生有身历其境之感。创设情境的关键在于能否采用多种教学手段调动学生的感觉器官和思维器官。语文教材中描绘祖国壮丽山川的篇目不少，教学时采用听录音、朗诵、开展联想与想象、口头描述等方法，引导学生目看文字，耳听音响，口述佳景，心游四方，学生就会进入文中描绘的意境，赏心悦目，受到感染。学习课文中的外国文学作品也不能忽视这一点。尽管写的是他国他人他事，但教学中只要注意发挥移情的作用，同样可收到育人的效果。《最后一课》韩麦尔先生向学生告别的场景发生在19世纪的法国，然而场景中所饱含的爱国主义精神是人类最美好的感情之一，把这种情移到学生身上，能使学生心中热爱祖国之火燃烧得更为旺盛。

（5）联系、扩展，增添感情浓度，形成余音缭绕的气氛。在语言文字的教学中渗透思想素质教育，可在教学各个环节进行。如作者介绍就可安排适当的时机，联系学生的实际，扩展有关的内容。教《荔枝蜜》时，当学生被蜜蜂精神感动，我就顺势一转介绍作者；当学生受作者情操感染时，我从自我感受出发拓展有关内容，激发学生进一步深思。我说："这使我想起了高尔基给儿子马克西姆的一封信——《致马克西姆·彼什科夫》，信中说的和文中赞颂的思想精神十分相像，能引起我们无穷的深思，这封信中的话是……"学生全神贯注，立即笔录："如果你这一辈子，随时随地给人们留下的都是美好的东西——鲜花，思想，和对你的美好回忆，你的生活就会变得轻松和愉快。那时你就会觉得自己已是为大家所需要的，这种感觉会使你的心灵变得充实。你要知道，给永远比拿愉快。"学生笔录以后再朗读一下，"给永远比拿愉快"的句子和思想就会在学生脑中萦绕，袅袅不绝。联系、扩展要注意两个问题：一是联系点、扩展点要选得好，不能硬装；二是不能联系学生的某一个问题、存在的某一个缺点，教训一番。青少年开始进行人生价值、人生意义、做人准则的思索，从正面输入一些与课文内容有关的生动形象的精神食粮，就是一种联系。

（6）进行反馈，在检验知识和能力的过程中，强化思想感受。学生对课文思想内容和语言文字的理解往往不是一次完成的，有的部分须重复多次，有的可通过反馈的方式检验学习效果，在加强理解的同时，强化思想感受。如教《多收了三五斗》时，有学生提出既然米行老板那么坏，米价压得那么低，农民不卖好了，运回去自己吃。学生在甜水中泡大，一下子理解不了谷贱伤农的实质。教师如就此讲一番道理，学生反觉得空泛，效果不好。在学生熟悉课文后，可采用反馈的方法进行教育，请学生阐述米价暴跌，米商颐指气使，戴旧毡帽的舍不得粜自己贮满希望的米，可又要非粜给万盛米行不可的原因。学生复读课文，推敲重点词句，归纳，概括，对丰收成灾的种种社会因素加深理解，强化了爱憎的感情。

（7）鉴别信息，加强指导，培养和提高学生的识别能力。语文教材中有中外各个时代的作品，教学时要在“析”上下功夫，区别时代，区别古人与今人，区别思想内容的进步性和局限性，区别精华和糟粕。学生的课外阅读须加强指导，引导学生经常鉴别涌到身边来的各种信息，学生的识别能力就会逐步增强。

至于学生书面表达和口头表达中看来是用词造句的问题，实质是思想认识的问题，当然要注意点拨。

“随风潜入夜，润物细无声。”一节节课锲而不舍地渗透高尚的思想，学生的心灵就会明净起来。

三、关键在于教师自己的思想和感情

语文教师要在语言文字的教学中渗透思想、品德、情操的教育，启发学生认识人生的真谛，树立远大的理想，自己就要深入教材之中，体验文中所描绘的革命先烈、革命前辈、英雄人物的广阔胸襟、崇高品质和献身精神。教师只有真正被英雄的崇高品质所感动，才能用出自肺腑的真情教育学生。

有人说激情是艺术家头上的光环。英国著名诗人拜伦称激情是“诗的粮食，诗的薪火”。难道激情只是和艺术家有缘？只能被诗歌独占？不是。激情也是语文教师必不可少的素质。当语文教师对课文思想内容的深刻理解和育人的崇高职责紧密相碰时，感情就会发生“井喷”，势不可遏，课堂上就会闪烁火花，产生能量，推动学生的思想感情向前迈进。

当然，激情不等于真理。普希金曾这样说：“狂喜历时短暂，反复无常，因而不能造成真正的伟大的完美。”这就是说感情还得进入深思，进入信念的确立，否则多变，不牢固。语文教师也是如此，不仅自己要满怀激情，以自己的情激学生的情，而且要对马克思主义坚信不疑，对纷繁复杂的社会现象有正确的认识，才能毫不含糊地对学生晓之以革命的道理。要以理服人，首先以理服自己。“文以载道”，我们所要求的是马列主义之道、社会主义之道。一个语文教师心中有“道”，教学时何患文道不统一，水乳不交融？

走出阅读教学误区

中学语文教学中阅读能力培养至为重要。要有效地提高学生语文水平，阅读是基础。一名学生阅读能力强，吸收知识、获取信息的能力必强，写作能力、听说能力也会随之相应增强。因此，凡有识见的教师都十分重视阅读教学的质量。且不说课外阅读的指导，就是阅读课，也总是精心设计，探求规律，寻觅最佳效果。

阅读教学成功的例子不胜枚举，创造的行之有效的经验令人瞩目。然而，事物是复杂的，发展过程中会出现这样那样的岔道，阅读教学中使人遗憾之处也不少。认识上进入误区，操作上出现偏差，影响教学质量的提高，影响乃至束缚了学生阅读能力的发展。阅读教学易进入的误区有：

一、肢解课文，只见树木，不见森林

选入教材的课文，一般来说，均文质兼美。好的课文是思想内容和语言形式的完美结合体，教师从学生实际出发，选用恰当的教学方法来教，就能充分发挥教材的语言文字训练功能，发挥认识功能、教育功能和审美功能等。学生进行阅读，不管是精读还是略读，都能从中汲取思想、情操、知识、视野、语言文字等多方面的营养。正因为如此，在阅读训练时引导学生整体感知课文的内容、语言、布局、谋

本文收入《给语文教学加点钙》（上海教育出版社2001年版）。

篇就十分必要。

然而，在实际教学中只见段不见篇的情况屡见不鲜。不是执教教师愿意这样做，中考、高考的指挥棒牵着鼻子，似乎是欲罢而不能。比较恰当地徜徉于文章所创造的内情与外物交融的氛围中理解、领悟，萌发创见的佳境，在课堂教学中已不可多得，对学生熏陶、感染、吸引的力量也随之而减弱。

抓重点段、关键段进行教学不是不可以，问题在于是孤零零地把它拎出来，只教这个语段而舍弃整篇文章，还是把它作为文章的有机组成部分，放在整篇文章中来认识、理解、推敲。从阅读教学的目的与要求看，显然后者是正确的、可取的。语段不能代替文章，局部不能代替整体。事物是复杂的，作者的思想、认识是丰富的，段无法容纳，非整篇文章不可能具体而完整地表现。选拔性考试、测试性考试出一两段文字作为检测阅读能力的题目未尝不可，但如果把阅读教学与考题完全对口，无形中就降低了阅读训练的要求，偏离了阅读教学的初衷，这是以应试教育代替素质教育。

即使是引导学生阅读某一个段落，也有如何处理的问题。是肢解，还是整体认知，具体剖析，也很有讲究，例如《人类的语言》一文中的第 3 段：

> 人类语言采用声音作为手段，而不采用手势或图画，也不是偶然的。人类的视觉最发达，可是语言诉之于听觉。这是因为一切倚赖视觉的手段，要发挥作用，离不开光线，夜里不成，黑暗的地方或者有障碍物的地方也不成，声音则白天黑夜都可以发挥作用，也不容易受阻碍。手势之类，距离大了看不清，声音的有效距离大得多。打手势或者画画儿要用手，手就不能同时做别的事，说话用嘴，可以一边儿说话，一边儿劳动。论快慢，打手势赶不上说话，画画儿更赶不上。声音唯一不如形象的地方在于缺乏稳定性和持久

> 性，但在原始社会的交际情况下，这方面的要求是次要的，是可以用图形来补充的。总之，正是由于采用了嘴里的声音作为手段，人类语言才得到前程万里的发展。

显然，这一段文字说明人类语言采用声音作为手段，而不采用手势或图画不是偶然的。第一句话起总提作用，然后运用比较的方法进行说明。先将视觉发挥作用和声音发挥作用的情况进行比较，再将打手势、画画儿和说话加以比较，突出了以声音为手段的优越性。如此分层说明，“不是偶然”的判断，理由充足，令人信服。在比较说明时，不仅比较出声音作为手段的优势，而且恰如其分地指出不足之处，并进行简要的历史分析，说明这种不足可以弥补。说得严密、周到，给人以启迪。在比较说明的基础上，最后以“总之”一句总绾，说明人类语言采用声音作为手段，才得到前程万里的发展。

指导学生阅读，从内容到结构层次，到语言的运用，这一段并无多少难度。条分缕析的说明对学生思维条理性的培养可以说很起作用。可是在有些阅读课中，内容肢解了，语言肢解了。比如列举四个例句要学生找中心句。四句中有一句是“人类的视觉最发达，可是语言诉之于听觉”。第一，找中心句是否要用选择的方法。第二，放所述例句在选择项中，能培养学生什么能力，值得研究。又如谈到人类语言采用声音作为手段的优越性时，提出四五项要学生判断正误。这样处理，连段也失踪了，枝枝节节，支离破碎，学生脑中留下了琐琐碎碎的印象，语言习惯和有条理的思维均未能获得有效的培养。不少教师反映，学生阅读能力不尽如人意，而答考题的本领大，大概与阅读中肢解式的操练有关吧。

二、以偏概全，挂一漏万

通常说，一叶知秋，然而，一叶不一定知秋。有些树木秋天落叶，有些树叶经霜变红，有些树木秋天并不落叶，仍然郁郁葱葱。这自然界的现象启示我们，事物是十分复杂的，即使是同类事物，也各有个性。文章也一样，选入教材的课文各有个性，对学生阅读能力的培养各有其侧重点。无论是精读、略读，还是讲读、自读，都应让学生或熟读深思，或浏览拓展，从中获得收益。

在阅读教学中常出现这样的情况：为了应付考试，只教基本篇目规定的少量课文，更有甚者，到了毕业年级，只教几篇，在考试范围里面反复操练。阅读要讲究质量，力求讲得精到，教在点子上，学生能举一反三，收以少胜多的效果。但质与量又密切联系，没有一定的阅读数量，就不会有阅读的高质量。“熟读唐诗三百首，不会吟诗也会吟。”这种经验之谈，十分生动地道出了阅读的量与阅读效果之间的关系。如果读得少而又少，学生的知识、视野、语言、思维必然会受制约，阅读能力不可能长足发展。——这是教学一册教材中的以偏概全。

一篇课文的阅读指导，也会出现以偏概全的毛病。众所周知，教材是指导学生进行语言和思维训练的例文，使用时，当然须围绕教学目的与要求进行详略的处理、取舍的安排，突出重点，抓住关键所在。但首先要注意的是，目中须有“文”，有整篇文章，离开了整篇文章，就无所谓重点，无所谓关键。任何一个局部都难以充分显示出整篇文章特有的作用。《荷花淀》是一篇把紧张的战斗情景和日常生活情趣融合起来写的充满生活气息的课文，指导学生阅读，只抓故事情节叙述的训练，讨论再讨论，其结果文章佳妙之处丢弃了，人物、景物的描写情景相生，细节的细腻、生动，对话的传神，语言的质朴、清新，等等，学生品尝不到，这篇课文的阅读价值，对学生教育与训练的价值无形之中就大大降低了。

“偏”实质上概不了“全”，教学中要防止以偏概全；与此同时，须注意，“全”绝不是面面俱到，从课文内容到形式点滴不漏，胡子眉毛一把抓。按照教学要求，训练须有侧重点，切入点可选择最佳角度。切入当然不是全部，但进入课文后须扩展，须深入，做到疏密有致，详略得当。

当然，阅读教学中还有一些值得注意的问题，比如架空分析、烦琐嚼烂、生吞活剥等，但在“改革”声中显得时髦的是上面两种。为了提高语文教学水平，阅读教学与写作教学一样，都需要改进，但改进之道，在于重视规律，讲求实效，贵在给学生打下文化素质、语文能力的扎实基础。我们要善于在教学中总结经验教训，冲出误区，踏踏实实走在改革的大道上。

披文以入情

在语文教学中，阅读最为基本。这不仅因为所有的语文教材都可作为阅读的材料，更在于它是识字积词、扩大知识面的重要途径，能有效地发展学生智力，培养学生健康高尚的审美情趣。阅读教学之功在于有计划有目的地促使学生产生孜孜不倦、锲而不舍的学习语文的愿望，主动积极地运用眼睛和大脑感知文字材料，理解文中各种语言的构造与多种表达方法的运用，探求思想内容及其社会意义，对各种文体的作品有一定鉴赏与评价的能力。

激发兴趣是阅读教学入门的金钥匙。学生面对每个学期数量可观的阅读课，是积极参与，兴味盎然地吸收，还是被动应付，乃至厌恶排斥，直接影响阅读质量，影响阅读能力的提高。这是阅读教学中必须悉心研究，探索其中规律，并寻求最佳方案加以解决的重要课题。兴趣往往是学习的先导，它是推动学生掌握知识和获得能力的一种强烈的欲望。“知之者不如好之者，好之者不如乐之者”，教师在阅读教学的全过程中须着力启发学生“好之”，初则萌发热爱的感情，继则求知的欲望在胸中激荡，终则进入徜徉于美文佳什之境，咀嚼品味，乐在其中。

兴趣从何而来？新、趣、情、思。中学生具有好奇好胜的特点，新异的刺激物能引起他们的定向探究活动。如果教学内容和教学方法不断更新与变化，就可以有效地激发学生进行新的探求活动，保持与发展旺盛的求知欲。如果总是采用同一或相仿的教学方法，学生学习的积极性就会受到压抑。即使某一种教学方法比较好，但如果在教学

本文收入《给语文教学加点钙》（上海教育出版社 2001 年版）。

实践中使之程式化，这种教法也就停滞不前，缺乏活泼泼的生命力。为此，设计各种体裁课文的教学，要以语文教学大纲为依据，从学生的心理实际、学习课文的愿望出发，采用多种方法组织教学内容，使每个单元、每篇课文的阅读有新意，有新鲜感。这里所说的“新”，当然包括新的内容、新的知识（对学生而言）、新的能力（也是对学生而言），但更要注重新的角度的选择和时代活水的充盈。

比如同是指导学生阅读描写景物的散文，可根据它们各自的特点选择不同的入口：可以画面的展开来展现一幅幅图景；可以时间为线索拎起变化中的景物；可抓住文章的“眼睛”、牵动全局的关键词语引出景物的特色；可先领略景中人，再理解人物所活动的环境；可整体理解，打好轮廓，再由粗而细；可先细部，笔笔增添，再得完整的形象。凡此种种，不胜枚举。犹如进入某建筑物，登堂入室是目的，至于从哪个门进去，则完全有选择的自由。当然，选角度只是方法而已，重要的是要求出新意。就知识而言，或加深，或添浓，或扩展，或延伸；就能力而言，更扎实，更有效，学生真正学有所得。教材中有一定数量的古人与外国人的作品，距离学生的生活很远，即使是现代文，当代的为数也不多，与学生仍然有距离，因此，要激发学生阅读兴趣，须注意缩短课文与学生之间的距离，课堂内要有时代的活水流淌。时代的信息与学生的思想感情最容易沟通，在指导学生阅读课文的过程中，根据课文的特点作适时适度的“点”“联”，气氛就会活跃，精神就会振奋。

阅读课要有趣味性，使学生迷恋。教学的趣味性是调动学生学习积极性的一个重要因素。文学作品比较容易教出趣味，说明文、议论文教学也不是不可做到。阅读教学是通过一篇篇课文对于语言文字千变万化的运用触动学生思想情感的，有它独特的引人入胜的特点。教师在教学中要充分发挥祖国语言文字的魅力，引导学生体会到文章的“味”，从而步入胜境。这里所说的“趣味”，当然不是庸俗低级或故弄玄虚，而是与知识性、科学性、思想性紧密相连。知识就是力量，知识对青少年学生有巨大的吸引力，了解并熟悉学生在阅读方面渴求知识的心态，紧扣课文的特点以知识的清泉浇灌，学生往往就被吸引，沉浸在求知的氛围之中。阅读课的起始阶段犹如一篇文章的开头，须反复斟酌，让学生的思维兴奋起来，迅速进入学习的轨道。课中要注意张弛结合，让学生学得愉快。课的结尾力求余音缭绕，激发学生继续学习的兴趣。为了使学生咀嚼到阅读课文的甘甜，可采用直观演示、开阔想象、抓点拎线、形成悬念、展现意境、激发感情、讨论答辩、运用学生“逆反心理”等方法作为阅读的直接诱因，也可充分调动现代化的教学手段，以光、电、声、像作用于学生耳目，与文字相互映衬，入目入耳，最终达到入心的目的。教学是通过语言进行的，有时一个贴切的比喻、一段富于哲理的话，甚至一个眼神、一个无声的手势，都会像童话中的魔棒一样，使学生全神贯注，煞有趣味。教师的语言要有趣味，除了规范、鲜明外，要有较强的形象性，能“粘”住学生的注意力，开启心窍。

“夫缀文者情动而辞发，观文者披文以入情。”自古至今，一篇篇名诗佳作之所以传诵不衰，常读常新，就是因为作家文人笔墨饱蘸着自己的思想感情，甚至凝聚着心血和生命。阅读教学中，教师要充分注意和运用这个特点，通过读讲训练，把无声的文字变为有声的语言，生动地再现作者的思想感情，使文章如出己之口，如出己之心。要做到“披文以入情”，教师钻研教材时自己必须“进入角色”，深入理解语言文字所传递的情和意。根据作品中的具体形象，展开丰富的想象，或唤起联想，或联系自己的生活经验、生活知识来丰富和补充作品中的形象，真正把作者寄寓的情思化为自己的真情实感。传之以情，以情激情，文字就有血有肉，而不是枯燥的符号，文中所描绘的景和物、人和情，所倾注的情和意，所阐发的道理就会叩击学生心灵，在学生心中引起共鸣。“情”忌外加，忌矫揉造作，忌滥。“情”是文章内在的、固有的，贵在咀嚼语言文字，深有领悟；教师只有自己真正动情，才能以情感染学生，这种情是真挚的、高尚的。教师要善于创设情境，带领学生置身于与教学内容相应的情境之中，使学生耳濡目染，受到熏陶。但并不是所有的阅读课都可如此，须因教材而异，因学生情况而异，来不得半点勉强。

学习内容能激发学习兴趣，而智力活动本身能激发学生更浓厚的兴趣。在中学生学习兴趣上，实用性和肤浅性虽占有一定的位置，但由于他们大脑功能的进一步完善，接触事物日趋广泛，他们对事物的本质、规律性和知识产生探讨的愿望，故而在阅读教学中应高度重视他们“思”的锻炼和发展。阅读是一种复杂的心智活动过程，从认读文字形式开始，直至对思想内容的理解，须臾离不开思维。教师在指导学生阅读的过程中，要千方百计使学生的脑子转起来，动起来，使他们眼看、耳听、口读、手写、心想，吸取知识养料，获得语文能力。“读书，始读未知有疑，其次则渐渐有疑，中则节节是疑。过了这一番后，疑渐渐解，以至融会贯通，都无所疑，方始是学。”阅读认知的过程与此相似。阅读教学的过程实质上就是教师在语文教学大纲指导下有目的、有步骤地启发学生生疑—质疑—解疑—再生疑—再质疑—再解疑的持续不断的过程。教师的作用在于“启”，启发引导学生在学习的过程中爱思、会思、多思、深思。求知欲从某种意义上来说，就是解疑欲、解惑欲。“疑”是刺激学生积极思维的诱因，奋发学习的动力。阅读中激励学生提出问题，在学生不易产生疑问处设疑，抓住矛盾加以展示，都能让学生自然而然地进入惑的状态，认真思考，积极寻求解惑的途径和方法。学生生疑后，要注意设置辨疑的条件、气氛，引导学生谈看法、摆见解、比较分析、判断推理。辨疑组织得好，学生课堂上的精神生活就积极、充实，甚至非常热烈。辨疑要尽量注意新旧联系，启发学生挖“知识库存”，使它们运转，发挥温故而知新的作用；要灵活地运用各种比较方法培养学生精读深思、探幽发微的能力，在古今作品、中外作品之间，同一作者的不同作品之间，无论是遣词造句、结构层次、构思、主题等均可通过比较对学生进行语言和思维的训练，促使他们垂直思考，开拓思维的广度，训练思维与阅读的敏捷性和准确度。辨疑要注意处理有限的课内和无限的课外的关系，有意识地将课内的知识延伸到课外，进行兴趣迁移，再把课外有关的知识引进课内，培养学生对知识的渴求，对读书的浓厚兴趣。

学生辨疑、析疑时，教师不能以自己思考问题的范围教学生“就范”，使学生“画地为牢”。学生往往有自己的思路，有时能够突破习惯的羁绊，碰撞出创造性的火花。教师只要善于发现，真诚鼓励，学生就活跃非常。这些课堂上的“神来之笔”往往是教学中最精彩的，它们反映了学生长知识与长智慧相互结合的智力活动过程，使学生情绪激昂，内心喜悦，求知的欲望倍增。在阅读教学中，教师要善于铺垫，帮助学生孕育智慧的火花，积极地组织讨论，鼓励学生施展语文才能，超水平地发挥。

各种类型的课文都是思想内容和语言文字的统一体，阅读教学贵在阐发它们的个性，组织不同层次的学生积极参与阅读的全过程，使他们在不同的起跑线上学得愉快，学有所得，越学越要学。这是科学，也是艺术。

语言装载情和意

学校素质教育的主渠道是课堂教学，在语文课堂教学中，阅读教学可以说是重中之重。

英国哲学家弗兰西斯·培根有这样一句名言几乎众所周知，那就是“读书足以怡情，足以傅彩，足以长才”，把书对人的影响力、对人的心灵的塑造说得形象而深刻。阅读教学当然不能等同于一般的读书，它在语文教学中担当着特有的任务。它的任务是通过一定数量文质兼美的文章及若干本书籍的阅读，提高学生正确理解祖国语言文字的能力；在阅读训练中，学生的知识获得增长，智力获得发展，情操获得陶冶，审美情趣、爱国主义精神等获得培养。简言之，阅读教学的任务实质上就是指导学生读书，指导学生学会读书；学生在学习读书的过程中，怡情养性，增长识见，理解、体味语言文字的表现力与魅力。阅读教学脉搏把得准、质量高，学生的科学文化素质与思想道德素质均能得到有效的培养。

语言文字是一种工具，它传达思想、情感、意志，是人与人精神上沟通、交流的工具。就文字而言，它是传久行远的工具。必须注意的是，这一工具不是僵死的符号，它和其装载的文化、思想、情感不可分割，它不能凌空存在。世界上各民族的语言都是其本民族的文化地质层，它记载着这个民族物质与精神的历史。语言文字本身装载着文化。民族的文化是民族的根，语言是文化的根，所以，语言是一个民族的根之根。中学语文学科是一门基础学科，既有工具性属性，又有人文性属性，打语言基础与打文化基础应融合在一起同时进行。如

本文收入《给语文教学加点钙》（上海教育出版社 2001 年版）。

只见其工具性，只着眼于单纯的技能技巧，那就以部分代整体，太小看这个学科的价值，更何况用解剖刀把这原本的统一体剥开，其科学性又如何来解释呢？别说我们的母语教育了，放眼看一看世界，就可知晓割裂语言及文化的教育倾向与当今世界的语言教育的趋向背道而驰。

阅读教学对学科的性质、学科的任务是否能完整地把握，学生受益的程度很不一样。仅举鲜活的一例加以说明。

学习都德的《最后一课》，A 老师叫学生在书上画出注释上有的词语，然后抄写几遍，把注释背出来；再画出有关法国语言最美的句子，抄在练习本上；要求学生看一遍（不作检查），接着完成《一课一练》。几天以后，一位家长问孩子：这篇文章是世界上许多国家少年学习的教材，你学习以后怎么想的？孩子回答：和学习别的课文一样，画词抄词背词，做练习；还有，韩麦尔先生话说不出来，哽住了，很滑稽……家长愕然。

同样学习《最后一课》，“……啊！这最后一课，我真永远忘不了！”某学生满怀感情的朗读深深感染了同学。“当、当、当……”，录音机里突然传出了十二下敲钟声，沉重，遥远。趁学生惊诧之际，B 老师出示了一张韩麦尔先生写完“法兰西万岁”两个大字后的彩色照片，要求学生图文对照，仔细观察，仔细阅读，要求学生在理解的基础上用饱含激情的语言描述课堂上庄严肃穆的场景，描述韩麦尔先生的神情、语言、动作及他内心的痛楚和期望，描述此时此刻小弗郎士的心情和感受，说明这个场景在《最后一课》中的地位和作用。学生观察、阅读，情不自禁地朗读，极其认真地寻找“惊人”的语言来表述自己的看法——

> “这是一个令人心碎的场景，真的，令人心碎！”
>
> “教堂的钟声，祈祷的钟声，普鲁士兵的号声，是驱赶韩麦尔先生出课堂出学校的最后信号，所以他难过到极点，脸色惨白……”

> “他心里乱极了，他要和同学们作最后的告别，但痛苦使他的喉咙哽住，不能用语言表达。‘我的朋友们啊’，说明他对同学、对镇上的人爱极了，留恋极了。”
>
> “他只向学生做了一个手势，话也不说。其实，坐在课堂上的人心里都明白，韩麦尔被迫离开学生、离开家乡，痛苦极了。我觉得这里是‘此时无声胜有声’。”
>
> “写‘法兰西万岁’两个大字的情景激动人心。这两个大字是韩麦尔先生使出全身的力量写的。他把丧失故土的痛楚，把对侵略者的仇恨，对自己祖国的热爱，对恢复失地的向往和信念，都凝聚在里面了。”
>
> “韩麦尔先生的神情、手势、语言、写的字使小弗郎士更加震动了，他一下子长大了，他从没有这样敬仰他的老师，老师对祖国故土一往情深的热爱使他感动不已。”
>
> “这个场景是《最后一课》的高潮，我要是小弗郎士，这一课我也真的忘不了。”

对学生的畅所欲言，B 老师大加赞扬，并加入他们的行列，谈一段亲身经历。

前后两种教法相比，不难看出教学效果迥然有异。究其原因，前者学习语言是静态的，词句的理解脱离语境，支离破碎，忽略了词句装载的情与意；灵魂没有了，学生不仅不感动，反而产生了想象不到的错觉与误解。后者虽然只截取了教学过程中的一小部分，但从中可看出，学生在语境中学习语言，调动了自己的感觉器官与思维器官，感悟到文字的表现力，对语言的理解有情有意，因而能用比较准确、流畅、动情的语言加以表述。学生的主动性、积极性得到发挥，不仅对课文的理解有创意，而且受到恋国恋乡爱国主义思想的熏陶。

文章不是无情物，学生要能真正把语言文字的理解与运用学到手，就应对文章整体感知，弄清楚写什么，表达怎样的思想感情，作者是怎样写的，为什么要这样写而不那样写。醉心于烦琐的分析，或架空地传授与训练字词句段，与阅读教学的目的相违背。文章的精彩部分应重锤敲打，咀嚼，体味，弄清楚使用了哪些语言，这些语言表达了怎样的情和意，字面上怎样理解，字背后有哪些丰富的、精辟的、启人深思的寓意，语言的表现力如何，魅力何在，更换其他词句行不行，原因何在，等等。重锤敲打，文章就会溅出耀眼的火花。不探究语言装载的情和意，就只能在符号上飘来飘去，语言的生命力无法展现，对学生进行素质教育就更谈不上了。

语文学科的工具性和人文性是一个统一体的两个侧面。成功的阅读教学不仅使精湛的语言文字大放异彩，而且使其蕴含的思想、智慧、高尚的纯净的感情流淌到学生的心中，哺育学生健康成长。

阅读是人生的伴侣

先从一则故事说起。国际创造性与领导学基金会有一次邀请约瑟夫·布罗茨基演讲。演讲结束，主持人向他表示谢意时，这位孤傲的诗人毫不客气地当众宣称："一点也不用谢我。我坐在这里，并不完全是我自己。我是我所读过和所记得的东西的总和。一旦我不记得了那些东西，一旦我成了街上的普通人，任何人都可以捅死我也不会造成很大损失。但是只要我记得，我就是件珍品！"

只有视文化为全部生命的人，才会在现代世界中还由于能拥有文化与传承文化而如此自负。正因为如此，他在 1987 年的诺贝尔文学奖受奖演说中才会这样沉重地说："鄙视书，不读书。由于这一罪过，一个人将终身受到惩罚；如果这一罪过是由整个民族犯下的话——这一民族就要因此受到自己历史的惩罚。"

这是一个典型的例子，说明阅读对个人、对民族的无可比拟的重要性。在现代社会要做文明人，不认真阅读，不广泛涉猎，不大量获取信息，怎能生存，怎样发展？尤其是青少年求学时期，不抓紧时间阅读多种书籍，不认真阅读读物中的佳品、精品，不主动积极地用人类创建的精神文明哺育自己成长，又怎能成为国家的有用之材？

结论只有一句：阅读是人生的伴侣，开人心窍，给人智慧，促进学生茁壮成长。为此，教师必须重视阅读教学，努力提高阅读教学的质量。

本文收入《给语文教学加点钙》（上海教育出版社 2001 年版）。

一、
发展学生阅读的兴趣爱好

众所周知，“知之者不如好之者，好之者不如乐之者”，学生青春年少，对某个事物产生兴趣，就会孜孜不倦地追求，乃至形成爱好，形成专长。要让学生认识阅读的重要性，体验到阅读的快乐，就须着力发展他们的兴趣爱好。兴趣是阅读的内驱动力，有了这个动力，学生就会挤时间读，有滋有味地读，从中吸取知识，吸取有益于人生的养料。

然而，阅读教学的现状在相当程度上令人担忧。一是阅读为了应考。不必说初三、高三毕业班的语文是“题、题、题”，是名目繁多的阅读试题；就是低年级的语文，也是标准化试题泛滥。阅读课究竟学什么？怎么学？如果把阅读课的宗旨淡忘了，忽视或抽去“情”与“意”，热衷于文字上的排列组合，什么整体感知，什么积累、感悟，什么想象、联想，就几乎无踪影。难怪有些高中生不解地问：“本来自己看一看课文，还有点懂，题目越做越不懂，语文是不是‘怪’学科？”也难怪有的初中生学了《最后一课》后说：“韩麦尔先生是不是得了阿尔兹海默症？话说不出来了。”因为课上学生只做题目，课文没有读过一遍，出现这样的笑话也就不足为奇了。这是阅读教学中的一个误区。

另一个误区就是花拳绣腿，形式上变花样。这在公开课、展示课、评优课中尤为突出。运用现代教育技术本为了提高教学效率，提高教学质量，为用而用，就成为赘疣。教材本意究竟是什么，指导学生阅读这篇课文究竟要达到怎样的目的，不钻研，不深究，形形色色花样，热闹非凡，其结果，学生如堕五里雾中，收效甚微。甚至于出现这样的怪现象：一节课上完，学生书都未翻开，不用说阅读、咀嚼、品味，就连“面”也未见到，岂非咄咄怪事。教学就应老老实实，一步一个脚印，来不得半点虚假、半点虚空。

要发展学生阅读的兴趣爱好，就应帮助学生树立探宝意识。书籍是人类精神文明的宝库，求学者应不畏艰辛，努力探觅宝藏。《庄子·列御寇》中说：“夫千金之珠，必在九重之渊而骊龙颔下。”求学者孜孜矻矻，方可觅得宝贝。

有些诗文见解精辟，思想深邃，教师要引导学生读读，想想，咀嚼，品味。如《阿房宫赋》确实是精品，既有情，又有义，文辞华丽，想象丰富，不仅给人以美感，更在于思想深刻，给人以不尽的启迪。“灭六国者六国也，非秦也。族秦者秦也，非天下也。”最后说：“秦人不暇自哀，而后人哀之；后人哀之而不鉴之，亦使后人而复哀后人也。”最后一句话绝妙，把天下兴亡的道理阐述得入木三分。不以史为鉴，悲剧将一幕幕连绵发生。

有的诗文语言优美，令人陶醉。学语文进入语言宝库觅宝，是理所当然的事，因而，教师要带领学生赏析、品味，取得宝藏并积累起来备用。如《明湖居听书》中对白妞的描写，形是形，声是声，如诗如画。“秀而不媚，清而不寒”，“那双眼睛，如秋水，如寒星，如宝珠，如白水银里头养着两丸黑水银，左右一顾一看，连那坐在远远墙角子里的人，都觉得王小玉看见我了。那坐得近的，更不必说。”朴朴素素几笔，白妞的形神就活脱脱地呈现在读者眼前，这是何等的语言功力。声音的美妙用攀山越岭的“形”来表现，上天入地，回环转折，给读者的听觉和视觉以艺术享受，这又是何等的运用语言的功力。

优秀读物能给学生以精神养料，能滋润学生成长。如果学生无阅读兴趣，不认真阅读，再好的佳作精品也不能发挥作用。教师要在点燃学生的阅读热情上下功夫。正如苏联作家邦达列夫所说：“一个人打开一本书，就是在仔细观察第二生活，就像在镜子深处，寻找着自己的主角，寻找着自己思想的答案……所有这些，按照托尔斯泰的说法就是‘感情的传染’。”帮助学生观察和认识这“第二生活”，开阔视野，陶冶情操，提升精神，积累语言，打文化的功底，是语文教师义不容辞的责任。

二、
发展学生自主阅读的能力

为什么要发展学生自主阅读的能力？长期以来，课堂教学以

“教”为中心，画地为牢，学生学习常处于被动地位，思维、情感、意志、人格等均未获得充分发展。看起来是“学”的问题，实质是“教”的问题。须知：没有不可发展的学生，只有尚未发展的学生。

学生能不能自主阅读、学会阅读，能不能具有较强的获取和筛选信息的能力是个人成长中的大事。具备这种能力，首先是时代的需要。工业社会向信息社会过渡，在新型的知识经济社会中，科技迅猛发展，新信息如潮涌，新型的从事各种建设事业的建设者必须具有了解、判断、筛选、处理信息的能力。阅读能力不强的人，难以适应社会的发展，难以在担当的工作中取得主动权。美国在 20 世纪 90 年代调查研究美国 21 世纪劳动者应具备哪些基础、哪些能力时，第一条就是阅读的能力。美国的中小学很重视学生的阅读，对阅读的量和质都有考虑。我们对这个问题的认识应有点超前意识。其次是学生自身发展的需要。在当今社会，一个人要生存，要发展，就须学会认知。学会认知、学会学习是学习与工作的基本能力，是学做文化人的基本条件。发展自主阅读的能力，学会阅读，终身受益不尽。无数事实证明，阅读能力强的人，除了教师指点以外，更多的是自己勤于阅读，实践，体会，感悟。由于种种原因，学生在求学时期，发展自主阅读的能力极为重要。

阅读教学中发展学生自主阅读能力的方法很多，教师可各具个性，具体指点，积极引导，但有些问题可共同探讨。如：

1.
转变教育观念，
摆正师生关系

阅读教学活动是师生双边活动，教师不能把自己放在绝对权威的地位，“我”讲“你”听。学生阅读有积极性、主动性，课就能生彩，就会读出质量。教师是辅导员、指导员，与学生是平等关系、合作关系、伙伴关系。教师引导，学生自主，师生共同参与，学生阅读

的能力得到锻炼，获得发展。

2.
关键在于引导学生学会思考，
培养创新意识

“心之官则思”，阅读，只用眼睛扫射，不用心思索，就会浮光掠影，不得要领。教师在指导学生阅读时，要帮助其学会层层剥笋，步步深入。古人云：“作诗如食胡桃、宣栗，剥三层皮方见佳味。”英国文学评论家约翰·罗斯金认为读书要像矿工那样，要用锋利的镐和铲，深入开掘，熔炼宝藏。我国作家王汶石认为：读书至少读三遍，一通读，整体感受；二拆卸，弄清零件性能；三浏览，完整印象。学生用心思考，读书就可渐渐入门，提出种种不解的问题。

如学《装在套子里的人》时，有学生问：“别里科夫只是个在中学教希腊文的教师，怎可能‘全城都受着他辖制呢’？不可思议。”有学生发表看法：“他把他的思想极力藏在一个套子里，他的思想的套子，是指沙皇统治阶级的思想和落后、保守、顽固的势力。因而，他对政府法令心领神会，忠诚信奉。他的思想来自统治阶级，所以‘辖制’着全城，实际上正说明沙皇思想统治的严密，全城受沙皇思想的辖制。”有学生又产生疑问了：“既然别里科夫能‘辖制’全城，为什么他又那么胆小、怕事，一副可怜相呢？岂不矛盾？”有学生动脑筋进行比较分析：“别里科夫这个典型人物与奥楚蔑洛夫不同。《变色龙》中的奥楚蔑洛夫是 19 世纪 80 年代沙皇警察统治的奴仆，蛮横残暴，不可一世；别里科夫是沙皇精神禁锢的工具，像害怕瘟疫一样害怕一切新事物，害怕一切超出平凡庸俗的生活常规以外的东西，怕不能符合沙皇统治的要求，因此，终日一副可怜相。”伴随着思维的活跃，阅读往深处开掘，往广处拓展，学生获得锻炼，读的质量提高。

思考的核心是创新，教师要有意识地培养学生有独立的见解，有创新的意识，不人云亦云。工业社会教育自上而下，创新局限于少数

人，信息社会要求人人创新。传统文化民族性、地域性很强，现代文化往往超越国家，超越地域，是全球性的。创新既要面向过去，吸取养料，又要面向现在，面向未来。学生求学时代，就要十分注意培养创新意识。要培养学生的创新意识，须在以下方面努力。

（1）课堂教学须创设宽松的环境。学生阅读有什么想法，有什么疑难，有什么体会，可以随时表达。气氛宽松，探讨热烈，做到知无不言，言无不尽。

（2）鼓励发挥想象力。不能都是逻辑推理、常规思维，要有形象思维。单提出问题不够，要能根据语言文字的描述在脑中构造出种种鲜活的形象。在有限的课堂里能开展无限的想象，思接千载，视通万里。如“滕王阁”是怎样的“物华天宝，人杰地灵”，怎样“落霞与孤鹜齐飞，秋水共长天一色”，一幅幅优美的画在心中激荡。要让学生想象力丰富，浮想联翩，为创造性思维打底子。

（3）创造性思维常常是直觉的、跳跃的、非常规性的。教师切不可让学生在划定的圈子里转，要鼓励他们神思飞越，有自己的认识、自己的看法。也许有的看法不够完善，但只要有创意，就要热情支持。教师鼓励、支持，学生自信力增添，胆子就大起来。

3.
启发学生感受思想精华和情感魅力

要从语言文字入手，仔细琢磨，整体感知课文，真正体会作者的写作意图。

新修订的中学语文教学大纲中阐明“要从语文学科的特点出发，使学生在潜移默化的过程中，提高思想认识，陶冶道德情操，培养审美情趣”。这准确而充分地反映了语文这个人文学科的特点。

学生阅读，和语言文字为伴，要懂得它们在为民族政治、经济、文化服务的过程中渗进了民族的个性、民族的智慧，成了民族的财富、民族的标志。汉语文负载着中华民族数千年的文化，有极其丰富的文化内涵、极其辉煌的人文精神。阅读时，既要注意语言文字的实用功能，又要注意它的熏陶感染功能。佳作精品，无不蕴含着深邃的思想、丰富的情感，读起来荡气回肠，令人震撼，令人折服，令人陶醉。阅读，就要感受其中的精华，感受其中的思想情操。阅读作品如果舍弃人文，无疑是舍弃了语言文字的灵魂，又怎能学得好语文？因而，阅读教学中启发学生感受、感悟必不可少。

4.
教育学生重视积累，
善于积累

阅读教学中要培养学生勤于积累、善于积累的良好习惯。青春年少，记忆力旺盛，多诵读古代诗词和文言文，背诵一定数量的名篇，就可有文化底气，为继续学习、提高素养打下坚实的基础。该背诵的要一丝不苟地背诵，不可马虎。过去我们的语文教学重分析、轻积累，教训应吸取。腹中空空，文化底蕴必然不足，语言必然干瘪无味！

学生自主阅读能力获得发展的同时，思维力、想象力、理解力、赏析力、情感、创新意识也均获得发展，学习上被动的局面就会有根本性的转变，为将来做社会上的有用之材、为终身学习打下扎实的基础。

当然，促进学生的发展，不能停留在一般要求、共同标准的层面。任何做法都不能一刀切，要研究学生的特点，发挥个人的潜能，形成你追我赶的局面。

打开另一个视角

语文教师以书为伴。有的书赏心悦目，有的书只需扫视，有的书应不屑一顾，有的书要磨脑子。磨磨脑子虽比较累，但能活跃思维，深入思考，打开另一个视角，窥见新的天地。

在语文教学过程中，教师们经常对许多问题产生困惑，就事论事，往往说不清，道不明，而从理论上探索、比较、分析、总结、反思，在某些问题上会有豁然开朗的快乐。

郑敏教授所著的《结构—解构视角：语言・文化・评论》就给了我求知的快乐。我们教语文的受 20 世纪初叶结构语言学家索绪尔影响较大，因为这种语言学成为结构主义文学理论的基础，使文论蒙上了类科学的色彩，以适应 20 世纪崇尚科技工业的心态。以符号系统代替古典文论及文艺复兴以来强调神学及人文主义的西方文学艺术理论，是一次惊人的现代主义突破。我们虽不专门研究结构语言学和西方文论，但因它们历时半个多世纪的兴盛，影响之大，传播之广，我们中学语文教学从指导思想到具体做法，都可寻觅到它们或浅或深的痕迹。

这本著作简要介绍了 20 世纪后半叶西方思想界出现的解构思潮，又称后结构主义，它的奠基人是雅克・德里达。作者阐明了从结构观走向解构观的必然性。解构观的出现结束了以封闭的结构为主流和正宗的文化思维体系，而打开了一个结构—解构功能不停运转的、开放的、由无限界的宇宙观与之相匹配的认识论的新时代。21 世纪的中国文化要在这种洪流中找到自己新的位置，一个关键问题是我们能否

本文发表于《语文建设》2004 年 7—8 期。

正确认识结构与解构两种功能在文化运转中的相反而又互补的作用。

作者在书中分三个部分分别阐述“走进解构思维”“解构语言观”“解构评论”等内容，其中对许多问题的剖析十分精彩。例如在《语言观念必须革新：重新认识汉语的审美功能与诗意价值》这一章中开宗明义指出：“20 世纪世界人文科学的一次最大的革新就是语言科学的突破：语言不再是单纯的载体，反之，语言是意识、思维、心灵、情感、人格的形成者。语言并非人的驯服工具，语言是人类认知世界与自己的框架，语言包括逻辑，而不受逻辑的局限。”剖析了语言文字是文化的地质层，说明“世界上各民族的语言都是其本民族的文化地质层，在无声地记载着这个民族的物质与精神的历史，因此爱自己的民族就必须爱自己的母语。异族的入侵和征服，往往在军事占领之外，第一个要做的事就是摧毁被征服者的母语，代之以征服者的语言”；指出改变陈旧的语言观，“在中小学的语言教育中就会有浓厚的活的民族文化感情，激励学生热爱自己民族的过去及其睿智在语言中的积淀”；还指出割裂语言和文化的教育倾向与当今世界语言教育的发展趋向背道而驰，书中对汉语的文化涵盖、汉语的动感、汉语的感性魅力等等，均有生动的、实实在在的论述。

打开另一个视角看汉语，看语文，思考深入了。由语言文字的表面往深层、往实质探究，不仅开阔了视野，而且对语言文字的本原及丰厚的内涵有了新的认识与体会。

这本由清华大学出版社 1998 年 11 月出版的“新清华文丛之五”以老清华人文学科古今会通、中西会通为特色，继承传统，以严谨科学之治学态度回答新学术课题。

读这本书能受到多少启发与教益，我一时难以表达。记得解构学派奠基人雅克·德里达 2001 年 9 月来上海访问，与上海知识界人士交流时，他认为：对世界上的许多事情在说是与非之前须进行艰难的思考与分析，这是知识分子的责任。我们语文教师虽不是学者、专家，但在对教学中的许多问题说是与非之前，恐怕同样应该读点书，进行艰难的思考与分析，磨磨脑子，这是责任。

辞书与语文学习

辞书在语文学习中的作用

一本好的辞书，不仅对求学期间的青少年有用，而且影响人的一生。为什么这么说呢？因为字典、词典是比较规范的，是不说话的老师。孩子的成长，一方面是靠家长的教育，另一方面是靠学校的老师教育，而另一个不说话的老师就是字典、词典。孩子在求知过程中必然有很多疑问，而这个不说话的老师伴随着你，让你可以随时随地有疑而问。其实字典、词典里面的很多字不仅教你识字，而且教你认识社会、认识人生。因此你查辞书的时候，不仅是认识字形、了解读音、查到字义，而且能够了解社会、了解人生。

商务印书馆的《现代汉语词典》几乎每个老师人手一册，今天时代发展了，在学习方面应该有一些新的栏目。

前几天，我看了新出版的《现代汉语学习词典》，里面又增添了很多内容。比如有“注意”栏目，现在学生总是写错字，这个词典中有字形的辨析、字音的辨析，这个提醒就很好。有的是同音字错了，有的是易混的字形错了，该词典都通过辨析进行了说明。词典还设了一些“窗口”，介绍文化，比如“速食面”在我国大陆地区叫什么？在我国台湾地区叫什么？在我国香港地区叫什么？这样你查了词典，就不仅仅知道“速食面”是怎么回事，同时相关的知识，比如台湾、香港是怎样的叫法也都知道了。词典中还有些讲文化传承的内容也很好；又有逆序词，增加了很多词语的知识。另外，这部词典里

本文发表于《中国教育报》2010年9月29日。

面有很多插图，因为有些词是解释不清楚的，只看文字很难理解，但一看插图就会很清楚。

我觉得词典需要保持传统，同时要与时俱进。《现代汉语学习词典》增加了很多文化的含量，从词典中能看出语言的变迁、思想的变迁，这是适应时代潮流的。一部好的词典本身应该能反映出社会的文化，它本身就是一种文化的传播，它不仅要可查，而且要可以阅读。我记得过去有人问，如果一个人外出可带什么书？有外国人说要带一本英语词典，能不断地翻阅。所以，词典的可阅读性也是非常重要的。

《现代汉语学习词典》里有文化作支撑，有插图的编排，有很多知识窗口，有很多注意事项，增加了可读性，所以它是可查、可阅读的，读起来也很赏心悦目。

作为老师，我希望学生养成勤查字典、词典的习惯。我活到 80 岁了，可以说没有一天是不查词典的，因为它是陪伴我们终生的。

辞书对语文阅读的影响

关于学生的语文基本功，我们现在有一个认识误区，就是“为考而学”。语文学习有一句大家都熟知的话，叫“语文学习的外延与生活的外延相等”。可惜的是，现在语文学习的外延和内涵都残破不全。我们往往只重视课内的教材学习，而课外大量的阅读阵地，我们基本失守了。语文要学得好，还要靠自学。除了精读课本内容，要能有所领会，体会语言文字的运用之外，很重要的就是大量课外阅读。课外大量阅读是第二生活，你可以在第二生活中找作品当中的主角，找跟你思想相通的地方。阅读就要借助一些工具书，不认识的字、不理解的词都可以查字典、词典。学生只有大量阅读，才能真正地有文化积淀。

现在我们吃东西吃快餐，读书也要快速阅读。快速阅读不一定是对的，因为中国的传统文化讲得非常精确，有的是要熟读深思的，有的是快速浏览的。如果我们读书都是快速浏览的话，那是不行的。最近美国、加拿大都在研究慢阅读。如果都是快速阅读，都是阅读快餐、文化快餐，那就等于没有阅读。所以阅读的时候要深思。

词典不仅能帮学生学习语文，帮助解答疑难，还能帮助学生大量阅读好书，使他们不被那些低俗文化、垃圾文化所俘虏。学生的文化判断力是不够的。低俗文化、垃圾文化无处不在，可渗入每一个毛孔里头。因此要让学生读好书，读真正的精品、佳品，让学生能借助工具书来真正用这些人类的思想精华滋养自己的成长。

人有两个世界，一个是物质世界，一个是精神世界。为什么我们要搞文化、搞教育，就是要帮助人的精神世界与物质世界和谐发展、共同成长。我们做的这些词典、杂志就是文化产品，人的成长要有优秀文化读物来滋润。社会的风气要依靠文化的精品、佳品来抵挡那些恶劣的“抢、杀、钱”一类的文化来腐蚀我们孩子的心灵。每个孩子都只有一次青春，孩子是每个家庭的宝贝，每个家庭的宝贝都腐蚀不得。

阅读方法
指导

丝丝缕缕见真情

以情感人的小说读后总令人久久难忘，茹志鹃的《百合花》就是这样的作品。作者通过错落有致的情节结构和生动传神的细节描写，刻画了军民之间血肉相连、团结战斗的鱼水深情。阅读之后，文中一条新被、两个青年人的形象常在脑际萦绕。

一条新被。枣红底、撒满白色百合花的新被是新媳妇唯一的嫁妆。“百合花”，图的是百年好合的吉利，倾注的是良好的愿望、深厚的感情。新媳妇竟然把百合花新被奉献出来，覆盖在小通讯员的遗体上，这种发自肺腑的热爱烈士的感情感人至深。文中三次写了被——借被、铺被、献被，这个细节犹如小乐曲一般反复奏鸣，传送对烈士的崇敬和爱戴。

两个人物。小通讯员崇高的思想感人，新媳妇诚挚的情谊感人。小通讯员“献身”与新媳妇“献被”是故事的高潮，人物闪光的内心世界得到了充分的展现。小通讯员最后出现在读者眼前是在枪声稀落、明月高悬，似乎天快要亮的时候。然而，他已经不会说话，那张稚气的“圆脸”上，脸色已由“棕红”变得“灰黄”，“安详地合着眼”，军装肩头上“一片布”还挂在那里。此情此景与他鲜蹦活跳时对照，怎不令人心酸？“这都是为了我们，……手榴弹就在我们人缝里冒着烟乱转，这时这位同志叫我们快趴下，他自己就一下扑在那个东西上了。……”多么壮烈的舍己救人的行动！担架队员的叙述，揭示了小通讯员那人民利益高于一切的优美的心灵。这一“趴”一“扑”，极其深刻地表现了小通讯员把生的希望让给别人，把死的威胁留给自己，

本文写于1982年，收入《于漪文集》（山东教育出版社2001年版）。

这种勇于自我牺牲的高贵品质在皎洁的月光下散发出更加耀眼的光芒。

才过门三天的羞涩、忸怩的新媳妇见到小通讯员牺牲，表现异乎寻常。她“庄严而虔诚”地给通讯员“拭着身子”；“一针一针”“细细地、密密地”缝着“破洞”；“夺过被子”“狠狠地瞪了他们一眼”，“气汹汹地嚷了半句”。这些一反常态的语言和动作表现她哀思如潮，按捺不住自己的情感，倾注了对英勇献身的小战士的景仰。她奉献给小通讯员的岂止是一条新被？她献上的是人民群众对革命事业、对革命战士的赤诚的心。作者把“献身”与“献被”缝合在一起，主题庄严，意味隽永。

作品中这两个人物形象之所以能给人强烈的感染是和作者镌刻他们的艺术技巧密切关联的。作者塑造通讯员的形象不是一下子展开，而是从远到近，由淡而浓，逐层展现。先写他“撒开大步，一直走在我前面”，这是远看；再“从背后看去”，写他外表，逐步由远而近；然后从正面描绘肖像，更近了；又放在“借被”事件中写其动作、语言、神态；最后用担架队员的追叙，进行侧面烘托。这样从远到近，由淡而浓，从外表到内心，逐层展现，一位腼腆、纯真、关心群众、关心同志的小通讯员形象就栩栩如生地映现在我们眼前。

全篇人与人之间、人与景之间，多处对比映衬，使人物形象更为鲜明。有自身对比。如通讯员在“我”面前，显得腼腆、忸怩；在战场上，却是勇敢、坚决、临危不惧、舍生忘死的。新媳妇最初不愿借被，最后又亲手献上自己唯一的嫁妆。也有互相映衬。写通讯员的腼腆、纯真，映衬新媳妇的羞涩、纯朴；写新媳妇的深情缝缀，又突出小通讯员浴血战场、舍己救人的品质。人物与景物映衬，也很精妙。如当通讯员牺牲时，明月高悬，用枣红底色上撒满白色百合花的被子给他铺盖，收到强烈的艺术效果。

小说中的“我”是故事的目击者。由“我”引线，带出通讯员；“我”和通讯员去借被，又引出新媳妇。作者通过“我”从团部到前沿包扎的所见所闻所思，描写“我”眼中之景，绘“我”眼中之人，把笔触伸向人物心灵深处，细致地刻画心理和感情的变化，故而能深深打动读者的心。

多多请教“不说话的老师”

我们读课文，读报纸杂志，常常会碰到不认识的字、不理解的词，怎么办呢？是像障碍赛跑一样跨越过去，还是绕道走？赛跑碰到障碍物，确实可以跨越过去，走路遇到障碍，可以绕道走，读书却不能这样。今天跳，明天绕，陌生的字成串成堆，开口找不到恰当的词句表达，下笔别字连篇，人家看不懂。

有了疑难问题，该怎么解决？切不可马虎过去，要虚心向老师请教。老师很愿意帮助学生解决疑难，但是老师不可能一天到晚跟在学生身边。有一位老师不一样，它不受时间、地点等条件的限制，很乐意一直伴随在我们身边。它是谁呢？它就是学识渊博而又不说话的老师——字典。

然而，与这位好老师打交道也不容易。如果我们不虚心，自以为什么都懂，根本不想请教它，把它冷落在一边，那么它是不愿意主动来找你的。你若是真要虚心向它求教，但不懂得怎样与它打交道，那么你和它也结交不起来。与它们打交道的方法可多了：有的“老师”是按拼音的顺序，把字词排列下来的，你得先懂得汉语拼音，按音序才能在它那儿找到问题的解答；有的“老师”则按字形结构分部首，把答案有秩序地排在它胸中，你要寻求解答疑难的钥匙，就得先掌握部首；有的“老师”把每个字的四个角编成数码，你与它打交道就要熟练地掌握四角号码……懂得求教之道，虚心请教，和它们的交情

本文写于 1982 年，收入《于漪文集》（山东教育出版社 2001 年版）。

就越来越深了。总之，有了字典，首先要懂得查用的方法。

要养成多查字典的好习惯，学习中碰到一点问题就要翻阅请教。比如在《史记·项羽本纪》中描写项羽斥责宋义不与秦军作战的话中有“军无见粮”一句话，“军”“无”“粮”三个字都很清楚，但“见”字该怎么讲呢？查《新华字典》“见”（jiàn），似乎任何一种解释用在这里都不妥当；再往下看，“见”可读 xiàn，解释在后面：与“现”同。原来“见粮”即现成的粮食，“军无见粮”，就是军队没有现成的粮食。由此可见，查到了字，不能马马虎虎看一眼就算，要把这个字下面的解释仔仔细细看一遍，选一个最确切的解释。特别是学外语，查到一个生字，粗看一眼懂得一种解释算数，先入为主，常常会闹笑话。比如“milk”解释为牛奶、乳，初学英文的人就认识；“milky”解释为牛奶的、乳汁的等等。但 milky way 是天上的银河，有人粗心没有查字典，贸然把它译成“牛奶路”，闹大笑话。所以除了养成多查字典的习惯，还应养成查到一字耐心把解释仔细看一遍的习惯。

随着学习的深入，请教一位“老师”还不能解决问题，那就得请教有不同特长的“老师”——那就是各种各样的专业辞典。作家姚雪垠说：我有常翻字典和词典的习惯，应该说是我的好习惯。往往觉得一个词的性质理解没有把握，或不很有把握，我就翻字典或词典，而且有时翻几种字典和词典。我们从小就要学习这种多多请教“不说话的老师”的好习惯。

打开人们心灵的窗户

登上高楼，推开窗户，纵目远望，眼前一片锦绣山河，能不令人心旷神怡？阅读，能打开人们心灵的窗户，增长知识，扩大眼界，陶冶性情。我长期从事中学语文教学工作，深切体会到指导学生认真读书的重要性。《中学生阅读》正是适应了这一需要，它的创办确是一件很有意义的事。

阅读材料要选得广，这样好扩大读者的眼界。但更要紧的是选得精，选文要能打动读者，使他们产生浓厚的兴趣。“知之者不如好之者，好之者不如乐之者”，刊物若能使中学生“乐之”，就能成为他们爱不释手的良友。

精品佳作琳琅满目，读者就会如入宝山。入宝山而能不空手回返，关键在于指导。进去了，目迷神眩、乐而忘返也不一定好。读书“进得去”困难，“出得来”似乎更难。生吞活剥消化不良不好，仔细咀嚼琢磨，才能汲取丰富的营养。好的指导不仅能引导人们“进得去”，更要善于引导人们“出得来”。比如读不朽名著《水浒传》，方法对头，无疑能获得有益的借鉴；若读来思想行动上亦步亦趋追随书中人物，岂非要闹出大笑话？由此可见，阅读一定要以正确思想为指导，要取书中精华，充实自己的心灵，提高读写的能力。

《中学生阅读》明确表示其主要任务是“精选阅读资料，指点读书方法，评介名著佳作，开辟习作园地，以帮助读者提高读写能力”，真是先得我心，因此不揣浅陋，乐意为它写了以上几句话。

本文写于 1983 年，收入《于漪文集》（山东教育出版社 2001 年版）。

心中有“底”益处多

同样上一节语文课，有的同学收效大，有的一般，有的则收效甚微。探究其中原因，虽有基础好和差的分别，注意力集中与分散的问题，但课前是否认真预习也是重要原因。

上课时自己心中应该有个“底”，切不可茫茫然。“底”从何而来？课前认真预习，对课上要学的课文先下一番自学的功夫，理解的、不理解的、似懂非懂的都经过思考加以区别。有了这个“底”，听课的时候目的性就大大加强，凡疑难之处，须深入弄明白的问题，就会全神贯注地口问、耳听、眼看、手记、心想。思维积极，大脑皮质高度兴奋，脑电活动增强，学习必然取得良好效果。如果心中无“底”，学习时容易精力分散，该花气力弄懂的难点未花足气力，不该花的又多花了，效果当然会受影响。

要做到心中有“底”，该怎样预习呢？就一篇课文来说，可以三看一查一提问。

三看，就是看课文、看注释、看课文后面的“思考和练习”。有的同学预习只看课文；即使看课文，也比较马虎，只把课文扫视一下，知道个大概就算了，字不识，词句不懂，像障碍赛跑那样一跨而过。这样的预习作用不大。要养成看注释的好习惯，注释是帮助我们解疑答难的。除了字词的诠释外，有些课文的注释还介绍作者生平、时代背景，课文中涉及的人、事、物，等等，不仅帮助我们理解课文，而且可丰富我们的知识，开阔我们的眼界。“思考和练习”也要看。思考题，顾名思义，就是启发思考的问题。课文后面的思考题有

本文写于1983年，收入《于漪文集》（山东教育出版社2001年版）。

的揭示课文的中心、主旨，有的揭示重点、难点，有的启发思考词句篇章、写作特色等。总之，它犹如引路者，引导我们进入课文的学习，是独立阅读时的好帮手。练习看一看也有好处，如果是字词方面的，学课文时可多加注意。

一查，就是查字典。凡有不明白的字词都要查字典；查到了要耐心地把解释从头到尾读下去，不要挂一漏万；还要从众多的解释中找出用到文中最贴切的含义。长篇小说《李自成》的作者姚雪垠同志把自己勤查字典说成是好习惯，我们学语文，也须养成这个好习惯，熟练地运用字典、词典等工具书。

一提问，就是提出自己不能解决的疑难问题。开始预习时，可能提不出问题，或者只停留在这个字读不准，那个词即使查了字典意思也把握不准的肤浅水平上。莫要着急，随着预习的深入，勤加思考，发现问题的能力就会逐步提高。思想内容、遣词造句、篇章结构、写作方法，甚至文章标题，无不可发现问题。有同学预习周立波的《分马》一文时，把内容与标题联系起来思考，发现了矛盾，提出问题：文章明明写分三百多头牲口，其中有马，有牛，有驴，标题用《分牲口》才妥当，为何用《分马》？有同学预习老舍的《小麻雀》时，结合自己的生活经验提出：“求生与求死的心情都流露在这两只眼里”这句话不好理解，小麻雀和人一样，总是“求生”，为什么要“求死”呢？如果同学们把文章的前前后后联系起来思考，与学过的有关知识联系起来思考，联系实际进行思考，就能产生疑问，发现问题，把学习引向纵深发展。

在预习时，自己还可规定一些点、圈、批、画等符号，在书上做记号，便于听课，便于复习，便于积累，便于记忆。

心中有“底”的益处不仅在于提高课堂学习的效率，更深远的意义在于培养自学的能力，培养独立获得知识的能力。而这种能力，在知识成倍增长、信息迅速增加的当下，对我们来说是多么重要啊。学生认真预习，提出一些问题，教师备课少不得要多用一把劲，教与学相互促进，对教师改革课堂教学、提高讲课质量也起好作用。这是教师要进一步注意的事，这里就不谈了。

深入其中，趣味无穷

读书万不能浅尝辄止。浅尝辄止体会不到其中的甘甜，享受不到其中的乐趣。

《庄子·列御寇》中有这么一句话："夫千金之珠，必在九重之渊而骊龙颔下。"意思是价值千金的名贵珠子，必定是在万丈深渊的骊龙下巴底下取来的。这就启示我们：书要读懂，领略出味儿来，读得兴趣盎然，消化吸收，必须孜孜以求，有深入龙潭取宝的那么一股劲儿。

怎么读才能深入下去呢?

要追根穷源。文章的词句篇章、来龙去脉不弄懂不罢休，认真咀嚼，细细品味。如诗人臧克家写的《闻一多先生的说和做》一文中有"一九三〇年到一九三二年，'望闻问切'也还只是在'望'的初级阶段。他从唐诗下手，目不窥园，足不下楼，兀兀穷年，沥尽心血。杜甫晚年，疏懒得'一月不梳头'。闻先生也总是头发零乱，他是无暇及此的"几句。若浮光掠影扫视一番，只会有闻一多先生治学刻苦的粗略印象，体会不到意味的隽永；若深入探求，味道大大浓郁。先识字，"兀"读 wù；再理解词义，"兀兀穷年"，一年到头劳苦不息；然后查查出处，原来出自韩愈的《进学解》，该文中有"焚膏油以继晷，恒兀兀以穷年"的句子。仔细咀嚼一下，句中难点不少，至少有三点要"追"、要"穷"。"望闻问切"是怎么回事?原来是中医诊断疾病的方法，一字一法，四者结合起来使用。为什么钻研文化典籍要以诊断疾病的方法来比喻呢?原来是承接上文钻研的目

本文写于 1983 年，收入《于漪文集》（山东教育出版社 2001 年版）。

的——“开一剂救济的文化药方”而来，语势顺妥。“目不窥园”呢？只是一般的形容吗？一查检，才知作者用了典故。《汉书·董仲舒传》中写董仲舒因专心致志学习，“三年不窥园”，不看一看家里的园圃。文中以此形容闻一多，可见其钻探文化宝藏精神的惊人。杜甫晚年“一月不梳头”又是怎么一回事呢？这引的是杜甫自己的诗句：“百年浑得醉，一月不梳头。”杜甫奔波一生，难得在成都草堂时有较为安定的生活，故疏懒得一月不梳头。文中引此进行反衬，突出了闻先生孜孜矻矻、日夜不懈的精神。难点攻破，再把几句话联系起来思考，就会发现文简意丰，比喻、反衬、用典恰到好处，深刻而形象地刻画了闻先生令人赞叹不已的治学精神。句式长短交错，气势流畅。一篇好文章语言的内涵丰满完备，只有深究底里，才能嗅到沁人的芳香。

须如临其境。好的文学作品绘景、状物、写人常常栩栩如生，跃然纸上。读这些作品不能书是书，我是我，而要根据文中描绘的词句段落，结合自己的知识储存，开展想象，让字面上的景、物、人活起来，动起来，自己步入其中，认识佳境，深入理解语言创造情境的奥秘。如读王维的《鸟鸣涧》，就要用“人闲桂花落，夜静春山空。月出惊山鸟，时鸣春涧中”的诗句唤起自己的联想与想象，运用平日看到的有关电影镜头、照片、图画、实景，听到的有关水声、鸟鸣声，在脑中进行再创造，展现生动、立体的图景。自己仿佛步入其境，就能较为深刻地体会遣词造句的佳妙，不仅懂得诗中怎样直接绘静，还能懂得以动绘静，用花落、月出、鸟鸣等动态映衬春夜山中寂静的传神作用，享受到语言美、艺术美。

应拨动心弦。唐代诗人白居易曾说过：“感人心者，莫先乎情。”文章不外乎以情感人，或以理服人；即使以理服人，情也寄寓其中。有的文章感情如涓涓细流在字里行间流淌；有的如江水滔滔、汹涌澎湃；有的如地底潜流，深沉含蕴，不易察觉。读这些作品要善于抓住关键词句拨动自己的心弦，激起高尚思想情操的共鸣，把握文中感情的脉搏，使文章如出自己之口，如出自己之心，深入理解作者炼字炼句构思组材的匠心。诗歌更要如此读。如“臣心一片磁针石，不指南方不肯休”，读时以诗句中倾注的思想感情拨动自己的心弦，就能深刻体味其中蕴含的千钧重量：它准确地表露了文天祥复兴社稷的不可摇撼的意志和决心；它激励我们在新的历史条件下，把自己的命运和祖国前途紧密地联系在一起，为振兴中华而奋斗。

祖国语言宝库中有无尽的宝藏，佳作多如天上璀璨的明星，深入进去，探奇觅宝，乐趣无穷。

怎样才能“举一反三”呢？

学习语文要能举一反三。也许有同学会问：一就是一，三就是三，老师教给我“一”，怎么会变成“三”呢？问得很有意思。要解答这个问题，先得弄清楚“举一反三”中“反”的含义。这个“反”的意思是“推而知之”；举一反三，就是举出一个方面，能推知几个方面或许多方面。老师教“一”，学生要能推知到“二”“三”，以至许多许多。

学习中怎样才能举一反三呢？关键在于是否开动脑筋，积极思考，善于思考。比如识字，有一种是形声字，这种字由表示意义的形旁和表示读音的声旁两部分组成。老师教了这方面知识，并举“钢”“钙”为例具体剖析，指出形旁“钅”与声旁“冈”“丐”分别组成“钢”“钙”二字，读“gāng”“gài”。我们学习时就可以从这教的“一”推知到“铆”“铛”“铮”“锻”等字的结构与读音，还可从形旁、声旁组合的不同形式推知“錾”“鋈”“鏊”“鎏”等字的读音。这样，根据形声字结构的特点进行推论，一学一大片，岂不就是举一反三了吗？识字是如此，划分课文的段落、概括段落大意、归纳中心思想、分析写作特点等，也是如此，只要真正弄明白其中的道理，就可由此及彼，教“一”懂“三”。

思考问题要把事物联系起来考虑，除由此及彼之外，还可从正面推到反面，由反面推到正面，由近处看到远处，由远处想到近处，由

本文写于1984年，收入《于漪文集》（山东教育出版社2001年版）。

简单推到复杂，由表面现象探索到内部实质，等等。总之，要从各个角度、各个方面多多思考，不断地上下求索。

记得教育家陶行知先生曾写过一首诗，叫《八位顾问》，十分有趣。诗是这样的：

我有八位好朋友，肯把万事指导我。
你若想问真名姓，名字不同都姓“何”：
“何”事、“何”故、“何”人、“何”如、
“何”时、“何”地、“何”去，
好像弟弟与哥哥。
还有一个西洋派，
姓名颠倒叫几何。
若向八贤常请教，
虽是笨人不会错。

同学们平时学到任何一点语文知识，都可以联系八个姓“何”的弟弟与哥哥，提出几个问题来问问自己。再把这几个有关问题逐一解决，久而久之，就能学会举一反三的本领。

这八个姓“何”的弟弟与哥哥，有一个共同的大特点，就是教会我们弄懂事物的道理。我们学习语文词句篇章、语法修辞等知识，若是囫囵吞枣，不明事理，至多学一点算一点，甚至是吞下去一粒枣子也不知其味。若是把道理弄得清清楚楚，明明白白，就能触类旁通，闻一而知十。

你要在学习中举一反三吗？那么请你牢牢抓住“一”，并时时注意由此推到“三”，推知到更多方面。

新年絮语

“四化”建设战鼓声中迎来又一个新的一年。

窗前几株寒梅着花，预示着又一个美丽的春天。青年是人生的春天，“鸢飞戾天，鱼跃于渊”，青年学生总是活泼泼地富于生气。

人们常赞美青春常在，青春要能真常在，就必须永远有源头活水滚滚而来。源头水枯，溪流即使不干涸，至多也不过是一潭死水，只有“丑恶来开垦”（闻一多诗），哪来天光云影在其中徘徊的美妙景象？就人生而言，思想僵化，不善思考，脑子也会枯竭硬化。要不断有新鲜活水源源而来，要广泛学习，深入学习，自己的脑子才能“软化”，接受外界事物才敏感。因此，青年人要学会思索。

青年人须思索的，不仅是到新知识中去探求，更重要的是要探求人生，找“生命之活水”。理想、追求、信念是前进的动力，不断探索，积极进取，生活才充实丰富。青年人要立志用自己的聪明才智在人类文明史上划下一道闪光的痕迹。

人们形容艰苦奋斗、勇敢攀登时，习惯说“读万卷书，行万里路”。诚然，读书能充实头脑，益智长才，但光读不用心，虽终日摊书在前，不过徒然劳倦眼目。行路确实能使人受到磨炼，增长阅历，但是一个随意的旅行者，此地彼地都只能是一个匆匆的过客。因此，青年人在生活道路上要时时处处做有心人。

热爱生活，让青春发出光辉！

本文写于1985年，收入《于漪文集》（山东教育出版社2001年版）。

步步扩展 层层深入

对现代社会生活有很强的适应能力的人，除了善于吸收层出不穷的新鲜事物，善于独立思考、独立分析问题外，知识的覆盖面往往比较大，知识的储存量往往比较丰厚。要达到这样的境地，绝非一日之功，绝非突击所能奏效；靠的是在学生时代辛勤地积累，有选择地储存。

读万卷书是积累，行万里路当然也是积累，而且是极其生动的生活积累。一个中学生要努力使自己博闻强识，不仅课外要注意博览，就是学习课文，也要注意纵横延伸，拓宽知识面，既深入理解，又联系扩展。

读书要会读。学习课文，不能只见眼前的课文，被课文所限而不思其他。如果一篇课文是一个“点”，读的时候千万不能孤立地抓一个一个的“点”，而要学会抓“点”连“线”，组“线”成“片”。知识成了串，不再是散装、零星的状态，认识可深化，记起来也牢固。

“点”要精选。不是随便抓个材料漫无边际地联系一番，应慎加选择，选择有认识价值、有审美价值、文字优美、寓意深刻的精品；不是一闪即逝的，而是能长期起作用，反映文化、反映教养的诗文。如高中教材里苏东坡、辛弃疾的诗词，阅读时可选为“点”联系扩展，扩大视野。《永遇乐·京口北固亭怀古》是辛词的名篇，词人借谈古人古事抒发自己对国事的忧思，苍凉悲慨，抑郁低沉。对这位爱国词人誓复中原的思想感情怎样才能理解得具体深入呢？这就需要向

本文写于 1985 年，收入《于漪文集》（山东教育出版社 2001 年版）。

课外延伸。首先可读一读与《永遇乐·京口北固亭怀古》同一年在镇江写的《南乡子·登京口北固亭有怀》，两首词一比较，就可发现同是忧国，但前者较多地表达了忧心如焚的情绪，而后者除开头有些伤感外，气概是昂扬的。由上可知辛词的感情是昂扬的，但又不时流露出无可奈何的心情，这与他的身世有关。我们还可再拓开一步，学一学他的《破阵子·为陈同甫赋壮词以寄之》，可知这种感情非一朝一夕形成：此词上阕结句"沙场秋点兵"显出作者多么壮怀激烈；下阕结句"可怜白发生"流露出壮志未酬何等苦闷。

抓"点"连成"线"，对辛词的豪放风格就会有所领悟，名句的积累也就增多。然而，这不过是从某一个角度稍加深入，对辛词的认识仍是局部的、肤浅的。如果学有余力，还应另辟蹊径。比如读读他的《清平乐·村居》，就会感受到作品中跳荡的笔触，欢愉的感情，就可从这白描小品中认识辛词的不同风格，从而开阔视野。如此步步扩展，层层深入，也许有朝一日会引起专门研究辛词的兴趣。

青少年时期是读书学习的黄金时期，这时候吸收力强，记忆的效果最佳。如果成串成串地接触知识，拓得宽、掘得深，文化基础就厚实，就能在上面建设智能的大厦。

指导学生探幽发微

教会学生读书是阅读教学中至为重要的任务。

书是和人类一起成长起来的，一切智慧、热情、欢乐、忧愁、见解、学说都在书里结晶成形。不会读书的，往往只是“对书”，或食而不化，或徒然劳倦眼睛，收效甚微；而会读书的则不然，他们精读深思，探幽发微，理解其中精髓，从中吮吸丰富的养料。学生在中学阶段须学会独立阅读，独立获取知识信息，滋养自己成长。随着现代科学技术的发展，知识迅速积累和膨胀，读书的任务越来越艰巨繁重，学生在青春年少之时，不打下扎实的读的基础，不增强阅读的能力，就难以适应现代社会学习与工作的需要。

阅读是一种复杂的智力活动，它包括感知、想象、思维、记忆等多种心理过程，也与兴趣、情感、意志和注意力等密切关联。但是必须明确：阅读是借助具有客观意义的文字符号去了解别人思想、感情的活动，因此，它的核心是理解。阅读文章最基本的要求是通过词句篇章理解文章的主要内容，进而体会作者的写作意图。离开了对语言和内容的理解，阅读活动就丧失其意义，阅读能力就不可能有效地提高。

怎样抓住“理解”这个中心环节，培养学生独立阅读钻研的能力呢？我常在以下一些方面进行指导：

一、识别

阅读首先遇到的是文字符号。文字符号以光波的形式反映到视网

本文写于 1985 年，收入《于漪文集》（山东教育出版社 2001 年版）。

膜，然后由视神经传到大脑皮质。要读懂文章内容，对字的形、音、义须认真识别，准确掌握。有些字学生常读错写错而又不自知，究其原因，往往是由于未动脑筋思考，未在理解上下功夫所致。教学时对此要多加注意。比如“晚餐”的“餐”，学生容易一读而过，但在写的时候常写错。教学时不能笼统地强调不要写错，或只点出不可写成“歺”，而要引导学生分析字形结构，识别该字是形声字，上下结构。声旁是“奴”（cān），形旁是“食”。学生识别后，再查字典，弄清其多种含义，就记得牢固了。

识别词语的能力十分重要。字不离词，词不离句，句不离篇。阅读时如机械地搬用词典中诠释的含义，常不易体会作者遣词造句的匠心。好的文章从来讲究词语的推敲，在怎样的具体语言环境里选用怎样的词语最能传送情意是大有文章的。法国著名作家福楼拜曾有这样精彩的论述：“不论描写什么事物，要表现它，唯有一个名词；要赋予它运动，唯有一个动词；要得到它的性质，唯有一个形容词。”作者苦心琢磨，寻找那个“唯一”，我们阅读时就要潜心思索，识别那“唯一”的佳妙，大而化之，一晃而过，就不能体会。比如《闻一多先生的说和做》是以“他，是口的巨人。他，是行的高标”来收束全文的，言简意赅，贮满赞颂之情。其中“巨人”一词学生易理解，而“高标”甚少接触，须指导他们识别。先让学生理解“高标”的含义：凡高耸物体的末端都可以叫作“高标”；接着举例说明，杜甫《同诸公登慈恩寺塔》诗中有“高标跨苍穹，烈风无时休”诗句，其中的“高标”就是指高耸的慈恩寺塔；然后指出“高标”一般理解为超群、出众；再让学生识别它在文中的含义。它与“巨人”对应，是名词，着眼于“高”，意即高高耸起的标志。用这个词总括闻先生的“行”，就把人物的精神拎了起来，升华到相当的高度，给人高山仰止的感觉。最后让学生进行换词的训练，通过比较加以鉴别，明确用“榜样”“模范”“楷模”皆不确切，表达不出文章的意味，从而体会选用“高标”的精当，认识“唯一的”那一个的重要性。

比较是提高识别能力的有效方法。同义词、近义词的细微差别，词语的褒贬色彩，词序的排列与变化，篇章结构，感情义理，等等，均可运用比较的方法加以区分，以求使学生真正地理解与识别。教师指导学生阅读时不仅要对课文中的语言文字进行辨析，就是学生讨论课文的用语也应及时指导，比较分析，以提高学生识别语言的能力，提高使用语言的准确性。比如《连升三级》记叙的是张好古的发迹史。大多数学生都认为故事之所以形成绝妙的讽刺，是因为金榜题名并进入翰林院的张好古竟然是个文盲。有学生认为把“文盲”改成“不学无术”好，有的认为可用“胸无点墨”“目不识丁”“不识一丁”。把这些词语及时地进行比较，就可识别用“不学无术”对张好古来说显然太高了，对他来说，谈不上学问不学问，“胸无点墨”“目不识丁”要合适得多。经常比较、推敲，学生就会有辨微析毫、审情度理的能力。

二、再现

列宁在《哲学笔记》中说：“为了要理解，必须从经验上开始理解、研究，从经验升到一般。”这就十分明确地告诉我们：感性认识是理性认识的基础。学生要真正理解课文中概念性的语言、课文的精神实质，就得调动几乎所有的感觉器官的经验，包括视觉、听觉、触觉、嗅觉，用感性材料进行合理的充实，使作者脑海里的形象在自己眼前再现。引导他们再现文中形象的方法，举其要有：

锤打关键词语，唤起学生的想象力。想象力是读书的重要能力。想象力强的人能通过无声的文字展现立体的图景，观古今于须臾，抚四海于一瞬，获得深切的感受。各类课文，只要认真琢磨，都有可激发想象的地方。魏巍《我的老师》中有这样的细节：“她从来不打骂我们。仅仅有一次，她的教鞭好像要落下来，我用石板一迎，教鞭轻轻地敲在石板边上，大伙笑了，她也笑了。我用儿童的狡猾的眼光察觉，她爱我们，并没有存心要打的意思。孩子们是多么善于观察这一点呵。”既然“从来不打骂我们”，怎么又“打”了呢！再现这“打”的场景，就可真正理解。应抓住“落”“迎”“敲”“笑”等表动作、表情态的字推敲，启发学生展开想象，再佐以“好像”“狡猾”等词语的咀嚼，使学生体会到老师的“打”是假愠，假愠的背后是对学生真挚的爱，孩子洞悉老师的内心世界，故用“狡猾”的眼光表示，师生融洽，“心有灵犀一点通”。抓住关键字词，激发学生想象，有些学生会情不自禁地用手比画着，笑着，大有身临其境之感。

密咏恬吟，调动各种器官，显现形象的画面。文章中颇具诗情画意的段落，可采用反复朗读吟咏的方法，要求学生边读边想，认识描写的对象，体会语言的节奏，品味文章的神韵。在朗读的基础上，辅以调动各种感官发挥作用的提问，促使文中场景在脑海中再现。《社戏》中月夜行舟的描绘十分精彩。在吟咏的过程中，可先引导学生熟悉描写的景物：山水、月色、渔火、村庄、戏台、笛声、激水声、笑嚷声等，再调动他们的感官，询问他们：在夜航中闻到了什么？触到了什么？看到了什么？又听到了什么？通过调动学生的嗅觉、触觉、视觉、听觉，让他们以自己的生活经验作补充，使豆麦蕴藻的清香、夜晚扑面的水汽、朦胧的月色、淡黑的起伏的连山、婉转悠扬的歌吹、点点的渔火具体化、形象化，活泼泼的动人图景就会浮现眼前。阅读时“外物”的图景再现得好，学生对作品中“我”的“内情”的理解就比较具体。水乡夜色令人陶醉，故而“我的心”“沉静”“自失”，甚至达到了和笛声一起弥散在豆麦蕴藻之香的夜气里的境地。融情于景，内情与外物融合，情景相融，意境优美。学生通过阅读深入作者创设的意境之中，不仅能品尝到语言的甘甜，而且能受到美的熏陶。

三、探疑

读书要能发现，要能提出问题，探究疑难，否则，往往是蜻蜓点水，不甚了了，深入不下去。南宋大学者朱熹对这一点论述得很精要，他说：“读书，始读未知有疑，其次则渐渐有疑，中则节节是疑。过了这一番后，疑渐渐解，以至融会贯通，都无所疑，方始是学。”显然，要使学生真正理解所读的文章，须启发学生生疑，带领学生探疑，寻求正确的答案。要探疑、解疑，就得引导学生运用已有的知识和生活经验去求解未知，温故而知新。《一件小事》中有这样一段：“我这时突然感到一种异样的感觉，觉得他满身灰尘的后影，刹时高大了，而且愈走愈大，须仰视才见。而且他对于我，渐渐的又几乎变成一种威压，甚而至于要榨出皮袍下面藏着的‘小’来。”怎样才能让学生真正理解这种“异样的感觉”？真正理解作品中“我”内心的感动和觉醒呢？这里十分重要的是启发学生运用自己的知识和经验。我抓住三个“点”要学生理解：在生活中物体的大小与远近的距离是怎样的关系？学生不费思索就脱口而出——近大远小。车夫扶老女人去巡警分驻所愈走愈远，应该是愈走愈小，怎么“愈走愈大”呢？一经点拨，学生立即领悟到这是用一反生活常态的现象来突出感觉的“异样”，表现自己内心的不平静。二抓“仰视”。作者对车夫后影高大的程度为什么不具体地描绘？为什么不用比喻来形容呢？根据生活经验，对怎样的物体才“仰视”？运用生活经验稍加思索，就领悟到不是高一点、大一点，而是巍峨矗立；如具体形容高大的程度，就显得死板，用“仰视”来表达，能留给读者极其丰富的想象的余地。三抓“榨”。怎样的情况才是“榨”？要用强大的外力挤压，挤出包藏在里面的东西。文中用“榨”，准确深刻，既刻画出车夫的“威压”，又揭示出“我”的隐藏在体面外衣下的“渺小”。唤起学生的旧知与生活经验，锤打重要词句，学生对“我”的自惭形秽、自我解剖就会有较为深刻的理解。

指导和带领学生深入剖析，把握课文的精神实质。德国大文学家歌德曾说过：“经验丰富的人读书用两只眼睛，一只眼睛看到纸面上的话，另一只眼睛看到纸的背后。”读书不能只满足于一般的感受，满足于现成的结论，要指导学生认真分析思考，排难除疑，不仅正确地理解词句篇章的文中意，而且要有透视力，对文中的“潜台词”和文外意皆能识别、体味。《小麻雀》中小麻雀被猫咬伤后，作者写它“求生与求死的心情都流露在这两只眼里”。从字面看，无生字难词，但真正要洞悉其中奥秘，须动脑筋剖析。“求生”与“求死”是一对矛盾，怎能同时既“求生”又“求死”呢？“求生”是一切动物的本能，可小麻雀为什么还要“求死”呢？教师要指导学生回顾小麻雀伤上加伤的遭遇，分析当时的痛苦情状和企求摆脱痛苦的心情，帮助学生弄明白：小麻雀一再遭遇不幸，它求生与求死都是为了摆脱痛苦。作者入木三分地刻画了一个求生不得、求死不能、听任命运摆布的弱小者的悲惨遭遇，“求生”与“求死”这一对矛盾在被侮辱、被损害的弱小者的遭遇上得到了统一。作者写的是自然界的小麻雀，喻的是人类社会的弱小者，对任命运摆布、宰割的弱小者寄予深切的同情。学生读书、分析、探讨、研究，加深了对课文的理解，体会到纸的背后的内容，对语言大师老舍在驾驭文字上的独到功力也有所领会。分析是思维的深化和具体化，经常采用比较的方法对词句篇章、内容、写法等反复分析，深入解剖，大大有助于理解能力的提高。

教师要鼓励学生探索新知，引导他们谈看法、摆见解，培养和发展他们的创造性思维能力。在学生探疑的过程中，教师不能用预制的结论作框框束缚学生探求新知的独创性。在理解课文时，出现创造性思维是极其可贵的，它不人云亦云，不落俗套，具有一定的深度和广度，敏捷，灵活。教师要努力为学生的创造性思维创设条件，多加鼓励。比如，学生了解了小麻雀的悲惨遭遇后，感情上受到了作者的感染，对小麻雀的关心与同情促使他们很想知道小麻雀的结局如何。在这种情况下，教师可组织学生讨论：小麻雀最后是死了还是活下来了？它究竟明白了什么？要求他们充分发表自己的见解。于是，学生各抒己见，兴味盎然，气氛十分活跃。有的说，小麻雀最后是死了，因为它伤上加伤，“头挂得更低”，而作者也“不知怎样才好”，无法拯救它；有的认为小麻雀最终还是活下来了，因为“它确是没有受了多大的伤”，而且原来蜷成一团的身子也“长出来一些”，同时，它明白了世上有侮辱损害它的坏人，也有怜爱关心它的好人，要改变自己任人宰割的命运，还得靠自己勇敢地起来斗争……学生的不同见解各有一定的道理，是下个统一的结论，还是继续创造条件，进一步发展他们的思维呢？我采取了后一种做法。我先让学生听写一段作者的自述："因为自幼受过苦，受过压迫，愿意借题发挥，把心中怨气发泄出来。我有小资产阶级正义感，可是不敢革命，于是我笔下的受压迫的人也不敢革命，我只写出我对他们的同情，不敢也不能给他们指出出路。"帮助学生理解和把握作者创作该文时的思想状况，加深对写作意图的理解，进一步展开合乎情理的想象。在这个基础上，布置一次练笔，要求学生写《小麻雀续篇》。学生展开创造性的思维，写了小麻雀各种不同的结局，基本上做到了言之有情，言之有理，外貌特征显著，小麻雀那双"小黑豆似的眼睛"几乎在每篇练笔中都能见到。

在引导学生探疑的过程中，十分注意分析、比较、抽象、概括，经常训练，学生就能逐步学会掌握文章要领，理解其内容、观点和精神实质，探幽发微，自有成效。

四、储存

读书不能像漏斗，随读随忘。一个学生理解能力的高低、探幽发微本领的大小与他知识储存量的多少往往成正比，因而不可忽视知识的储存。而记忆是储存知识的重要手段。人的一切智慧财富都与记忆相联系，依靠记忆把阅读思考的成果储存在脑中，在阅读时，运用脑中的储存，又有助于思考、理解的深入，有助于知新。没有记忆，通往知识宝库的门就被关闭了。

发展理解记忆，能增进知识的储存。死记硬背不利于智力的发展，效果不好；深入课文的深处，弄清来龙去脉，掌握思想实质，在理解的基础上记忆，不仅效率高，而且痕迹深，能长期保存。比如背诵《观巴黎油画记》全文，不着眼于理解，只靠机械记忆，就时久而功半。教师要指导学生先梳理文章的骨架，做到轮廓在胸，由巴黎蜡人馆到巴黎油画院，到普法交战图，再到对该图创作意图的议论。大骨架清楚后，再理小线条。比如第 2 段，内容多，容易前后混淆，须把握住作者叙说的“序”——画室布局、画幅内容、观者感觉。画幅内容中的一条条细线也要理清楚：战场环境，两军人马杂沓、战斗激烈的惨状，画面背景。脑中线条清晰，记起来方便。即使是句子，也可寻找记忆的支撑点。如“译者曰，所以昭炯戒，激众愤，图报复也”的语句，懂得了“昭炯戒，激众愤，图报复”的含义，抓住“昭”“激”“图”三个支撑点，能迅速背诵这个句子。

借助联想、想象，进行分类比较，增进知识的储存。知识的储存量依靠记忆的广度和深度，要记住某些新知识，可充分运用旧知识。在新旧知识之间搭起联系的桥梁，再通过比较和分析它们的异同，认识它们的特点和内在联系，这不仅有利于理解能力的发展，也能提高记忆的准确性。比如学习杨万里的《晓出净慈寺送林子方》七绝时，启发学生联想读过的写西湖美景的诗，学生会很快想到苏轼的《六月二十七日望湖楼醉书》和《饮湖上初晴后雨》。把这三首绝句进行比较，明确：同是写西湖，但观察点不同，观察时间不同，具体景物有别，画面色彩各异，有静景，有变化中的动景。通过比较，学生对诗句的理解加深，一幅幅画面清晰，既巩固旧知，又储存了新知。

理解促进记忆，增进储存；储存得多，又给学习新知、探幽发微提供坚实的基础。二者处理得恰当，可相得益彰。

学会读书也是一门学问。教师要善于指导学生在读书时，自凿孔穴，亲身探入，发现其中的美富。

步步回顾与登高望远
——谈语文复习

《语文报》这期编发“语文复习”专号，为同学们复习语文作参谋，这是颇有意义的。同学们往往不自觉地有一种想法，认为复习对文科课程不如对理科课程那么重要。就拿数学和语文这两门课程来说吧，学数学，如果前一课未掌握，下一堂课马上就会遇到困难，不及时复习巩固，问题积微成堆，最后寸步难行，无法学下去；学语文则不然，即使几堂课未上，以后照样听得懂，学得下去，不复习，似乎无关紧要。其实，这是一种误解，对学科的特点并没有充分认识。语文知识靠积累，语文能力靠训练，不注意复习巩固，所学似懂非懂，久而久之，脱针落线，怎可能学得好？由此可见，学文学理，都得重视有计划地、认真地复习巩固，不应有轻重之分。

复习通常有两种：平时经常复习和阶段总复习。如果把学习比之攀登，则前者是“一登一陟一回顾”，后者则是“登高望远”。前者在学习中起坚定步伐、继续攀登的作用，后者则起看清全局、扩大眼界的作用。二者都很重要，在学习中应相互配合。

经过一段时间的学习，到一定阶段，进行一次总的复习是十分必要的。总复习可梳理清楚所学知识的来龙去脉，看清彼此之间的关联，收全局一览无余之功。这犹如登上一座山峰，回头顾望，所来路径历历在目，总体景象全收眼底。因此，进行语文总复习，先要大致浏览一下，对过去所学有一概观；然后按所学知识梳理线索，使之条

本文写于 1986 年，收入《于漪文集》（山东教育出版社 2001 年版）。

理化、系统化；最后相互联系起来成一整体，对过去一阶段的学习有比较全面的了解，并使学得的知识能切实巩固。

学习要善于发现问题，并积极开动脑筋，寻找解决问题的途径和方法。学习的过程也可说是不断发现问题和解决问题的过程。复习是整个学习过程中不可缺少的重要环节，因而同样需要积极思维，努力发现在初学过程中不易发现或没有发现的问题。如有的须弥补缺陷，有的须加深认识，有的须扩充延伸。“语文复习”专号中提供了一系列自测题，这些题是启发同学们开展思维的好帮手。自测，除了可以检测一下自己过去学习所达到的水平外，不仅可收系统复习、全面巩固的效果，而且完全有可能在原先学习的基础上有所突破，有所飞跃，关键在于自己的主观能动作用发挥得如何。

语文学习中有些内容要花点时间记一记。死记硬背应该摒弃，但必要的基础知识应牢固地记住。学习贵在理解，在复习时要力求把每个问题理解清楚，把问题放在相互关系中去探求，由此及彼，由表及里。但是，适当的、必要的记忆对加强理解是很有帮助的，而理解得好则更能加强记忆。因此，复习中也要把理解与记忆这一对关系处理好。

学习要有适当的、必要的反复。因为掌握知识、理解问题不可能一次完成，而是要通过了解不同侧面，不断深化认识才能做到。复习，就是必要的反复，而一个阶段的复习，更是登高望远所必需。

同学，美好的暑期正向你招手

怎样度过一个愉快的暑假，这是同学们非常感兴趣的议题。常听到的意见是：痛痛快快玩一玩，舒舒服服读点自己爱读的书，做点自己喜欢做的事。同学们经过一个学期紧张的学习，要自由自在“翱翔”一番，这种心情是完全可以理解的。由此，我不禁想起德国大诗人歌德《湖上》这首诗的头两行：

新鲜的营养，新的血液，
我吸自自由世界。

歌德一直为世俗社交生活所束缚，一旦摆脱羁绊，投身到大自然中，他深切感到迎面扑来的是无比清新的气息，他深切感到生命力在旺盛地增长。同学们步入暑假，大概也会有这种自由自在的感觉，“痛痛快快”“舒舒服服”的字眼正说明了这一点。

在学校学习往往受课程、课时、考核等的约束，虽然这样做是必要的，但毕竟每个人有自己的兴趣爱好，因而不能尽如己意。假期中的学习就很不相同，比较自由自在。读自己“爱读的书”（当然要有益的），做自己“喜欢做的事”，心情欢快轻松，收效常常更为显著。

阅读要力求广泛，一个学生总是捧着几本教科书是无论如何学不好的。视野狭窄，思路打不开，很难认识大千世界，更谈不上领略无

本文写于1986年，收入《于漪文集》（山东教育出版社2001年版）。

限风光。趁假期休息之际，可读点好的小说、好的散文，读点理论著作，读点科普作品，读点青年修养书籍，总之，既要有选择，又要读得杂，古今中外，均可涉猎。从学生时代走过来的人，只要是对人生有所追求的，几乎都有这样的体会：假期是吸收养料的最佳时机，开卷有益，读得愉快，大大有利于知识面的开拓。

暑假里还应认真读一读“社会”这本“书”，有意识地选择社会生活中的一两个问题，到工厂、到商店、到农村、到街道，做点调查研究，锻炼认识生活的眼力，学习深入地剖析问题。每有所得，就提笔书写，勤写勤练，训练驾驭文字的能力。不少青年作家十分重视读好“社会”这本书，做研究社会的有心人，沉到生活深处，精心观察，潜心思考，辛勤笔耕，因而知世、知人，写出了有价值的作品。我们可从他们身上获得不少启示。

祖国山川处处美，投身大自然中观赏朝晖夕阴，目睹风土人情，更是假期中的乐事。玩，也是增长见识、开发智力的。玩，不是乱玩、胡玩；要会玩，玩出兴致，玩出道道儿，玩出欣赏水平。“读万卷书”要做有心人，“行万里路”也要做有心人。“有心”就能从书本中、从生活中探求、发掘，许多新鲜的思想、新鲜的事物就会产生、展现；“无心”，就会视而不见，脑子里空无所有。

美好的暑假正向同学们招手，丰富多彩的书籍、气象万千的大自然和纷繁复杂的社会正准备着向你们奉献“新鲜的营养，新的血液”。

赏析·积累·创造

中国是诗歌的王国，宝藏极其丰富，佳词美诗多如天上璀璨的明星。诗歌像种子一样，有一股顽强的爆发力。好的诗歌破土而出以后，它的芳香会和民族精神融合，长久地滋润大地。趁学生青春年少之时，课外带领他们读一点诗歌，背一点诗歌，不仅能帮助他们开阔视野、学习语言，而且可以让他们在咀嚼英华的过程中受到五千年深厚文化的熏陶，丰富文化素养。一个中学生有百首以上的诗词打底，接触一些名家名篇，对文学史上的著名人物就不会闹出一无知晓、张冠李戴的笑话。

近几年来我利用部分早读课的时间坚持教学生读诗，让涓涓诗歌甘泉渗入学生心田，滋养他们成长。每周学二三首，每次一二十分钟，读读背背讲讲，一日不多，十日许多，精心滴灌，学生兴味盎然，赏析能力提高，智力获得发展。我通常的做法是：

一、
在赏析中陶冶情操，
开发智力，学习语言

读诗要着眼于赏析。诗歌与别类文学相比较，更谨严、纯粹、精微。它是激情的艺术，无情不可言诗；它是语言的艺术，精练和谐。每首诗都自成一种境界，或乾坤宇宙、国家社稷，或个人生活中喜悲爱憎，读诗须分析欣赏，使学生体会到诗的境界。

本文写于1986年，收入《于漪文集》（山东教育出版社2001年版）。

着力于情境的再现。诗具有情境美，诗人的内情与描写的外物相融合，情景交融，创造出一个个独特的意境。读诗时引导学生目注神驰，观此思彼，展开想象与联想，并以他们自己的生活经验和具体感受为补充，可使他们进入诗境，领略其间的无限风光。如读苏轼的《六月二十七日望湖楼醉书》，我就引导学生边吟读边想象，使诗中描绘的夏日西湖骤雨图景浮现眼前。“黑云翻墨未遮山，白雨跳珠乱入船”，抓住云如翻墨、雨如跳珠的比喻展开想象，抓住“乱”这个字体会繁杂、众多、拥挤、无秩序的意味，使学生对乌云满天、大雨倾泻、雨珠飞溅的形象有直接的感受。“卷地风来忽吹散，望湖楼下水如天”又是一番景色。一个“忽”字使画面迅速转换，推出雨过天晴水天明净的新景。学生开口吟诵，闭目遐思，把握景象的瞬息之变，观赏、玩味，如入画中。有的诗词学生缺乏生活感受，难以一下子见到诗境，可采用详略、取舍的方法，突出重点词句，展现局部的图景，使学生留下深刻的印象。如清著名词人纳兰性德写的《长相思》：“山一程，水一程，身向榆关那畔行。夜深千帐灯。　　风一更，雪一更，聒碎乡心梦不成。故园无此声。”学生对作品中塞外形象和思乡深情一时不易体会，如抓住“夜深千帐灯”造境，唤起学生的想象力，在苍凉的塞北原野上，夜色深沉，密密层层的营帐的灯光如繁星闪烁的情境也可领略。当然，诗词情境的再现并不是简单的复演，其中包括读者自己的再创造，要根据自己的思想情趣、知识储存、生活感受进行“创化”。

用心于感情的激荡。诗，首先是情，然后才是理。喜怒哀乐，诗之情也。为了把诗情传送到学生心中，以高尚的情操激荡学生的胸怀。我常采用介绍作者与写作背景、重点理解关键词句、表情朗读、深思回味等方法。比如读文天祥的《扬子江》，这首诗仅 28 字，要学生深入理解“臣心一片磁针石，不指南方不肯休”所蕴含的对祖国的忠贞不贰感情，单讲比喻的修辞手法，单推敲“休”的含义是远远不够的。只有把作者的身世和他从南通搭海船到浙东转往福州路上写该诗时的情景作些介绍，让学生了解他挽救国家危亡、坚决抵抗侵略的意志和气节，学生对诗句的沉重分量和作者闪光的思想才会有真切的理解，受到感染。有些诗句通过反复锤打，其中饱含的爱国之情、报国之志就会光芒四射，照耀学生的心灵。如陆游的《诉衷情》：“当年万里觅封侯，匹马戍梁州。关河梦断何处？尘暗旧貂裘。　胡未灭，鬓先秋，泪空流。此生谁料，心在天山，身老沧州。”倾注了报效国家的一片赤诚，锤打“胡未灭，鬓先秋，泪空流”“心在天山，身老沧州”，抓住“心”与“身”的矛盾，体味作者虽壮志未酬，但关怀祖国前途命运、报效国家之心仍坚如磐石；与《十一月四日风雨大作》中的“夜阑卧听风吹雨，铁马冰河入梦来”联系起来思考，悲歌慷慨，撼动人心。抒抱负、言志向的诗以情感染学生，绘景的诗又何尝不是如此？《题西林壁》《凉州词》《饮湖上初晴后雨》《终南山》等诗篇，通过表情朗读，静思回味，以画面、节奏和音韵作用于耳目，使匡庐的奇峻、黄河的雄伟、西子的柔美，使祖国的壮丽山川在学生胸中激荡，激发学生的民族自尊心和民族自豪感，培养他们热爱祖国大好山河的深情。

注意词句的推敲。诗是语言的艺术，作者通过对客观事物的反复观察和思考，寻求最恰当的词句来表情达意。百炼成字，千炼成句，任何一首好诗都是意新语工的，读诗时启发学生推敲作者如何遣词造句，就能咀嚼到语言的甘甜。如秦观的《春日》中的“有情芍药含春泪，无力蔷薇卧晓枝”，一“含”一“卧”，把花儿饱吸春雨后的娇态尽现纸上，境界全出。推敲词句可用换词改句的方法进行比较鉴别，体会写诗人的甘苦，领会炼字炼句的功力。如虞似良的《横溪堂春晓》：“一把青秧趁手青，轻烟漠漠雨冥冥。东风染尽三千顷，白鹭飞来无处停。”绿色田野，白鹭点缀，好一派春晓风光！一个“染”字染绿全诗画面，使诗篇大为生辉。要学生进行换词练习，“吹”“拂”“漾”等无一合适，方知“染”的传神。

赏析诗的情境美、语言美、音乐美，能发展学生的形象思维，熏陶学生的感情，帮助他们吸收语言的精华。

二、在重复阅读中加深理解，加强记忆，增长积累

读诗和读文章比较，前者易于记忆，特别是中学生，识记的速度快，记忆敏捷，但与此同时，又容易遗忘，如果边学边忘，不有意识地储存在脑中，就浪费了时间与精力。因此，在读诗的过程中，要适当反复，提高记忆的效率。

抓比较。学习一首新的诗时，注意和学过的诗篇进行比较，以新带旧，在理解的基础上加强记忆。有时进行同类型的比较，有时进行对照比较，有时进行全诗的比较，有时突出某一点进行比较，以加深学生的印象。如学张志和的《渔歌子》时，让学生回忆柳宗元的《江雪》和范仲淹的《江上渔者》，进而比较三幅画面的异同。通过比较，明确同是写捉鱼：有的是江上捕捉，“出入风波里”；有的是舟中垂钓，“孤舟蓑笠翁，独钓寒江雪”；有的是白色的一片，鸟绝人踪灭，严寒；有的是桃花流水白鹭飞，和煦；有的色彩单一，有的五色斑斓；有的以画意取胜，有的以理见长。综合思考、朗读、背诵，学生记得清晰。对照比较，特征鲜明，学生更易记得牢固。比如杜甫的《春望》和《闻官军收河南河北》两首对照起来学，国破的忧愁与收复失地的喜悦构成鲜明的对比，读前一首时带后一首，读后一首时带着背前一首，巩固学生的记忆。

抓扩展。在扩展中重复阅读，加强记忆。运用联想，从作者扩展到作品，如学王维的《使至塞上》时，要求学生到记忆仓库里寻找学过的王维的其他的诗，背诵《渭城曲》《终南山》，把学过的有关诗串在一根线上，加深印象。从作品的内容扩展到其他诗篇，如学《使至塞上》时扩展到写塞外风光的有关诗篇，要求学生到记忆中搜索，联想王昌龄的《出塞》、卢纶的《塞下曲二首》、范仲淹的《渔家傲》、纳兰性德的《长相思》，学一首，带一串，分类储存到脑子里。从作品的某一角度扩展开来，如梅尧臣的《鲁山山行》中“人

家在何许？云外一声鸡”一句以声衬静，教师可抓住这一点要求学生联想相应的诗句，可联想到常建的《题破山寺后禅院》，尾联为“万籁此俱寂，但余钟磬音”；可联想到王安石的《即事》，颈联是“静憩鸡鸣午，荒寻犬吠昏”；还可联想到王维的《鸟鸣涧》，末句为“月出惊山鸟，时鸣春涧中”。联系起来重复阅读，诗的意境和语言就会渗入学生心田。

引课外读的诗进课内，既帮助理解精读的课文，又重复背诵学过的有关诗篇，加强记忆。如教《香山红叶》时，可让学生先背诵一下杜牧的《山行》：“远上寒山石径斜，白云生处有人家。停车坐爱枫林晚，霜叶红于二月花。”突出经霜叶子的红色，给学生以美感。教《李愬雪夜入蔡州》时，要求学生背诵王建的《赠李愬仆射》，营造风雪迷漫的气氛。教《春》时，要求学生以诗句说明文中春花烂漫的图景，学生立刻脱口而出：“百般红紫斗芳菲”“万紫千红总是春”。学生感到学的诗有用，就更勤于学习，兴趣盎然地增进积累。

三、在写作实践中借鉴、创造

读是吸收，写是表达。读了一定数量的好诗，开阔了视野，增长了知识，吸收了不少词语，学到了多种表达方法，思维能力、想象能力、运用语言的能力皆获得发展，写作能力也得到了提高。有些学生努力以读过的诗为借鉴，引用佳句，化景移情，发表议论，表达自己的认识与感受。

有的学生善于化景设景，表达自己的情意。“黄灿灿的油菜花，吸引了成群的蝴蝶。蝴蝶们抖动着翅膀，在油菜花上面不停飞舞。有的栖息在花上，两翼合拢，这时候只要两个手指轻轻一捏，便能把蝴蝶捉住。也许是我这人笨手笨脚的原因吧，蝴蝶没捉住，反被我扰得飞往对岸去了。我无可奈何地到大树下歇息，回头再看那蝴蝶。啊！绿油油的农田上，飞舞着一大群白色的蝴蝶，还有两三只黄翅膀的，黑翅白斑的蝴蝶也夹杂其中。真是一幅美丽的画！我不禁暗自赞叹。

蝴蝶在这幅画里，是‘点缀’还是‘装饰’？正当我难以决断的时候，那黄灿灿的油菜花又把蝴蝶吸引回来了……”习作中的这段描写显然是从杨万里的《宿新市徐公店》化来。杨万里善绘小景，“篱落疏疏一径深，树头新绿未成阴。儿童急走追黄蝶，飞入菜花无处寻”。寥寥 28 字绘出儿童追蝶入菜花的活泼画面。学生从中受到启发，黄蝶黄花，于不易显露处显露，把小景化开，自己置身其中，委婉地表达欢乐的感情。

有的学生喜爱借诗移情，表达对生活的见解。学了王安石的《泊船瓜洲》以后，抓住“春风又绿江南岸”的“绿”字在习作中铺色绘景，透露“万里春风，顿使山河绿一片”的消息。写景意在抒情，文中写道：“春风拂过水乡，来到我们的学校，校园里更是生机勃勃。在春风吹拂下，青草悄悄地从泥土里钻了出来，一丝丝，一簇簇，绿得发亮。柳芽从柳条上不知不觉地暴了出来，稀稀疏疏的，远看过去，一片淡绿。校园里还有春意更浓的地方，宽敞明亮的教室里书声琅琅。老师在办公室里，专心备课，辛勤培育我们下一代。荷花池旁，更是春意盎然，绿绿的草地上到处是三三两两的学生，捧着书本，学习文化知识。一阵春风吹来，水面上现出一道道涟漪，真是‘风乍起，吹皱一池春水’。在春风的吹拂下，眼前的小草仿佛更绿了，而且似乎越来越绿。我脑子里忽然想到：老师不就是那时代的春风，而我们不就是那经受严寒后钻土而出的小草吗？在这春风的吹拂下，我们将越长越高，使山河更加葱绿。”《泊船瓜洲》在“绿”中抒发思归之情，学生借“绿”移情，赞美育人的园丁。读诗贵在“化”，食而不化，不过是诗篓子而已。鼓励学生在写作中借鉴，取法乎上，学生使用语言的能力就有长进。

教青年学生读诗是很有意义的教学活动。今日，站在时代的高度，以中华民族灿烂的诗章哺育他们，以诗的情趣、形象、音乐的美妙感染他们，能激励他们深深热爱伟大的祖国，培养其纯正的趣味，养成其高尚的情操。

要勇于征服自己

青年人在成长的过程中，最难的课题是勇于征服自己。青年人思维活跃，生命力旺盛，脑海里常波光粼粼，对外面世界充满兴趣，充满热情。犹如和煦春风中稚嫩的小树，枝青叶绿，惹人喜爱，惹人羡慕。然而，正由于稚嫩，一经风吹雨打，病虫侵害，就会出现枝弯叶卷的状况，适时地整枝、修剪、除虫，才能保护小树，促使它健康成长。

新学期开始的时候，回顾往昔走过的路程，审视自己的长进与不足，对迈开新的步伐往前走，大有益处。

学生的主要任务是学习，应该做学习的主人。可是，你是否作过较深层次的思考？你为什么要学习？怎样学习才能学到真本领，将来能适应社会主义物质文明和精神文明的建设？如果只看到眼前的书、手中的作业，而忽略大千世界的变化，看不到沸腾的现代化建设的创业图景，学习就无目标，或者是目标偏离。无目标或目标偏离，学习就会缺乏持久的动力，缺乏活泼的生机。学习是为了什么？为了实现中国人民宏伟的理想，在新时期我们的理想就是社会主义现代化。理想是指路明灯。没有理想，就没有坚定的方向，没有方向，也就没有有效的学习。如果这方面欠考虑，就应征服自己的不足，树立美好的理想。

学习是艰苦的，没有坚持不懈的意志和毅力，就难以越过一道道关隘。有些学生怕学语文，尤其怕写作文。这种畏惧心理必须征服。每门学科有每门学科的特点。外语的单词非背诵不能记住；物理、化

本文写于 1987 年，收入《于漪文集》（山东教育出版社 2001 年版）。

学、生物动手实验，理论就懂得更为透彻；文科学习重积累，细水长流，语文学习尤其如此，三天打鱼两天晒网，很难见效果。读写能力靠平日多读多写。多写，手就熟了，下笔就如风行水上。要征服怕写的心理障碍，平时要多读佳作，要关心周围的人、事、景、物，要多在脑子里转几转，理理来龙去脉，辨辨现象本质，精彩的细节随手记一记。一日不多，十日许多，时间长了，材料的仓廪就充实，握笔作文，思绪会滚滚而来，语言如小水珠跳跃纸上，乐趣洋溢。

每个青年人都要锻炼自己长善救失的本领，充分发挥自己的长处，发挥聪明才智，又要实实在在地克服自己的不足，乃至征服缺点和错误。成长的过程应该是不断自发完善的过程，从国家的期望、社会的需要以及个人的素质培养来说，都必须如此。这，要有理想的指引，要有百倍的勇气。新学期伊始，以此寄语青年学子，也鞭策自己往前步行。

读郑振铎的《海燕》

高尔基笔下的海燕形象在中学生的脑海里印象是深刻的，那是一个英勇无畏、搏击暴风雨的先驱者的形象。郑振铎笔下的海燕则另是一番图景，另有一番风味。教师教郑振铎的《海燕》时，要让学生懂得作者是借托海燕形象的描绘抒发思乡恋国的情怀，要学生在阅读的过程中弄清作者思想感情的脉络，学习托物抒情和多角度细致描绘景物的方法。

一

郑振铎是现代著名作家、文学史家，福建长乐（今福州市长乐区）人，我国新文化运动的积极倡导者之一。1919 年“五四运动”爆发以后，他作为学生代表参加社会活动，并和瞿秋白、耿济之、许地山等人创办《新社会》杂志，开始从事文学活动。20 年代初期，他已具有朦胧的社会主义信仰，他所主编的《小说月报》一直积极倡导写实主义文学和为人生的血泪文学，并致力于翻译介绍苏联及各弱小民族的文学。他还与茅盾等人创办《公理日报》，揭露英、日帝国主义的罪行；和胡愈之、叶圣陶等人组织上海著作人公会，积极参加上海工人三次起义时的市民代表会议。1927 年大革命失败以后，国民党政府疯狂迫害进步知识分子，年轻的郑振铎被迫离开家乡，离开祖国，远游欧洲。这篇《海燕》就是在漫长寂寞的海上旅行中写下的。

本文写于 1988 年，收入《于漪文集》（山东教育出版社 2001 年版）。

二

文章托海燕寄情思，却不从大海入笔，而先给故乡的小燕子画像，看似蹊跷，不合触景生情的常规，仔细剖析，就可看出作者匠心独运、构思的精妙。咏物有高下之别，咏物的文章若是停留在咏物上，无论写得怎样曲尽妙处，总意义不大，境界不高。在曲尽事物妙处的基础上写人物的情思，不停留在物上，咏物就有启人深思的含义。写咏物的文章要做到“不即不离”，既不停留在物上，又切合咏物。

作者在文中展现了两幅动人的燕子画面，前一幅是故乡春燕图，后一幅是万顷海涛燕飞图。前一幅图景极写小燕子的伶俐可爱，给春光平添生趣，给孩子增添欢乐，给农人、市民带来几多舒心，几多忧戚。咏春燕，情注其中。人有情，燕子仿佛也解人意。“燕子归来寻旧垒”，还是去年的主，还是去年的宾，宾主间情意融融。去年的小燕子不来光顾，主人便忧戚，甚至以为自己的命运蹇劣。作者把故乡的春燕和故乡人的感情、命运、快乐、忧愁如此紧紧相连，物象生动，情意浓郁。后一幅描写万里海空小燕子出现的情景。小燕子在海上斜掠，浮憩，俨然是海上英雄的形象。作者咏海燕，先精心创设了一个壮阔的背景。“没有见过那么美的海”，“没有见过那么美的天空”，作者被“这绝美的海天”陶醉了，沉浸在美景之中，“一点杂念也没有”，“被带入晶天中了”。作者写真景物，寓真感情，心神与物境合拍，情景交融，达到了“忘我”的境界。正当作者极写这种境界时，蓦地，眼前一闪，“我们的小燕子”出现了。明明是海燕，可在游子的目中此燕非他燕，仍是故乡的燕，“它们仍是隽逸的从容的在海面上斜掠着，如在小湖面上一样”。人在浮宅之上，心念故乡小湖，借托海燕抒发思乡之情得到极其生动的表现。文章至此既未戛然而止，又未直抒胸臆，而是状海燕飞翔、静憩之态，进而生发延伸，为乡思、乡情再增浓重的一笔。文中写道：“在故乡，我们还会想象得到我们的小燕子是这样的一个海上英雄么?”这不仅强化了此燕即彼燕的感觉与情思，而且从心向往之又推进到人已入故乡的境地。作者未拘泥于对眼前物景的描绘，而是张开想象的双翼，由此及彼，由彼及此，由近及远，由远及近，由物及人，由人及物，把此时此地的生活与彼时彼地的生活融汇、结合，这样思乡恋国之情就妙合无垠。至于写绝小绝小的海鱼的飞窜，以孩提时代用瓦片打水漂在水面所划起的长痕为喻，不仅倾注爱燕的情感，而且言外有意，声外有声，它寓含着如此的深意：乡情有根。

两幅画的联结点在："如今，离家是几千里！离国是几千里！……至少是轻烟似的，一缕两缕的乡愁么？"从结构上说，这三小段是承上启下的过渡段；从内容上说，联结点是"我们的小燕子"。航行于万顷海涛之间，不料却见着"我们的小燕子"——"是我们故乡的那一对，两对么？"是"今春在故乡所见的那一对，两对么？"——它们引起了游子的乡愁。由见而问而思，重点突出，过渡自然。

文章贵在有精妙的整体构思，"首尾开阖，繁简奇正，各极其度"。作者不从眼前大海的实景起笔，而以故乡的小燕子开篇，意在种下情种，故乡的小燕子被刻画得越可爱、可亲，撒播的乡情就越真挚、浓重。这样起笔，乍看与主题"离"，实则与主题"即"。如果先写眼前海景，势必要插叙故乡春燕的内容，再调转笔锋写海景、海燕。这样布局未尝不可，但比较常见，难显特色。作者舍弃眼前景，暂缓着笔，着力写故乡的燕形、燕态、燕情，收另辟蹊径、起笔突兀之效。前半部分情播种得深，后半部分海上的思念就有了坚实的基础。这是作者整体构思中的一个特点。第二个特点是把故乡的小燕子和海上的小燕子交织起来写，似分似合，似合似分，借助它们吐露思念家乡、思恋祖国的真情。有时二者合起来，"不料却见着我们的小燕子"，"我们的小燕子是这样的一个海上英雄"，故乡的燕子飞到海上来，此物即彼物，彼物即此物，确信无疑。但二者有时又分开来了。过渡段中的两个有疑而问，结尾处的"它们果是我们故乡的小燕子么"，又清晰地表明海上的燕子不一定就是故乡的燕子，此物不一定是彼物，彼物不一定即此物，心中有疑。文章就在这有疑无疑、似分似合之中曲曲折折地把思乡恋国情怀刻画得淋漓尽致。第三个特点是以乐衬愁，以轻驭重。故乡的小燕子带来的“乐”深，海上见到小燕子的“愁”就重，以故乡的欢乐反衬出海上的乡思乡愁。作者抒写乡愁时，两次用“轻烟似的”来形容，但在字里行间流淌的却是对故乡的深深怀念，以轻驭重，“轻烟”不轻。结尾“啊，乡愁呀，如轻烟似的乡愁呀”，反复激荡，联想到作者被迫离乡去国的境遇，读来令人泪下。

三

托物抒情的散文，“物”一定要写得精彩、传神。“物”栩栩如生，情注其中，情对读者能发挥感应作用；“物”如枯槁，难以载情，物和情俱损，文就丧失感染力。

作者笔下的海燕是活生生的，使人如见其形，如闻其声，并能感受到它情意跳动的脉搏。这是由于作者笔力功夫深厚，运用了多种艺术手法的缘故。

既作粗线条的勾勒，又作精雕细刻的描绘。古往今来，燕子入文的甚多，《本草纲目》的作者、明代医药学家李时珍用一句话就写出了燕子的大概形貌：大如雀而身长，籋口，丰颔，布翅，歧尾。课文起始也是用一句话勾勒。然而这种勾勒是流动的，有序的。尽管是粗线条，但丝毫不平板。“乌黑的一身羽毛，光滑漂亮，积伶积俐”，先抓住燕子的总体特征加以表现，以乌黑羽毛的光感和质感显示燕子的“形”，又以“积伶积俐”显现燕子的“神”，形神兼备，第一笔就活了。第二笔是添上剪尾、劲翅，“加上一双剪刀似的尾巴，一对劲俊轻快的翅膀”，使形体完整起来，“凑成了那样可爱的活泼的一只小燕子”。这犹如手握画笔，曲线、直线，几笔勾勒，小燕子的形象就在眼前。

精雕细刻的描绘多侧面多角度，有静态写生，有动态描写。“那边还有飞倦了的几对，闲散的憩息于纤细的电线上，——嫩蓝的春天，几支木杆，几痕细线连于杆与杆间，线上是停着几个粗而有致的小黑点，那便是燕子”。以“小黑点”喻燕子，这是远望所得。将“小黑点”栖身于几痕纤细的电线之上，突出了一个“静”字；虽“闲散的憩息”，但“粗而有致”，绘出了一个“美”字。这故乡的小燕子的静态写生确实如作者所赞叹的，“是多么有趣的一幅图画呀”。海上小燕子的憩息也是静态的，但静中又有动。先细笔绘双翅支撑着燕的体重，落实“从容的憩”的静态，接着又绘它“随波上下的浮着”，波动托燕动，动静结合，别有生趣。对小燕子的动态描写更是生意盎然，既绘斜飞、横掠的隽逸之姿，又摹燕鸣唧唧之声，而剪尾与翼尖打水、湖水与海水的小圆晕荡漾开去的特写，更是把小燕子的活泼可爱刻画得入木三分。文章抓住描写对象小燕子的特点，借助于比喻、夸张、摹状等修辞手法，粗细有致地描写了小燕子的各种情态，飞掠与憩息，斜飞与横掠，憩息于电线与憩息于海面，各具特色，活灵活现。载情于这样的“物”，作者思乡恋国之情就能得到极其生动的表现。

“物”之所以能如此载情，背景的配置也是起了相当作用的。作者在环境的衬托上下了一番功夫，不仅注意细笔细雕，而且着力调配色彩，创造艺术美的效果。写春景，由“千条万条的柔柳”“红的白的黄的花”“绿的草”“绿的树叶”来装点，色彩绚丽，高低参差，富于立体感；“皆如赶赴市集者似的奔聚而来”比喻的运用，则更是创造了百花争艳、万物争春的热闹气氛，勃勃生机扑面而来。这种大地春回的美景又是来自轻飔的吹拂、细雨的滋润。“轻飔”写出了风的凉意，春二三月，乍暖还寒。细雨“如毛”，“无因的由天上洒落着”，一比喻，一拟人，刻画出春雨的特点，滋润万物，滋润大地。轻飔、细雨引来了烂漫无比的春天。作者描绘了这幅隽妙无比的春景，再让小燕子飞入图中，以景衬物，物添生趣，画面情趣盎然。海景的描绘采用了单一的底色——皎洁无比的蔚蓝色，虽单一，但不单调。用微风拨动细波，用薄纱似的轻云平贴空中，以静托动，以动显静，再加上初夏阳光照射，画面上添加了“金光灿烂”的亮色，和谐、宁静、美丽。作者创造这样的海天美景，不是只作客观的描写，而是把主观的感受糅入，二者有机结合起来，增强了真实感和亲切感。在修辞上也很讲究，比喻贴切，“偶”“更”“也”“只”“却”“绝细绝细”“绝细绝轻”“绝美”等词语、词组的运用均十分准确，反映了作者观察的细致和感情的细微。在这幅令人沉醉的画面上，出现“我们的小燕子”，乡思被勾起就如水到渠成，而“二只，三只，四只”的点数更增添游子思乡情的浓重。

四

天工造物十分奇妙。金刚石、石墨在硬度方面大相径庭，但一经研究，就知道它们都由碳原子组成，不过是按不同密度排列罢了。同样的事物，因不同的排列组合方式而产生了天差地别的功能。文学上也是如此，变化万端。别说不同的描写对象，就是同样的描写对象，在不同作家的笔下也能倾注不同的感情，表达不同的思想。

教学这篇课文，可引导学生与高尔基的《海燕》进行比较。在时代背景、文章体裁、主题思想、表现手法、语言基调、结构安排等方面比较异同。学生对托物抒情和象征手法容易混淆，可着重指导，加以区别。人们的思想感情与周围事物总是有着这样那样的联系，如见到好朋友赠送的纪念品，就会引起对好友的思念，对往事的回忆。写文章，借某种动物、植物和器物的描写抒发作者的思想感情，就是托物抒情。“物”要精选，要刻画出它的特征、个性；“情”要真挚，对生活中所看到所接触到的事物确实有感受，情才会从心底溢出。郑振铎的《海燕》借托燕子抒发思乡恋国之情的写法很符合中国人的情怀。在古诗词中，特别是词中，常有这样的描写。即以欧阳修而论，他的《临江仙》中就有“燕子飞来窥画栋”，《采桑子》中又有“双燕归来细雨中”的句子。燕子秋去春来，旧地重临，《海燕》文中用“燕子归来寻旧垒”，就显得十分亲切了。高尔基的《海燕》用的是象征手法，寄深意于象征物之中。象征的手法是用具体事物表现某种社会意义的手法。高尔基创作《海燕》，如何选用这种手法呢？用他自己的话来说：“在象征下面，可以巧妙地把讽刺和大胆的语言掩藏起来，在象征中可以注入很大的思想内容。”联系20世纪初叶俄国社会的实际，体会作者的创作意图，就可真正理解这种艺术手法运用的高妙。

自读文章须引导学生自读，培养学生认真阅读、潜心思考的良好习惯至为重要。教师只要在关键处点睛，疑难处解惑，学生通过自身的努力，就能徜徉于文章意境之中，咀嚼语言的甘甜。

新学年寄语

亲爱的同学们：

人在生活中要有目标：一辈子的目标，一个时期的目标，一个阶段的目标，一年、一月、一周、一天都要有目标。对每个师范生来说，一辈子的目标应该是争做合格的小学教师—优秀的小学教师—小学教育专家—真正的塑造儿童心灵的工程师。要实现这样崇高的目标，须步履坚实，孜孜以求，认真地，勤奋地，一丝不苟地，一个阶段一个阶段，一个台阶一个台阶攀登。

新学年伊始，应在原有的基础上提出积极进取的奋斗目标。要为儿童之师，首先自己要学做人，做一个合格的素质良好的公民。做人最基本的一条是要热爱自己的祖国。爱国主义是人们千百年来巩固起来的对自己祖国的一种最深厚的感情。我们这个国家曾饱经内忧外患，如今能独立自主，能自立于世界民族之林，能用自己的双手建设社会主义现代化，靠的是千百万革命志士前仆后继的浴血奋战，靠的是浩气贯长虹的中华儿女们的流血牺牲，靠的是中国共产党的英明领导。在新时代成长起来的师范生要牢记革命先烈、革命前辈为我们撒播的幸福，要把自己的命运和祖国的命运紧密联系在一起。忘记过去就意味着背叛。对养我们育我们的亲爱的祖国要满腔热情满腔爱，绝不容许国内外的敌对势力损伤她的肌体。

人要有主心骨，要有精神支柱，否则，就像人体没有脊梁骨一样，站立不起来。没有理想、没有志向的人就如软体动物，不足挂齿。师范生应树立为社会主义教育事业做贡献的伟大理想。没有教

本文写于1990年，收入《于漪文集》（山东教育出版社2001年版）。

育，就没有社会的进步，没有科技的发展；没有良好的基础教育，就不可能有良好的民族素质，不可能真正摆脱愚昧。小学教师的素质关系到几亿儿童素质的培养与提高，而素质中，理想、志向是最为根本的。目光短视的人常认为教师的工作不显贵，不能飞黄腾达，这除了认识上的谬误之外，还反映了对人生的意义、人生的价值的私利观。须知：绿叶是永远无愧于它所生长的伟大世界的。

庸俗的东西往往容易倾销，容易被幼稚的年轻人所接受，作为未来教师的师范生要有敏锐的目光，要培养高尚的审美情趣。对复杂的社会现象要能辨别是非，分别真伪，区别美丑。不同文化素养、不同层次的人对美有不同的理解、不同的追求。师范生应追求的是心灵美、行为美、语言美、健康朴素的外形美，千万不能把资产阶级腐朽的思想言行错当为神奇来顶礼膜拜。

要为儿童之师，自己就得好学不倦。学习的效果往往取决于学习者自身的态度。庸医杀人不用刀，同样，不合格的老师往往把人才扼杀在幼苗破土而出的时候。“三岁孩童映八十”，从小把知识教错了，基本功不严格训练，其结果是根歪、干斜、叶萎，怎可能结出丰硕的果实？出于对儿童的热爱，出于对祖国肩负的历史重任，师范生应刻苦学习，课内精读，课外博览，既能于切要处用心力，探幽发微，又能开阔视野，拓宽知识覆盖面。学习的路是一条艰辛的路，这条道路上充满了困难、迷惑，要真正学到一些知识，学懂一点道理，学会一点本领，需要坚强的意志、锲而不舍的毅力，甚至巨大的勇气。学习的过程也就是锤炼意志、毅力和勇气的过程。怯懦者望而却步，敷衍者草草了事，有志者奋勇向前。为了祖国的繁荣昌盛，为了儿童的茁壮成长，师范生应做学习的强者，趁青春年少之际，专心致志地学文化知识，学专业技能，像树木的根须伸展到泥土之中，吸取氮、磷、钾，直到微量元素。积水可以成为深潭，日有所知，月有长进，天长日久，就能逐渐成为富有知识的人，将来带领儿童在知识的海洋中扬帆远航。

学习要注意方法，特别要学会动脑筋。思考，是学习深入的源头，开启知识宫门的钥匙，是学习的基本功。对师范生来说，在学习过程中尤其要善于发现问题、分析问题和解决问题；脑子里不经常有“为什么”，对所学东西就难以理解得准确、深刻，难以学得巩固，更难以举一而反三。将来要教会儿童，现在就须学得扎实，学得深入，学有真切的体会。

阅读课面面观

语文教师上得最多的课是阅读课，因为阅读训练在语文教学中最为基本。数量可观的阅读课不仅能引导学生积累知识，培养阅读理解能力，而且能训练学生的思维，发展他们的分析、综合、抽象、概括、比较、归纳、演绎等能力。

阅读课尽管形式多样，方法不一，但最为重要的是使学生学有兴趣，学有实效。要使阅读训练有成效，课上得有吸引力，教师须在以下几个方面妥善处理。

一、多而杂与少而精

不管是精读课文还是略读课文，不管是讲读还是自读，教师制订课时计划时都要目的明确，授课时要紧紧扣住教学目的，组织学生进行听、说、读、写训练。教学目的要求须少而精，不能多而杂。

这个认识可以说是语文教师的共识，但在课堂教学中要体现这种共识是很有距离的。课上得糊成一片，目的不明要求多，是阅读课常见的病症。究其原因，大多是忽视了驾驭教材，忽视以教材为依据引导学生进行语文学习，不是实现教学目的，而是在不知不觉中被教材牵着鼻子走，课文中有什么美词佳句就教什么美词佳句，有什么修辞手法就点什么修辞手法，有什么写作方法就分析什么写作方法，等

本文写于 1990 年，收入《于漪文集》（山东教育出版社 2001 年版）。

等。其结果，多目的往往成为无目的，课前制订的教学目的或难以实现，或大大冲淡，学生学习效果受到影响。

任何一篇课文都是思想内容和语言文字的有机结合体。且不说思想内容，单是语言文字的运用，可教的就很多，至于佳作，更值得探讨深究。语文教学是个系统工程，就阅读教学而言，内容十分丰富，知识点、训练点繁多，不能期望在一篇课文、一堂语文课中解决许多问题。教学的阶段性要清晰，不管是知识的传授还是能力的培养，都要有“序”，每个学期、每个阶段、每个单元要达到怎样的目的，教师要心中有数，成竹在胸，再把这些目的与要求根据教材的特点和学生的实际分别落实到一篇篇课文教学之中。教师要舍得割爱，特别是经过钻研有所发现的地方，如果与本课教学目的远离，或关系极少，也不应枝叶旁出，更不应大加发挥。教学中目的性愈强，收效愈大；随意性多，盲目性大，往往事倍而功半。至于课内不得不割爱的地方，课外与学生研究，那是另当别论。总之，课不能上成身有多处赘疣、臃肿不堪的胖子，应该是主攻目标明确，线条清楚，详略得当，学生读有所得，语文能力得到有效的训练。

二、单打一与多功能

语文课在诸多课程中课时最多（高中略次），而在语文课中阅读课又最多。如何提高阅读课的效益，是语文教学中必须认真研究的问题。读得好，吸收得充分，表达就有物，就有精彩之笔。阅读课的质量效益直接影响学生听说读写能力的发展。

传统的语文教学方法中，单打一的情况最常见。例如介绍某篇文章的作者，往往只就事论事，或详或略地介绍一番。这虽未尝不可，但如精心设计，把作者生平介绍与语文能力训练、智力发展、思想情操陶冶有机融合起来，一箭数雕，岂不是可以提高课堂教学的效率？比如教《事事关心》时介绍作者邓拓，可以先出示《燕山夜话》，让学生看书中的作者照片，请学生讲述注释中对作者的简介，然后教师作一点补充，引述《燕山夜话》自序里的一段话要求学生听写。这样处理，突出了人物介绍的要点，使自序里“我们生在这样伟大的时代，活动在祖先血汗洒遍的燕山地区，我们一时一刻也不应该放松努力，要学习得更好，做得更好，以期无愧于古人，亦无愧于后人”的思想给学生以良好的熏陶；这样处理，训练了学生的听写能力和口头表达能力；这样处理，眼看、耳听、口说、手写，学生语文能力获得培养，学习课文的兴趣有所激发。

语文教学的目的在于提高学生正确理解和运用祖国语言文字的能力，发展学生的智力，培养社会主义思想品质和爱国主义精神。实现这样的目的不能采用 1+1+1 的方法，而在于围绕语文能力的训练，渗透思想情操教育，发展智力。要树立综合培养的观念，精心设计讲和练的内容，选择讲和练的方式。一个个教学环节有明确的训练目的，紧扣语文能力的训练点辐射到智力因素的开发和非智力因素的培养，辐射到品质、情操的熏陶感染，发挥多功能作用。

这当然不是说每节课中每个教学环节、每个知识点和训练点都要做到一箭数雕，而是要根据教材的特点精心选择，教出实效。一节课选择两三个这样的“点”训练，一日不多，十日许多，一课课积累，久而久之，课的综合效益就十分显著，学生多方面受益。

三、整体与局部

语言是思想的载体，一篇完整的文章总是表达一定的思想，不管是记叙、议论，还是说明、抒情，文章的各个部分都为表达中心思想服务。阅读课上教学生学课文，首先要有“文”的整体观念。这篇课文写什么，怎么写，为什么这样写，要梳理清楚；要从语言文字入手探究思想内容，再紧扣思想内容推敲语言文字的运用；要理清写作思路，把握作者写作意图。

有“文”的整体观念，学生不仅能学习词句，而且能体会作者谋篇布局的匠心；不仅能从思想内容和语言形式辩证结合的高度训练听、说、读、写的能力，而且能发挥教材的认识价值、教育功能，丰富学生的文化素养。

其次，对文章的“局部”可重点推敲。某些词句、某些段落是文中表达思想的重点，在语言运用方面有特色，有独到之处，可带领学生细细咀嚼，体会遣词造句、表达思想的准确性、深刻性、生动性，分析这些词句、段落在文中的地位与作用。学生学习的难点也可多花一点功夫研究，但难点不一定是重点，难点主要在攻克障碍，使学生对全文理解得更好。

某些课文的教学从总体上讲可以粗线条，但要把握中心，主干、枝叶十分清晰，不喧宾夺主；课文的某些局部可仔细斟酌，学得细一点，学得深一点，对语言文字的具体运用获得更多的启发，以举一反三。局部与整体应妥善掌握，不能有所偏废。

阅读课不能上成语段课，这个字什么读音，那个词前面可填个怎样的关联词，这个句子中某个词可不可用另外的同义词或近义词代替，等等，诸如此类语言上的练习不厌其烦，不厌其碎，而整篇文章说的是什么，怎么说的，却在眼皮下溜走了。如前所述，文中的某些段落可以深究，但不能以偏概全，以段代篇。只见树木，不见森林，只抓“段”，不抓“文”，在某些方面可能有机械操练之效，但远离语文教学目的，从根本上影响学生语文能力，尤其是写的能力的提高，影响学生文化素质的培养。

语文学科中高分低能的状况有愈演愈烈之势，这与以“鸡零狗碎”“碎尸万段”为主要训练方法的课恐不无关系。

四、
声情并茂与平板枯燥

阅读课很难上得学生兴趣盎然，然而，学生如果不兴趣盎然，学习的效果往往就七折八扣。中学生都是青少年，青少年具有好奇好胜的心理特征，怀着浓厚的兴趣探求新知，探索世界，这是阅读教学的有利条件。把握这个特点，充分运用这个有利条件，阅读课就能焕发光彩，学生学习的积极性就高涨。

课文教学声情并茂，对学生学习有强大的吸引力。声情并茂绝不是表演，也不是游离于语文基本能力的训练，而是充分发挥课文内在的感染力、说服力，充分发挥语言文字的表现力。文章由情铸成，尤其是文情并茂的课文，情或溢于言表，或在字里行间潜动。教学时首先教材要烂熟于心，体作者的情，察文章的意，文脉、情脉双理清；其次要选准动情点，满怀感情地启发、提问、讲述、剖析、朗读、吟诵，以情激情，增强学生语言感受的能力。教师的教学用语要规范、生动、流畅、悦耳，能在学生心中弹奏。

声情并茂不是教师唱独角戏，而是教师出于对学生对学科的满腔热爱，精心地、激情洋溢地启发、引导学生想、读、说、写，使文中的佳词美句、精彩段落，通过眼看、口诵、心想，伴随着文中深刻的思想、精辟的见解流入学生的心田，从而获得求知的快慰，思想感情的陶冶。

有一种误解，认为记叙文可教得声情并茂，而说明文、议论文只能是平平板板。其实不然，说明文要把某一事物介绍给读者，总渗透或赞成或反对或褒或贬的感情，议论文对事理进行鞭辟入里的剖析，或正面阐述，或反面驳斥，无不情寓其中。因此，这两类文章同样可教得情思横溢，不过表达情意各具不同的特点罢了。

课要教得声情并茂，十分重要的是要动口；要引导学生抓住重要段落、关键词句反复朗诵，把无声的文字变成有声的语言，读出感情，读出气势，如出自己之口，如出自己之心。有些朗朗上口的好课文，忽视口出声、声传情、情铸意的作用，教学效果就大受影响。声情并茂还可借助现代化的教学手段发挥作用，在教学过程中适当插入精彩的录音、录像片段，也能使课堂生辉。

课不能平板枯燥，否则，学生就容易昏昏欲睡。抽去文章的情和意，文字就成为干枯的符号，难以激发学生爱学、爱练的热情。机械操练也是如此，学生难以领略语言文字表情达意的表现力和生命力，学起来当然也就索然寡味。

五、
起伏跌宕与平面推移

一节课 45 分钟，青少年学生，特别是少年学生，不可能自始至终全神贯注。因此，针对学生的心理特点，顺势适时地组织教学的各个环节，安排教学的各方面内容，以把握学生思维的兴奋点、学习的兴奋点，至为重要。

阅读课以在一个平面上推移最常见，顺着作者的写作思路，由文章开头梳理起，一段段或讲或练，直至结尾。这样教未尝不可，但经常如此，千课一面，难以刺激学生求知的欲望。教学思路应不同于写作思路。语文教材对学生起训练作用、教育作用，指导学生学习某篇课文，总是要达到一定的教学目的。为了实现这个教学目的，要确定教学中的重点、难点，安排恰当的教学环节，组织相关的教学内容，使学生学得愉快，学有成效。也就是说，教师要驾驭教材，把教学内容巧作安排。文似看山不喜平，阅读课也是如此。为了实现某个教学目的，课可分为若干阶段，有导入，有展开，有铺垫，有高潮，有反馈，有尾声。导入是课的起始，或通过对旧知的回顾引出新知，或开宗明义点出学习目的，或启发学生质疑，活跃课堂气氛。这个环节目的在于引起学习动机，激发学习兴趣，初步明确学习目标，时间不宜长，关键在精彩，因为毕竟是课的“凤头”。展开是阅读课的重要环节，知识点、训练点的选择，教学内容的精心组织，教学思路的创造性，学生学习情绪的高涨，等等，均能见到功夫。在这个环节中，讲读内容、训练内容均要精心设计，有起有伏，有疏有密，有铺垫有过渡，有重锤敲打，主次分明，详略得当。这样处理，学生的注意力、兴奋点均得到调节，既学得紧张，弦又不至于绷得太紧，学得愉快而轻松。课可以掀起高潮，高潮部分一般来说是文章主旋律所在、作者思想闪光之处、感情倾泻之笔。经过展开部分的起伏、铺垫、蓄势，可充分运用各种教学手段，调动学生的感觉器官和思维器官，读、讲、评、议，纵横捭阖，学生思维活跃，聚精会神动脑动口，课堂上常会出现惊人之笔，学生相互启发、碰撞，迸发出智慧的火花。一节课中紧扣作者写作意图和课文个性特点，用一刻钟左右时间组织阅读高潮、训练高潮，让学生遨游于祖国语言文字的神妙之中，学生印象深刻，获益匪浅。至于反馈，可集中进行，也可分散到某些环节之中。经常注意反馈，教师可及时了解学生学的情况，有针对性地指导，又可让学生看到学习的效果，增添学习的信心。有的课还可设计一个“尾声”，创设余音缭绕的气氛，让学生带着美感下课堂，带着继续探索的心情下课堂。

课要起伏跌宕，除教学内容巧安排外，训练的方式也要讲究。如思维与口头表达的密集训练，就很能掀起高潮。如近义词的扩展、延伸，反义词的辨别、剖析，一连串问题的追问，等等，均可收到训练的好效果。

六、关键是教与学两个积极性的发挥

教与学是一对矛盾，在教学过程中教师是矛盾的主要方面。学生学得如何与教师的思想水平、业务水平、教学能力密切相关，当然也与课前备课是否深入、课上能否驾驭有直接关系。

上课是极其严肃的事，对语文教师来说，胸中有书，目中有人，是教好课的基本条件；不熟悉教材，对教学对象不了解，不研究，课的随意性就很大。随意性越大，教学效果就越受影响。为此，课前准备十分重要。爱国诗人陆游对其幼子说过：“诗为六艺一，岂用资狡狯。汝果欲学诗，工夫在诗外。”诗是整个文化的组成部分，怎可把它看作儿戏？你果真要学写诗，功夫要花在诗外。阅读课不是写诗，但道理相通。课要教得有效果，非下苦功不可。即使教一个词，求准确都十分不易，何况要把课教得有科学性、趣味性、艺术性？当然，言其不易，并不是要望而生畏，望而却步，而是要有自知之明，不断激励自己奋发，钻研课文，教好学生的积极性经久不衰。

在学习过程中，学生是主人，教师的教是通过学生自身的学习积极性发挥作用的。学生学得越主动越积极，越能促使教的质量的提高。学生学语文的积极性、阅读的积极性靠教师激发、教育、培养。只有教的积极性，学生积极性不高，阅读课很难上得有声有色，生动感人；学的积极性比较高，教有时不能适应学生的旺盛求知欲，无半点“居高临下”之势，阅读课也不可能流光溢彩，久而久之，学生的积极性就会受到压抑。“打铁还需自身硬”，教师要上好阅读课，当然要靠自身过硬的阅读分析的真本领，但是千万要悉心培养学生阅读的主动性、积极性，以阅读开阔认识世界、认识人生的视野，以阅读拓宽知识的覆盖面，以阅读开启学生思维的门扉，以阅读发展想象力、记忆力，以阅读带动听、说、写能力的训练。阅读是基础，阅读课底子打得扎实，打得深厚，语文能力的培养就能收到理想的效果。

说千道万，阅读课的质量系在语文教师的身上，系在语文教师的心中。难怪有人一语破的：课的质量就是教师的质量。

开拓学语文的视野

不少中学生认为打开语文课本才是学语文，提起笔来写作文、做语文练习才是学语文。其实不然。我们中国人生活在自己的国土里，眼睛看的多是中国文字，耳朵听的多是中国语言，只要我们破除狭隘的理解，做有心人，到处都是学习语文的天地。

当你星期天上街的时候，如果留意一下沿途商店的招牌和橱窗里一些商品的介绍与说明，那是颇有意思的。招牌的不同字体、繁多的商品名称、招徕顾客的说明介绍，均有运用语言的奥妙。我小时候上街，喜欢观看招牌上的字，发现“宝”“吉”“祥”“荣”“盛”“亨”等字特别多，都是好字眼。为什么招牌总要用吉庆的字眼呢？渐渐地，我悟出了一个道理，原来这些字反映了人们良好的愿望。这样，我就对文字表情达意的功能有了深一层的认识。

每天我们用耳朵接受社会生活中的许多信息，如果你多加留意，可从中吸收丰富的语言养料，大大提高鉴别语言、使用语言的能力。

不知你们思考过没有：中央人民广播电台新闻广播的语言有何特点？我觉得是字字清晰，句句明白，扼要精当，优美规范。何时何地何人何事，报告得要言不烦，清楚明白。认真地学习这种规范的语言，久而久之，就能使自己的口头语言更纯正，叙事和概括的能力也会有所提高。你和周围的人接触、交谈时，如能认真地听取，仔细地鉴别，会大有益处。你会发现老太太的用语和小姑娘的用语大异其趣。听一席饱含幽默讽刺的俏皮话，可以领略一番遣词造句的奥秘。如果细心一点，当然，你也会发现有的人说话的语调基本上一个模

本文写于1991年，收入《于漪文集》（山东教育出版社2001年版）。

式，平淡无味。很显然，这样的语调表情达意不理想，总是一个调子，会像催眠曲一样催人入眠。你不妨腹中为他修改一下，改换适当的句式，使语调变得生动活泼。然后比较一下，看究竟怎样说更能打动人。又如有的人说话特别喜欢用“太”“很”“十分”“非常”，有的人总是“但是”“可是”，这种语言也是有毛病的。你要学会在肚子里改病句，听到别人说的话有毛病，就立即修改。天天如此，好的吸收，错的纠正，鉴别语言、使用语言的能力就会提高。

看电影、看电视、听电台文艺节目更是学习语文的好机会。比如某影片的情节结构，是按时间先后顺序组织的，还是采用倒叙的方法？如果是插入一组一组镜头的话，是怎样插入的？上下如何衔接？有没有破绽？要是边看边思考，或者观看以后回味咀嚼，可从影片的谋篇布局中得到不少启发。至于环境的布置，人物的个性化语言，可剖析推敲的比比皆是。精彩的对话，启迪思维的警句，动人的细节处理，皆可储存进自己学语文的小仓库。

“天下无难事，只怕有心人”，这句话用在开拓语文学习的天地方面也是再合适不过的。

做有文化教养的人

阅读能力是十分重要的一种语文能力，阅读能力强，对文章、书籍的理解就正确，就深刻，知识就会如甘甜的清泉汩汩流入心田，使你心灵丰富，视野开阔，成为有文化教养的人。

学好语文课文是提高阅读能力的门径。《初中语文学习导引》就是辅导初中学生学习语文课本中基本课文的助手。许多位有经验的语文教师把这些课文的重点、难点解剖成若干互相联系而又富于启发性的问题，引导大家积极思考，认真训练，指点学习方法，培养自学语文的能力。

“学前絮语”简介课文撰写的来龙去脉、有关的时代背景和作者的情况，为学习该篇课文提供一些资料，学习时可增添兴趣，心中有底。

“理解探讨”是这本书的核心部分。从字词辨析、难句诠释，到课文中重点、难点的剖析，到阅读思路的指点，写作技巧的探讨。讨论的问题不是面面俱到，而是注意选择角度，启发思考。探讨问题时既简要地介绍知识，更着重知识的应用，引导小读者想想练练，自我测试，帮助提高能力。

“扩展延伸”目的在开阔视野，增长见识，并把从“理解探讨”部分初步掌握的语文基础知识和阅读技能，迁移到新的阅读材料的学习之中。如果说“理解探讨”部分问题的设计、解答是扶着走的话，“扩展延伸”部分要求独立阅读的分量更重一些。走走放放，放放走走，阅读理解能力、阅读分析能力就会一步一个脚印地提高。

本文写于 1994 年，收入《于漪文集》（山东教育出版社 2001 年版）。

“学习目标”是上述三个部分内容安排的标尺。设计的思考与练习，讲述的基本知识，乃至扩展阅读的材料都是紧紧扣住学习目标进行的。

学懂课文、学好课文，既非轻而易举，又不是高不可攀，只要爱学、会学，不论思想内容，还是语言技巧，都能受到深刻的教益。这本《初中语文学习导引》帮助你学懂、学好课文。希望初中生读者能喜欢它，让它当你们的伙伴，帮助你们在语文学习中迈步前进。

这套书共三册，每个年级一册，一册中分为（上）、（下）两个部分，（上）是第一学期，（下）是第二学期。

洞悉课文的底里

教课必须备课，备语文课必须钻研课文，凡语文教师都懂得这个道理，有什么可多说的，多说岂不是废话？其实不然，钻研课文大有学问，是语文教师基本功力所在。

讲课有时要言不烦，一语破的，原因是对课文有较深入的理解，心中有底；有时却废话很多，兜来兜去，犹如“围城”，就是攻不进去。原因何在？大多由于对课文中探讨的问题一知半解，或生吞活剥。以其昏昏，怎可能使人昭昭？学生当然如堕五里雾中，获得的往往是负面效应。

钻研课文须在“懂”上下功夫。要真正弄懂课文的精髓所在，就要认真阅读，独立思考，反复咀嚼，千万不能只借助现成的资料，作教学参考书的“迁移”。自己钻研所得，有真切的体会，教学生时心里踏实，能教在点子上，讨论问题，剖析事理，往往可左右逢源。用别人现成的结论，貌似快速，但因未经自己的认真推敲，未经自己的深思熟虑，教起来容易缺这少那，容易浮游无根，容易磕磕绊绊，脱壳脱臼，课的质量难以保证。显然，“懂”的前提是自己独立钻研。教学资料当然可查阅，可用以开阔思路，但毕竟是第二位的，备课总要以“我”为主。

一篇课文从思想内容到语言文字须钻研的问题很多，其中有三个问题要牢牢抓住不放，这就是：这篇课文写什么？怎样写的？为什么这样写？写什么，看似简单，要抓准也十分不易。比如郑振铎的《海燕》，文中既写海燕，又写故乡春燕，从笔墨的多寡来看，二者

本文写于 1994 年，收入《于漪文集》（山东教育出版社 2001 年版）。

几乎是平分秋色。钻研课文时如果只作平面的思考，很可能认为文章写的是海燕和春燕，把二者放在并列的位置上。如果深入一步思考，就可发现作者着力描写的是“奔驰于万顷海涛之间”所见到的海燕，作者借托海燕抒发思乡恋国的情怀。

写什么抓准了，怎么写也就容易看得透彻。文章托海燕寄情思，却不从大海入笔，而是先给故乡的小燕子画像，写燕形、燕态、燕情，写故乡燕和故乡人的感情、命运、快乐、忧愁紧密相连。写故乡燕情意绵绵之时，用“如今”一转，展现海上燕飞图。先创设燕飞的壮阔图景，再描绘海上英雄的种种情态。绘这幅图景时把故乡的小燕子和海上的小燕子交织起来写，似分似合，似合似分。

文章思路摸准了，哪些浓笔，哪些轻点，哪些粗线条勾勒，哪些精雕细刻，也认真推敲了，那就要思考、咀嚼，弄明白作者为什么要这样写。明明写海燕，为什么起笔写家乡的燕子？原来不是远离主题，而是种下情种，故乡的小燕子刻画得越可爱可亲，撒播的乡情就越真挚、浓重，后半部分海上思念就越有坚实的基础。为什么两种燕子要交织起来写？由此及彼，由彼及此，由远及近，由近及远，由物及人，由人及物，把此时此地的生活与彼时彼地的生活融会、结合，就能曲曲折折地把思乡恋国之情刻画得淋漓尽致。有时文中会出现似乎可有可无的一笔，仔细琢磨，方可体会到作者的匠心。如写绝小绝小的海鱼的飞窜，以孩提时代用瓦片打水漂在水面所划起的长痕为喻，不仅倾注爱燕的情感，而且言外有意，启迪读者深思：乡情绝非偶发，而是根植于孩提时代。

对课文的钻研当然非上述几句话就能囊括。遇到难度比较大的文章要反复阅读，细琢细磨，查阅多种资料，理解来龙去脉。有时为了一个字的读音，为了一个词解释得恰当，煞费苦心。即使比较浅近的短文，也同样要深究底里。英国政论家、艺术评论家约翰·罗斯金在《求知如采金》一文中说：“你梦寐以求的黄金就是作者在书中所表达的那种深刻的思想和他那渊博的学识。他书中的词语就是含金的矿石，你只有将它们打碎并加以熔炼，才有可能化石为金。你的尖镐利铲则代表着严谨、勤奋和钻研，而你的熔炉就是你那善于思索的大脑。”钻研课文也是求知，需要像矿工采金那样，坚持不懈地开采，精益求精地冶炼，才能获得真知。下面是初中语文第五册作文训练中的一篇例文：

儿子眼中的父亲

七岁：“爸爸真了不起，什么都懂!”

十四岁：“好像有时候说得也不对……”

二十岁：“爸爸有点落伍了，他的理论和时代格格不入。”

二十五岁：“‘老头子’一无所知。毫无疑问，陈腐不堪。”

三十五岁：“如果爸爸当年像我这样老练，他今天肯定是个百万富翁了……”

四十五岁：“我不知道是否该和‘老头’商量商量，也许他能帮我出出主意……”

五十五岁：“真可惜，爸爸去世了。说实在话，他的看法相当高明!”

六十岁：“可怜的爸爸！您简直是位无所不知的学者！遗憾的是我了解您太晚了!”

这篇小小说明白如话，初读，可能会觉得文中写的情况司空见惯，没什么特别引人之处；深入一步阅读思考，就会感受到其蕴含的丰富内容和人生哲理。如时间跨度半个多世纪；历经人间沧桑后，儿子对父亲的评价在新的高度“重复”；语言的委婉与武断；心理上的幼稚与成熟；年少气盛、不可一世与尊重现实、实事求是；年龄跨度同中有异；通篇是“独白”，言为心声；时代的气息，两代人的异同；一笔勾画两个人，写眼中“父亲”的同时，也刻画了儿子……凡此种种，只有潜心研究，综合思考，才能洞悉其中蕴含的深意，才会不仅读懂字面的内容，而且读懂字的背后的潜台词，体会到其中的佳妙。

从语言文字入手，深探思想内容，把握精华所在，又从思想内容的需要推敲语言文字的运用，如此反复咀嚼，联系实际，开展想象，运用旧知，就会步步深入，尝到钻研教材求得真知的甘甜。

好伙伴，好使者

《中学生阅读》在世纪之交迎来了200期的喜庆，我作为一名老读者、老教师、撰稿人，情不自禁地要说一声："祝贺您，中学师生的好伙伴，传播人类精神文明的好使者！"

读书是人类特有的神圣权利。读古代的书，能了解并继承古圣先贤的精神遗产；读现代的书，能与同时代的人沟通交谈。读书是享受，是陶冶，吸取思想的精华、智慧的结晶。有理想、有追求、有眼力的人总是把阅读放在生活中十分重要的位置，青年学生在求学时期更应十分重视，身体力行。十多年前，面向中学生的杂志多在读、写、听、说等方面全面开花之时，《中学生阅读》杂志对阅读情有独钟，选准了为正在成长、渴求知识的中学生输送精神养料，坚持不懈，执着追求，一干就是十多年，干出了成绩，干出了声誉，读者队伍日益扩大。

为读者着想，是这本杂志的一大特点。栏目设计、佳作推荐、名著采英、阅读鉴赏等，均从中学生实际出发，不搞形式，不搞花架子，不追风逐浪，坚持指导阅读、开阔视野、启迪思维、熏陶感染的特色，使学生读有兴趣，读有快乐，读有收益。知识的积累、文化的积淀，靠的是细水长流，锲而不舍，学生要成长为思想道德素质与科学文化素质优良的社会公民，就需要有意识地吮吸古今中外优秀的精神养料，《中学生阅读》在这方面提供了很好的条件。

质量至上，是这本杂志的又一特点。《中学生阅读》的读者对象是青年学生，每个学生只有一次青春，青春对每个人来说，都是无价

本文写于2000年，收入《于漪文集》（山东教育出版社2001年版）。

宝。因此，时间对他们来说是极其宝贵的。给他们提供什么文章，什么读物，都应认真思考，反复斟酌。取法乎上，有时也仅得其中，因而，要提供佳品、精品，真正营养价值高的。如果是一般性的，或者是次品，无疑是消磨他们的时光。《中学生阅读》对此十分重视，力求上乘，造福于学生。不仅对“文”如此考虑，“图”也精选精画，精排精校，无不精心，这种敬业精神可敬可佩。

阅读在语文教学题海翻滚的情况下，没有被放到应有的重要位置，课内如此，课外更不必说。放眼看世界，许多国家对中学生的阅读都十分重视，读得多，读得精，才有底蕴，才能适应时代的发展。不重视阅读，读得极少，必然腹中空空，必然底气不足，后果可想而知。新修订的语文教学大纲十分强调加强阅读，这是切中时弊的好事。为了提高学生的语文整体素质，为了提高阅读质量，《中学生阅读》在未来的世纪里应该说大有可为。祝愿这本杂志保持特色，开拓创新，为培养中学生的文化素养，为传播人类文化精品做出更大的贡献。

体验人生真善美

奉献在读者面前的《中学生生活感悟录》《中学生读书启思录》和《中学生审美抒怀录》三册图书，旨在指引广大青少年学生努力踏踏实实生活、认认真真读书，加深学养修养，以期将来能成为品德高尚、知识丰富、心灵优美的，能为祖国做出贡献的新一代有用人才。

1998 年 5 月 7 日《中华读书报》上有一篇《先辈仪型在》的文章，是悼念已故教育家、南京大学校长、老党员匡亚明先生的。文中郑重提出匡老晚年一讲再讲的一句话："我想来想去，中国学问的精髓就是'人学'，做学问首先要'做人'。"

千万不要以为这不过是老生常谈。匡老是 20 世纪 20 年代的老党员，为中国革命、为中国的教育事业奋斗了一生。生前他历经沧桑，受尽"极左"分子所强加的长期折磨，痛定思痛，才说出了这句话。回顾过去，我们一想起"四人帮"毁灭人类知识的文化虚无主义，还会不寒而栗。"文化大革命"不要的偏偏是文化，那时考试交白卷反成英雄。可是这么多年来又有人热衷搞应试教育，好像读书只是为了考试，什么做人的道理都可以抛向九霄云外。难怪匡老"想来想去"才鲜明地说出了这一句话。抚今思昔，深深感到这句话说得是那么沉重，那么沉痛！它可以启示我们今天更深一层去认识教育是培养人，须认真实行素质教育的重要性。《中学生生活感悟录》等三本书就是在教育改革这样的背景下编印问世的。

这一套书有以下特点：

本文写于 2000 年，收入《于漪文集》（山东教育出版社 2001 年版）。

1. 丛书编写的系统性。三本书谈到了人生重要问题的方方面面，德智体美修养尽在其中。《中学生生活感悟录》谈到生活中许多重要问题，如“精神意志”“品行性格”和“修养情趣”等。《中学生读书启思录》通过阅读评说所选古今中外名文片段来领悟以上人生问题。《中学生审美抒怀录》通过图画、雕塑、建筑、音乐、舞蹈、书法、诗歌等艺术欣赏评说，美化生活情趣。三本书各有系统，合则为人生真善美大系统。

2. 丛书内容的丰富性。从上面一段介绍已可看出丛书内容丰富的概貌。若再细看，则每一篇章都琳琅满目。以《中学生读书启思录》为例，一是选了不少古今中外名文片段，二是每文题下有三五篇学生得到启发的读后感，他们从不同的角度抒写自己的心得体会。《中学生审美抒怀录》则精选名画、雕塑、建筑、工艺品、自然风光等的精美照片近 50 幅，每幅后面选用了学生所写的三五篇自由畅想、各抒己见的文章。同样，《中学生生活感悟录》则设计了种种生活场景，每个场景后面选用学生按自己生活体验畅叙感受的文章，它们或白描一个细节，或描绘一个场面，或叙述一个过程，等等。学生以自己的感悟写成文章，而这些文章又能使青少年读者去领悟人生真谛。

3. 丛书编撰方法的周密性。从上面所讲，读者就能知道书的大量主体文字是出于学生之手。但三本书都是在教师指导下，师生通力合作编写成的。以《中学生读书启思录》为例，每个单元大体分为四个部分：一是“引言”，阐明本单元所引语段的主旨，引导学生读文章；二是“语段原文”，选自古今中外佳作；三是“启思品味”，这是书的主体部分，由学生撰写，文体不拘一格，字数不求多，力求精、深、美，且文必有感而发；四是“点评”，由教师或编者点拨启发，评析学生的文章，以加深对引文的领悟。其他两书也一样，所不同的是代替佳作选文部分的，《中学生生活感悟录》中是生活场景，而《中学生审美抒怀录》中则为各类艺术的精美照片。

最后，还得顺便指出，从某一角度看，它们也可算作中学生作文指导书，但它们与市面上流行的作文指导书又不同。一般作文指导书通常是两种：一种着眼于写作技巧，讲了不少这法那法的，但多落实不到作文实践中去；一种是选些学生现成的作文，点点评评，全盘计划不周，评点到哪里算哪里，有的甚至流于千篇一律。两者还往往有一共同点：只讲文而不见人。《中学生生活感悟录》等三本系列书则力求站在育人的高度编写，它们避免凌空讲大道理，而是有一框架，即体现人生的真善美。它们也不是选些现成作文，而是在框架中设计出一系列有意义的题目，指导学生从各个不同角度写文章。教师是指导，唱主角的是学生，学生在写作过程中，不论在思想上或写作上，都会得到很好的训练和提高。这就是这套书的编辑思想，力求别开生面，独具特色。

深信这套丛书一定能得到广大青少年读者的喜爱，成为中学生的好伙伴。愿莘莘学子具备爬山虎一般的品性——不畏风暴，不知疲倦，永远攀登。

咬嚼“无赖”

读书时要勤于咬文嚼字。咬文嚼字不仅在于准确地理解字词含义，更在于加深对书的内容的理解，还在于激发和增添阅读的兴趣。有时看来是很普通的一个词，放在特定的语言环境中去咀嚼、理解，就会产生无穷的趣味。就“无赖”一词咬嚼一番，颇有味道。

众多个“无赖”

在日常生活中，“无赖”不是个好字眼。“无赖”作为人，往往不是个好人。如果我们读《水浒传》，要找一个典型的无赖，那就是写“杨志卖刀”一回中，那个“京师有名的破落户泼皮，叫作没毛大虫”的牛二。杨志流落东京，盘缠用尽，万不得已，只好出卖祖传宝刀，换钱度日。泼皮牛二根本不想买刀，却死命缠住杨志，捉弄杨志。牛二问这刀有什么好处，杨志说有三个。第一好处是破铜剁铁，刀口不卷；第二是吹毛能过；第三是杀人刀上没血。第一个试了，果然“一刀把铜钱剁成两半”；牛二又从自己头上拔了一把头发，杨志拿来对准刀口上一吹，“那头发都做两股纷纷飘下地来”；牛二要试第三个好处，叫杨志杀个人看看，杨志当然不肯。牛二就叫杨志杀他，杨志说：“没来由杀你做什么。”牛二非要试这把刀不可，杨志不答应，无奈牛二一头“钻入杨志怀里”，杨志忍无可忍，一时性起，把牛二杀死。牛二死乞白赖没完没了死死缠住杨志不放的劲儿，真算得上是一个彻头彻尾的无赖。

本文发表于《中文自修》2001 年第 2 期。

如果我们读《史记》，就会发现太史公司马迁笔下的汉高祖刘邦也多少是个无赖。刘邦早年“不事家人生产作业，及壮，试为吏，为泗水亭长，廷中吏无所不狎侮，好酒及色”。他做了皇帝，“九年，未央宫建成”，诸侯群臣朝见，在未央宫前殿大开宴会。这时，他扬扬得意地对他父亲刘太公说，老人家过去常以为我是“无赖”，不如老二能经营产业，如今把老二跟我比一比，到底谁的产业多。做了皇帝，普天之下，莫非王土，好大的产业，老二怎能跟他比？于是“殿上群臣皆呼万岁，大笑为乐”。刘太公说刘邦从小“无赖”，是指他游手好闲，不务正业。

如果我们读《说唐》，一定认识那个徐茂公，他被描绘成诸葛亮式的足智多谋的军师。他叫徐勣，在真实历史中，他是唐太宗李世民手下的一员开国大将。他本姓徐，名世勣，字懋功，因有大功，皇帝赐他姓李，因避唐太宗讳，去“世”字，单名勣。这人直爽，据说有一次他讲述自己的历史，说自己“十二三岁为‘无赖贼’”，逢人便杀；十四五岁为“难当贼”，有所不快者杀之；十七八岁时为“好贼”，上阵才杀人；年二十便为天下大将，用兵以救人死。话语中以“好”与“无赖”对比，可见“无赖”不是好字眼，在这个人的身上，就是指无法无天。

同一个词“无赖”，用在不同的背景不同的人身上，味道是不相同的。读书要学会辨味、品味，多辨、多品，越读就越有所得。

此“无赖”非彼“无赖”

汉民族语言中许多词语含义丰富，神韵非凡。在使用过程中，特别是出于大家之手的时候，褒词贬用，贬词褒用，一词双关，鲜活灵动。在下面的诗词中，来看看“无赖”又是怎样的姿态，怎样的面孔。

南宋大词人辛弃疾一生抗金，企盼收复失地，然而宏愿终成泡影。他把他炽热的爱国热情和满腔悲愤寄托于词中，用血和泪，用整个生命谱写他的诗篇，成为千古以来人们景仰的爱国诗人。南宋小朝廷恶势力疑忌他，排挤他，陷害他，使得他无法安于位，很长时间退居农村。在农村中他写下了不少清新、活泼、富于农村风情的小调。有一首人人喜爱的词《清平乐·村居》：

> 茅檐低小，溪上青青草。醉里吴音相媚好，白发谁家翁媪？　　大儿锄豆溪东，中儿正织鸡笼。最喜小儿亡赖，溪头卧剥莲蓬。

这是一幅多美的风情画，农村日常生活的淳朴温馨之气扑面而来。特别是最后一句描写“卧剥莲蓬”的小儿，用“亡赖”（同“无赖”）一词来形容，使一个天真无邪、顽皮可爱的儿童的形象跃然纸上。在这里，还能用什么词比它更生动更贴切更形象呢？

再来看杜甫的两首诗。第一首是《绝句漫兴九首》之一：

> 眼见客愁愁不醒，无赖春色到江亭。即遣花开深造次，便教莺语太丁宁。

杜甫客居成都，终日愁思满怀。春天来了，春光把他从客愁中唤醒。诗中用“无赖”形容春色，生动别致，细细体味，春光的明媚烂漫，调皮可爱之状如在眼前。明人王嗣奭撰《杜臆》，解说杜诗十分精彩，令人叫绝。他解说此诗也讲述得极佳。他说：“‘眼见客愁’者春色也，春色安得有眼？奇得可笑。‘即遣’‘便教’俱着春色说，‘花开’‘莺语’，因客愁而娱弄之使醒，此春色之无赖也。”这就把诗中“无赖”二字真正解活了。

杜甫还有一首通篇用反言的诗，咬嚼起来味道更佳。诗是《奉陪郑驸马韦曲二首》之一：

> 韦曲花无赖，家家恼杀人。绿樽须尽日，白发好禁春。石角钩衣破，藤梢刺眼新。何时占丛竹，头戴小乌巾。

粗读此诗，好像杜甫韦曲之游很扫兴。“花无赖”还不算，还“恼杀人”，偏偏石角“钩”破衣，藤梢又是那么“刺眼”，真是煞风景。殊不知这样的描绘，这样一反常理的用词，把游兴的酣畅刻画得淋漓尽致。看王嗣奭又是怎样说的呢？他说：“曰‘无赖’而有趣愈见。曰‘恼杀人’而爱杀人愈见。‘钩衣’‘刺眼’本可憎，而愈觉可喜，如俗言痛快，愈痛而愈快也。”这种理解与赏析能启人智慧。

显然，这几首诗词中的“无赖”和“众多个‘无赖’”中的“无赖”含义截然不同，表达的是另一种景象。

从“无赖”说开去

以上所说仅是“无赖”一个词而已，由此可联想到要读懂诗文，提高阅读能力，识字辨词须下功夫，来不得半点马虎。汉字是形、音、义的结合体，它有许多优越性，但比较难学，笔画多，结构复杂，形、音、义之间很多交叉关系，容易念错、写错、用错。阅读诗文，要读懂，识字是第一关。词是构成语言的建筑材料，是构成短语和句子的语言单位，要读懂诗文，必须精确地掌握词义，遇到意思相关的词语要加以辨析。要勤查字典、词典，弄清字词含义，特别是一字多义、一词多义的要弄明白，不含糊，对词的色彩、应用范围等要多加思考。在读每篇诗文时，对词义、词的色彩等更要认真咬嚼，要捉摸词的背后蕴含的感情，要展开联想、想象，使之在脑中浮现出生动的画面，以加深对作者遣词造句意图的理解。你不妨找几个词细细咬嚼一番，品品其中的滋味。

识字辨词第一关

1930年4月，阎锡山、冯玉祥结成反蒋联盟发动讨蒋的中原大战。阎、冯两部预定在沁阳会师聚歼驻河南的蒋军，在拟制命令时误将“沁阳”写作“泌阳”，因两地相隔数百里而导致失败。字多写一撇，使一场战争失利。

这个历史事实告诉我们，字的问题来不得半点马虎。其表面看起来是粗心，实质是“沁”“泌”不分。

汉字是形、音、义三结合。它有许多优越性，但比较难学，笔画多，结构复杂，形、音、义之间很多交叉关系，容易念错、写错、用错。阅读文章，要读懂，识字是第一关。词是构成语言的建筑材料，是构成短语和句子的语言单位，要读懂文章，必须精确地掌握词义，遇到内容相关的词语要加以辨析。它和识字一样，是阅读文章的第一关口。比如《内蒙访古》，文中有“遗址”“废垒”“古迹”等词，就须辨析，不能混淆。“遗址”指被毁掉的古老建筑物所在地；“废垒”指已毁坏了的营垒、墙壁；“古迹”泛指古人遗留下来的东西。经过细微辨别，可更准确地理解词义，把握文章内容。

《漓江夜游》是篇短文，要读懂它，真正领略其中的美妙，首先得在字词上下点功夫。

月随山影动，山在水中游。卡拉OK代替了渔舟唱晚。一湾霓虹淡化了渔火疏星。拥有月明星稀的浪漫世界——东方的哲学和诗美，几乎被西

本文收入《和中学生交朋友》（上海教育出版社2001年版）。

方的物质文明——物欲的追求和享乐，忘却了，抛弃了，物化了。

我怀疑，住在豪华宾馆，夜夜灯红酒绿的人们，他们感情世界的质量，会经得起漓江的沉淀、漂白？

我更忧心忡忡，漓江山水蕴含的东方的哲学和诗，会不会被西方的物质文明所带来的物欲横流和贪得无厌践踏、破坏、淹没、污染？在这没有篙橹、没有桨声的扁舟之上，我凝神静气……一种潜意识告诉我：当代人类的感情，纯朴、敦厚、淡雅的林泉味贬值了，人心大都为物质所占，给崇高、神圣的感情留下的地盘极小、极稀。

我不是禁欲主义者，更不是反经济主义的人。但，我反对现代人极端的功利主义，为了钱不择手段地包括对大自然、对一切美好的山山水水的勒索，直至给山山水水造成灾难。

我们的世界不应当步西方的后尘，特别是美国，去盲目地追求“耗能文化”。庄子的“沉于物，溺于德”的话，流出智慧的光泽，仿佛在2 000多年前他就看透了时间的推移——历史的今天、人性的结节。事实上，人们对外部的物质世界攫取得越多，自我也就越沉迷，内在的灵性和精神家园的领地就越小。

我这，会是杞忧吗？是夜，我悄悄地问漓江……

文中褒贬分明，忧物欲横流和贪得无厌给自然、给人们带来灾难。要深刻理解，掌握字词是第一关。如“攫取”的“攫”（jué），不能误读为jù，不能写错为“攫”。“攫取”是掠夺的意思，如果换成“获取”，分量、感情色彩就大不一样。“勒索”的运用有同样的功效。

要体会寻常词语背后蕴含的深沉感情。“忘却”“抛弃”“物化”是十分平常的字眼，排列在一起运用，却表达了作者对目下东方精神文明遭遇的痛心和对东方的哲学、诗美的极端向往和思念。中国文化哲学以人文为中心，讲社会和谐，推而广之，自然与人文合一。诗人热爱人生，热爱自然，写景抒情，情景交融，一片诗情画意，美不胜收。而现在这些东方精神文明的瑰宝却遭到了物欲横流的社会的遗弃。“忘却”“抛弃”“物化”，这些词为锤子，一锤一锤敲打，赞精神珍宝，憎物欲横流。“践踏”“破坏”“淹没”“污染”用在句中有异曲同工之妙。

有的词是借用，查查词典，再想一想文中的意思，会有新的领悟。如“结节”本指生物体表面或内部组织中圆形的小突起，文中借用于“人性”方面，联系上下文思考，就可领悟到这种“突起”是可悲的，沉湎于物欲，精神也就泯灭。

有些词阅读时展开联想，脑中就会浮现生动的画面，加深对作者遣词造句意图的理解。如由“渔舟唱晚”可联想到民族管弦乐曲《春江花月夜》中描绘的夕阳西下、渔舟晚归的动人情景；又如由“月明星稀”可联想到曹操《短歌行》中“月明星稀，乌鹊南飞。绕树三匝，何枝可依”描绘的情景。有具体的形象在脑中盘旋，对文中两度出现的“东方的哲学和诗美”的寓意就比较能心领神会了。

“忧”是贯穿全文的关键词。这个“忧”不是个人的忧愁、忧思，也不是“杞忧”，而是对人类社会理性的思考，对人与自然的理性的思考，要辨别、掂量它的分量。

下面是《断想古阳关》中的一段文字，请读准“熹”“亘”“兀”“霭”等字的字音；说清楚“极目”“兀伏”“萧萧寂意”的含义；查“西出阳关无故人”的出处，并展开想象，领会作者借诗句要表达的感情。

晨色熹微，极目之处，横亘绵延的祁连山脉静静地兀伏在晨光中。旷野的风卷起峰峦上积蓄了一夜的寒气，吹向沙丘和戈壁滩。车在晨霭中疾驰，从敦煌开出约50公里，道路在此分叉，一条通往阿克塞，另一条狭道旁竖着块油漆剥落的蓝色路标，在上面写着：古阳关道。“西出阳关无故人”的萧萧寂意，不禁爬上心头。

变化中的成语

“曲高和寡”，意思是乐曲格调越高超，能跟着唱和的人越少。有时用来捧说夸夸其谈发高论的人，略带讽刺意味。此成语出自《文选·宋玉〈对楚王问〉》。有个外地人在楚国都城唱歌，开头唱《下里》《巴人》，跟着唱和的有数千人；唱《阳春》《白雪》，跟着唱和的不过数十人；“引商刻羽，杂以流徵（zhǐ）”，曲调越高妙，跟着唱和的越少，不过数人而已。宋玉下结论说：“是其曲弥高，其和弥寡。”“曲高和寡”的成语就是这样来的。

今天我们常用“阳春白雪”这一成语形容高品位音乐，也用来泛指高深的不通俗的文学艺术，在程度上与宋玉的原意有出入。在宋玉的心目中，《阳春》《白雪》不过是比较高级而已，或者说是次高级，最高级的要达到“引商刻羽，杂以流徵”的水平。至于“下里巴人”，用法与原意相仿，多指通俗的、粗俗的、比较低级的文学艺术，有时可用作自谦之词。

由此联想到“铁中铮铮”这个成语。今天用这个成语常赞颂人的出色、出众，探究一下，方知与原意有出入，或者说走了样。《后汉书·刘玄刘盆子列传》记载了赤眉投降刘秀的事。赤眉首领樊崇带领了一帮人投降刘秀，刘秀问他们：“得无悔降乎？”樊崇手下徐宣等人叩头说：“诚欢诚喜，无所恨也。”于是刘秀说：“卿所谓铁中铮铮，佣中佼佼者也。”意思是你就是人们所说的“铁中铮铮”“佣中佼佼”的人。定位十分清楚。“铮铮”是响亮的，出众的；“佼佼”是美好的。然而，“铁中铮铮”“佣中佼佼”却不是最好的、最出众

本文发表于《咬文嚼字》（学生版）2002年第5期。

的。“佣中佼佼”容易理解，因为刘秀把徐宣等人归于庸众之群，不过是庸人之中的佼佼者而已，意思显露，不易用错。“铁中铮铮”就要咬嚼一番。古人把黄金看成“美”金，把铁看成“恶”金。因此，称人“铁中铮铮”，本意不过是庸人中的佼佼者，其实是不够恭敬的。

古诗文里成语很多，运用时对原意了解清楚，对来龙去脉把握得好，表达就可做到恰如其分。不过，成语运用也会发展，也会有新的约定俗成。今日以“阳春白雪”喻高超的文学艺术，以“铁中铮铮”喻人才，也就不必多加辩白了。

说“文化判断力”

众所周知，西南联大是现代教育史上引以为豪的优秀教育群体，培养了众多的世界顶级、全国顶级的专门人才。这里的学子几乎无不素质良好，文化底蕴扎实。能够取得卓越成绩的原因甚多，仅从学生中流行的一些常用语也可窥视出学校文化氛围和学子文化追求之一二。

评人、谈文、论艺，是那时学生生活中的常事，评论时常夹用 Vanity（虚荣心）和 Taste（趣味）。如，看到有人矫饰、卖弄、出风头，同学就会脱口而出：“Vanity。”谈论文化艺术时，有人见解卑琐、趣味低下，就会说：“Taste 不高。”学生在不知不觉中形成了一种氛围、一种导向：应有较高的文化判断力，以追求高尚文化为荣。

岁月流逝，半个多世纪的风雨沧桑已如过眼烟云，但成长中的学生应追求什么样的文化，仍然是当今现实社会须探究的主题。

对中学生而言，文化有巨大的吸引力。中学生初涉人生，求知欲旺盛，好奇心强，对外界事物喜爱利用各种感官接触、了解和吸收，体验认识世界的快乐，更何况文化内容繁复，色彩斑斓，形式千姿百态，常从不同角度、不同侧面叩击年轻人的心灵。文化对学生有巨大的穿透力，犹如水击石，或冲刷，或细镂，锲而不舍，石头就被雕塑成令人叹为观止的奇形异态。每位学生都生活在一定的文化氛围之中，由于兴趣、品位的差异和不同文化的感染、塑造，在不经意之中，精神世界的高低就大相径庭。为了今日的健康成长和明日的长足发展，从而成为情操高尚心灵丰富的人，提高文化判断力至关重要。

本文发表于《新读写》2003 年第 5 期。

在经济全球化、信息化的今天，文化大潮汹涌澎湃，文化产品风起云涌，文化时尚层出不穷，出现鱼龙混杂、泥沙俱下的状况不足为怪。面对纷繁复杂的文化现象，中学生切不可照单全收，应该“运用脑髓，放出眼光，自己来拿”。

人生活在社会中，之所以能抵御多种多样的诱惑，文化价值观和文化判断力往往起决定性作用。认真执着地从民族优秀文化和人类进步文化中吮吸养料，就会不断提升思想，陶冶情操，认识社会，感悟人生，塑造优美的心灵。年轻学生缺乏生活阅历，选择读物、欣赏艺术要学会鉴别优劣，区分美丑，崇尚健康、高雅，鄙弃低俗、污秽。值得警惕的是种种垃圾文化，如黄色、恐怖、消极、颓废等文化，并非都是面目可憎，袭来时常披着乱人耳目的外衣，悄悄地污染心灵，诱发缺乏判断力的人背弃伦理道德，乃至形成扭曲的人格。对垃圾文化、腐朽文化，不管来自何处，都不能掉以轻心。有些休闲的书籍，娱乐性的影视、歌曲，着眼于调剂生活，接触一点，了解一点，无可厚非，但不能沉湎其中。网络世界中的肮脏东西，绝不能沾染。迷醉其中，就失掉了自我。学校、教师对学生文化生活不能漠然视之，要精心引导他们往高处追求，营造积极向上的文化氛围。

德国哲学家康德曾这样说过：“愚昧的人之所以区别于聪明的人，根本在于他不具有判断力。”21 世纪的中学生风华正茂，聪慧好学，定能努力提高文化判断力，区别精华与糟粕，铸造良好的人文素质。

阅读是金
——写在《新读写》创刊一周年之际

《新读写》创刊已一周年，作为一名在语文教坛耕耘了半个多世纪的老教师，除了对刊物致以热烈祝贺和良好祝愿，想趁此机会就阅读问题谈点浅陋的看法。

阅读对我们来说确实非常重要。我记得读书时曾经看到过一则材料，国际创造性与领导学基金会有一次邀请了一位名人来演讲，这位名人叫约瑟夫·布罗茨基。他的演讲很感人，演讲结束后，主持人向他表示谢意。谁知这位演讲的人毫不客气地当众宣称："一点也不用谢我。我坐在这里，并不完全是我自己。我是我所读过和所记得的东西的总和。"显然，他说的阅读了很多东西，记住了很多东西，用两个字来囊括，那就是"文化"吧。就是这个布罗茨基，在1987年的诺贝尔文学奖受奖演说中才会这样沉重地说："鄙视书，不读书。由于这一罪过，一个人将终身受到惩罚；如果这一罪过是由整个民族犯下的话——这一民族就要因此受到自己历史的惩罚。"当时我读到这些话，心灵受到强烈的震撼。

我们和文化紧密相连。什么叫语文？语文是文化的载体，是传承文化的，语文本身就是文化。无论是教，还是学，阅读都显得十分重要。如果说一个人鄙视书、不读书，要受到惩罚的话，那么，一个民族不重视阅读，这个民族要受到历史的惩罚，也就可想而知了。这些

本文发表于《新读写》2004年第3期。

至理名言，尽管已过去许多年，仍然掷地有声。在市场经济非常不成熟的时候，在什么东西都要搞形象工程、立竿见影的时候，沉下心来，静下心来，真正做个文化人、文明人，是极其不容易的。

其实，世界上不少国家对这个问题是有共识的。任何一名较为明智的领导者，在这个方面都会下点功夫。比如克林顿任美国总统时，美国小学生的数学能力提高了，阅读能力却非常低下，因此，20 世纪末，美国进行了大规模的教育改革，其中一个关键项目就是提高中小学生的阅读能力。国家拿出 15 亿美元组织了一个全国性的阅读挑战计划，培养了 100 万名阅读教师，动员 10 万名大学生半工半读，组织阅读“特种部队”，指导中小学生读书。好些地方规定中小学生每天必须有半小时埋头阅读时间。为什么他们要动员这么多人，花费这么多钱投入阅读？因为他们认为阅读能力提高是为 21 世纪进入科技时代、信息时代做早期的教育准备。阅读是信息时代最为重要的。迄今看来，他们的计划是成功的。1999 年调查，美国中小学生的阅读能力显著地提升了。上个月我看到一则材料，说世界各国小学生阅读能力检测，芬兰第一，日本、韩国较好，美国的小学生也好。我曾问过一名美国斯坦福大学的博士后，她的孩子（在硅谷小学读四年级）在暑假里做哪些作业，她笑着说：“绝对不像你们那样做什么《一课一练》，而是读书，一个暑假要读 40 本书。”美国的教改也好，欧洲的教改也好，都十分重视文化构成，因而，也就十分重视阅读。正因为如此，学生的阅读能力有了显著提高。从语文教学的传统来看，我们也是非常重视阅读的。从上海的语文一期课改来看，阅读领先，也是很有道理的。读是吸收，不读，腹中空空，拿什么东西来写？阅读是吸收，写作是表达，胸中没有储存，怎么可能下笔滔滔滚滚？

21 世纪是信息时代，信息如潮涌，因此，作为教师也好，作为学生也好，阅读能力都是非常重要的。我记得 20 世纪末，美国劳工部曾搞了一个大规模的调查研究，调查 80 年代至 90 年代美国教育的状况，调查企业对人才的需要及对企业人员的素质要求，规模大，调查好几年，深入研究后拿出了一份报告。报告说，21 世纪的美国就业人员必须具备五大能力、三大基础。五大能力与高校教育关系密切，三大基础与基础教育紧密相连。第一个基础是能力基础，能力基础就是五个字：读、写、算、听、说。读、写、听、说四个字和语文密切相关。为什么要把“读”放在第一位呢？信息社会是以知识的生产、交换、分配、使用和消费为特征的社会，知识是最重要的生产力，教育是生产知识的生产力。因此，首先就要读，要会读。现代人要会阅读、浏览、判断、筛选、占有。第二是思维基础，第三是素质基础，素质基础首要的是责任心。

其实，阅读也有个责任心问题。读书要有毅力，要有意志。要阅读精品、佳品，从阅读中吸取养料，提升自己的思想，净化自己的心灵。有次会上，我遇见了一位作家，谈到文化时，他说有位英国作家对他说，别看什么高学历，其中不少是高学历的野蛮人。这句话很深刻。为什么有学历高的野蛮人呢？看来此人欠缺文化教养，缺了人类文明、人文精神的熏陶。多读一些好书，你就会体会到人的头衔不等于这个人的真实价值。

阅读是金，在我们成长过程中阅读起着至关重要的作用。希望《新读写》在引领中学生进入阅读新天地的过程中创造更为多彩的新业绩。

饮之以琼浆 灌之以醍醐
——首届"地空杯"全国中学生阅读大赛引发的思考

"地空杯"全国中学生阅读大赛落下了帷幕，参赛的学生热情可掬，积极性高涨，其中不乏有创意的答卷，令人欣喜。

不少学生开始钟情于文学，开始认识到在阅读好书中能构建自己的精神家园，这是值得欣慰的。求学求知如果只在题海中翻滚，远离精品佳作，不知文化为何物，就不可能成为一名现代文明人。就一个民族而言，民族文化是这个民族的支撑，对外是屏障，对内是黏合剂，有极强的凝聚力。就一名学生而言，优秀文化，特别是优秀的民族文化，是成长中的精神哺育，支撑着自己的健康发展。从这次参赛者答题来看，阅读积累、文化积淀明显有欠缺，应引起足够的重视。

就初中决赛试卷第一部分考查阅读面而言，试题并不难，只要求参赛者写出五句描写山水的唐诗及其作者。参赛者所答的都仅限于教材中学过的，而搞错作者、弄错朝代、混淆文体的错误屡有发生，乃至把苏轼的诗句说成李白的、杜甫的，把柳宗元的《小石潭记》中的语句误作唐诗写在答卷上。高中组要求说出"下列中外文学作品中的十个人物形象，他们分别出自哪部文学作品，作者是谁"，参赛者得分率很低。一个都未答对的占 23%，绝大多数只能答对一至三个，没有一人能全部答对。答对作者却忘了书名，写对书名又忘了作者，而且张冠李戴现象严重。如把《简·爱》作者写成奥斯丁，《儒

本文发表于《新读写》2004 年第 9 期。

林外史》作者写成吴趼人，《红与黑》作者写成托尔斯泰。对娜拉、尼洛芙娜、阿巴贡、九斤老太等人物形象几乎全然无知。从中可以看出，大多数中学生在课外没有认真地读过中外文学名著，不读鲁迅、不读高尔基是普遍现象。这种状况令人担忧。

当前，一种流行倾向是追求高学历，而忽视扎扎实实的文化积淀。为此，有人戏谑地说："了不起，高学历的野蛮人!"既然学历高，怎么又"野蛮"呢？岂不矛盾？其实，学历高只说明接受教育的程度，不一定以书为伴，不说明一定有深厚的文化底蕴、良好的文化素养；以书为伴的人，也不一定就是爱好读书，胸中笔墨风云。人是能读书著书的动物，读书是人类特有的神圣权利。读书能使人明智，使人聪慧，告别愚昧和野蛮，做名副其实的文明人。中学生求学求知，就要真正做到以书为伴，养成读书的兴趣与习惯，真读书，读好书，从书中吮吸养料，丰富精神世界，提高文化素养。

文化积淀是良好素养的重要基石。文化积淀从何而来？读书是重要途径。作为一名中国人，首先应该用深厚的民族文化来"垫底"，来滋润自己的心灵。众所周知，法国人不能不知道拿破仑，美国人不能不知道华盛顿，英国人不能不知道莎士比亚，对中国人来说，如果对孔子、墨子、老子、庄子、孟子、荀子都不知道，对唐诗、宋词不知道，实在说不过去。诺贝尔奖获得者杨振宁先生在一篇回忆录中说道，他读初中时，他父亲要他把一本《孟子》背出来，他做到了。这是受益终身的事。杨振宁认为他怎么做人的道理许多就是从《孟子》里学来的。我国有数千年的优秀文化，单是古诗文就浩瀚如沧海、璀璨如天上的繁星。《诗经》、《楚辞》、秦文汉赋、唐诗宋词元曲……彪炳千古，蔚为大观。好学上进的学生应该充满好奇心，进入宝库探宝，学会在有限的时间内选择精粹、精要、精彩的作品阅读。读，必须走出两个误区。一是为考分而读。中考、高考有十几分、二十几分古诗文题，于是不得不读，不得不背诵。如此功利的想法，不仅大大贬低了阅读古诗文的意义，而且难以入耳入心，读过就丢，背过就忘，不可能构成文化积淀。二是只调动眼睛看，眼睛与书为伴，没有用"心"去感受去体验。孟子说："心之官则思。"不细心地、精心地、倾心地和古圣先贤对话，不好学不倦地和现代作品沟通、交流，那么作品还是那个作品，我还是我，累的是眼睛，拼的是时间，在脑中没有留下深深的痕迹，当然也就不可能成为自己文化素养的组成部分。阅读，必须摆脱这种被动的局面，是“我要读，我要成长”，不是“要我读，我不得不读”。读珍品、佳品，是做人的无限欢乐，犹如饮甘泉，食珍馐，非深入其中的人，难以品尝一二。“我要读”，发挥主动性，作品中热爱自然、经纶济世、揭发时弊、关怀民生、力除腐恶、崇尚廉明、要求变革、向往和平、纯洁爱情、真挚友谊等人文精神就会流入心田，就能陶冶情操，提高审美能力，形成正确的价值观。

阅读文学作品有利于鉴赏能力、审美能力的培养与提高。《义务教育语文课程标准（2011 年版）》中指出，“欣赏文学作品，有自己的情感体验，初步领悟作品的内涵，从中获得对自然、社会、人生的有益启示”；《普通高中语文课程标准（实验）》指出，“审美教育有助于促进人的知、情、意全面发展。文学艺术的鉴赏和创作是重要的审美活动……未来社会更崇尚对美的发现、追求和创造”。在现代社会中，要成为素质良好的文明人，在中学阶段，不仅要致力于打好民族优秀文化的底子，而且要放眼世界，开阔视野，了解外国文学作品所描绘的人和事，景和物。各类社会，各国风情，千姿百态，无奇不有。你可以随着文字这个载体周游世界，认识社会，领悟人生，丰富思想，增强思考与审美的能力。尤其是经过长时间检验仍闪耀人性光辉的经典著作，更是要用“心”去体会。作品的不朽，源于作者悲天悯人的博大胸怀，他们那种疾恶如仇、追求人类幸福的精神给一代代人以心灵的震撼。

当前，我国社会进一步开放，这是时代潮流，这是强国富民的需要。随着开放，各种各样的文化也会进入。面对多元文化、流行文化并存的局面，中学生应该有主心骨，头脑要十分清醒。我们弘扬民族文化，不排斥外来文化，中华文化史就是融合多民族优秀文化的历史，就是吸收了外来民族多元文化的历史。但我们自身要强，有识别力，有抵抗力，才能剔除外来文化中的糟粕，如色情、暴力、殖民主义等毒瘤。青少年学生初涉人生，缺乏生活阅历，缺乏文化底蕴，往往被光怪陆离的包装所迷惑，错把腐朽当神奇，容易上当受骗，而且受骗了还不自知。要有敏锐的辨别能力和有效的抵御能力，就要下功夫阅读，增加自己的文化底蕴。阅读古诗文，伴随着优美的语言，民族精神、民族文化、民族思维方式细雨般渗入心田，滋润成长；唐诗宋词一些经典诗句烂熟于心，就会对民族对中华文化有不解的情结，越读越有高尚的审美情趣。用中华文化塑造心灵，人会典雅起来，真正脱离野蛮。阅读外国作品，和大师们倾心交谈，他们深邃的思想、精辟的见解、非凡的智慧会伴随着语言文字的乐曲在你心上弹奏，助你思考，认识世界，体悟人生，激励你在人生旅途追求真、善、美。

参加某次诗文阅读竞赛是偶尔的、暂时的，而阅读古今中外佳品、精品却是持久的，意义非凡的。阅读是人生的伴侣，竞赛是助跑、加油站，希望参赛者能切实重视阅读，坚持阅读，不断积累。有优秀的文化垫底，就能心明眼亮，健康成长。

作家张晓风在《我交给你们一个孩子》一文中曾这样呐喊：“……我的孩子会因你们得到什么呢？你们将饮之以琼浆，灌之以醍醐，还是哺之以糟粕？他会因而变得正直忠信，还是学会奸猾诡诈？当我把我的孩子交出来，当他向这世界求知若渴，世界啊，你给他的会是什么呢？”母亲的焦虑，父亲的期盼，震撼人心。今天，我们提倡阅读，提倡文化积淀，提倡文化素养，就是要青少年学生“饮之以琼浆，灌之以醍醐”，成为正直忠信的现代文明人，以慰千千万万父母之心。

学生“读经”浅见

友人作为厚重的礼物，赠我一套儿童经典诵读读本，谈及当今“读经”活动十分红火，其声势之大、地域之广、争论之热烈，非三言两语能描述一二。学生“读经”活动要点有二：一是聚焦在儿童身上，从幼儿园孩童延伸到小学生、中学生；二是目标是背诵，“经典”要从头按照章节，一字一句读下去，背起来。

关于“读经不读经”的问题，人们争论了近一个世纪，其中的复杂性，是非曲直，且不去管它，我们只说当今。当今对这个问题的争论又多在博学鸿儒之间。他们功底深厚，而我学力浅薄，无力阐释辩驳，只因关系到学生的诵读，出于教师职业的本能，谈一点粗浅的看法。

中华文化是世界上唯一持续发展、从未中断的文化，它既有古老的历史，又随着时代的进步而发展创新，焕发青春的活力。许多经典，尤其原典是其中的重要内容，蕴含着丰厚的民族的智慧、博大有容的胸怀、艰苦卓绝的精神，是培养学生成长、成才的宝藏。中国人应该读点经典，尤其是成年人，由于历史的种种原因，经典不是读得多了，而是读得少了，因而对中国传统文化知之甚少甚浅。民族文化是民族生存、发展的根基，有了深厚的根基，才能吸收和融合外来文化，不会迷失自己。组织学生诵读一点经典，传承中华文化，培养民族文化认同感，增强骨肉同胞的亲情和凝聚力，不仅无可厚非，而且应该提倡。教育领域本身对此已重视，中小学语文教材选择经典的名句名段名文，指导学生阅读、背诵，课外不少文化读本也注意到这一

本文发表于《中文自修》2004年第11期。

点，目的就在于以优秀的传统文化哺育学生，增强他们的民族自信心和民族自豪感。

然而，学生读经典，不能包罗万象，求多求全。经典是千年积淀，涉及政治、经济、文化、教育等方方面面，数量上洋洋乎大观，学生在有限的时间内，不可能都涉猎。而今用来背诵的种种读本，显然量大、品种多。不仅有《大学》《中庸》《论语》《孟子》《老子》《庄子》，还有《易经》《诗经》《黄帝内经》等；不仅有启蒙读物《三字经》《千字文》，还有《弟子规》等，如果全部排列，那真是一大串。面对这些内容，有两点值得商讨。

一是所选经典是否全是琼浆玉液，对孩童有醍醐灌顶之妙？任何一部经典都是彼时彼地的产物，离不开当时的社会，离不开那个时代。先知先觉者以其非凡的智慧、敏锐的目光，洞察时事，洞悉人生，穿越时空，涌现出许多极其深刻的悲天悯人、经纬天下的思想，他们的大智大慧令人震惊，令人折服。但毋庸讳言，他们的不少说法做法摆脱不了时代的烙印和所处地位的烙印，因而，不可能句句是金石之言。社会不断进步，时间是公正的检验员。是金子，闪闪发光，历久不衰；是沙砾、糟粕，必须扬弃。育当代儿童，尤其是启蒙阶段，须慎加选择。学生年幼，无辨别能力，不管懂与不懂，也总是先入为主。就拿《三字经》《千字文》《弟子规》来说，不少论断与做法封建痕迹很深，并非今日要建设的社会主义首选。传承中华文明，一定要精选优秀的，在新时代能继续闪耀光辉，包蕴新的丰富内涵的。如“己欲立而立人，己欲达而达人”“己所不欲，勿施于人”“和为贵”“和而不同”“自强不息，厚德载物”等做人的道理、做人的要求与方法，都是引导人追求崇高的精神境界，是中华优秀文化的精神，也是今日实施素质教育的源头活水。

二是学生哪有那么多时间和精力背诵？经典要读，但不是“唯一”，不是“全部”。有些人认为 3~13 岁是人记忆力发展的最佳时期，因此，反复“死背”“食古”，就像电脑输入资料，越多越好。“食古”多了，将来理解力提高，自然会活用。孩子背诵本领好，这是众所周知的；背诵的内容一时不能理解，将来逐步体会，这也是可行的。但总要有“度”，究竟背诵哪些，要考虑孩童的实际情况。如《易经》《黄帝内经》都是了不起的“圣人之言”，然而，就是成人，有多少人能看得懂，能背诵？不说内容的深奥，就是语言上的隔阂，孩童就难以逾越，读起来佶屈聱牙，只能当作天书。这些经典，有一定文化水平的人、专业的人研究，必获益良多，而下移到孩童，实是难为他们了。至于规定背诵多少篇，每篇要诵读 100 遍，每天不得少于多少，这种负担，真是不能承受之重。

我们要培养的是素质良好的现代文明人。学生从孩童时代起，要学的东西很多，科学的、人文的、知识的、技能的，以打好扎实的基础。中小学生读点经典，了解和传承中华优秀文化，是为做一名堂堂正正的中国人打底子，立志为中华民族的伟大复兴而奋斗。不是泡在古书里思古、复古，也不是以此为时髦、时尚而追风，将来在科技迅猛发展的社会里难以立足、立身。对每名学生而言，时间、精力是无价宝，运用得当，效率高，有价值，最为重要；如果不珍惜，奢侈、浪费，那就太愧对他们了。

话说“咬文嚼字”

“咬文嚼字”一般指字斟句酌过了头，指死抠字眼，反而走向反面，背离本意；也用来讽刺卖弄文才，炫耀学问，酸不溜秋的。此成语出处，一般成语词典里都有，举例不少，但不能确定最早出处。小说、戏文中讽刺咬文嚼字的人和事比比皆是，下面举一个最极端的例子。

京剧《连升店》是有名的讽刺短剧。剧里店主东老汉要考一考宿店的穷举子王明芳的才学，他问：“孔子三千徒子弟，有七十二贤人，有多少成了家的，多少没娶媳妇？”王明芳一下子被问住了，只得向店主东老汉请教。老汉一口咬定“三十成了家的，四十二个没娶媳妇的”。问他根据何在，他竟摇头晃脑地背了一段《论语》并说：“君不见孔子与弟子出游，冠者五六人，童子六七人，浴乎沂（yí），风乎舞雩（yú），咏而归。成了家的就谓冠者，五六人，五乘六得三十；没娶媳妇的就是童子，六七人，六乘七得四十二。三十加四十二，正好是七十二。”如此引经据典，咬文嚼字，可谓滑天下之大稽。

不过，这只是讽刺人的笑话，不能当真。由于咬文嚼字的人和事常被人讽刺，可见此成语一般用作贬义。为了纯洁祖国的语言，帮助读者提高使用母语的质量，上海文化出版社一本刊物定名为《咬文嚼字》，反其道而行之，不用作贬义，而用作褒义，提倡咬文嚼字，赞扬态度严谨、学习细心的人。这种做法有胆有识，醒人耳目。

祖国的语言文字浩瀚如海洋，其中珍宝无数，同义词、近义词多

本文发表于《魅力汉语》2006年第3期。

如天上闪亮的繁星，对它们之间细微的差别，不咀嚼，不品味，大而化之，囫囵吞枣，就领悟不到真滋味，更别说享受祖国灿烂语言的欢乐。读书，对有些字词句，咬一咬，嚼一嚼，联系知识储存和生活体验，思考，辨别，就能大大提高理解语言的准确性，就能消化它们，使其为己所用。咬文嚼字的功夫深，用语言文字表情达意就准确无误，生动畅达。

学会照镜子

阅读，在每名中学生成长中的重要性已经不言而喻，尤其是历经时间长期检验的经典作品，那种对自然、对社会、对人生剖析之深邃，见解之精辟，思维之奥妙，语言之魅力，不仅供读者醒耳目，开智慧，而且使读者如饮琼浆，灌醍醐，心灵得以滋养，精神得以提升。

是不是凡阅读必有益，必能享受到阅读的快乐和成长的喜悦？我看未必。关键在读什么和怎么读。读什么？当然要读优秀读物。读劣质的、粗鄙的、有害的，无疑是污染思想，损伤情感，受负面影响而不自知。因而，阅读就要选择好读物，要头脑清醒，拿出眼光，挑选佳品、精品，从中吮吸有益的养料。

怎么读，同样十分重要。如果随手翻翻，一目十行，大而化之，难以获得其中要义；如果只专注于故事情节的曲折离奇，关键的抒情、议论一跃而过，文中真谛就难以把握；满足了寻章摘句，摘抄一点佳词美句，作品的整体面貌就难以把握。凡此种种的阅读，不是在浅层次上徘徊，就是挂一漏万，不易体会文章精髓。

读，要深入作品之中，与作者交朋友，倾听他的心声，将心比心，具体对照，收获就大不一样。苏联作家邦达列夫说："一个人打开一本书，就是在仔细观察第二生活，就像在镜子深处，寻找着自己的主角，寻找着自己思想的答案，不由自主地把别人的命运、别人的勇敢精神与自己个人的性格特点相比较，感到遗憾、怀疑、懊恼，他会笑、会哭，会同情和参与，——这里就开始了书的影响。所有这

本文发表于《阅读世界》2007 年第 9 期。

些，按照托尔斯泰的说法就是‘感情的传染’。……最值得遗憾的人就是不曾醉心于一本严肃书的人，——他抛弃了第二现实和第二经验，因而最终就缩短了自己生命的时日。”这段话很精彩，既说明了醉心于阅读的重要，又说明了该怎么阅读，发挥书对自己的影响。

读书，犹似照镜子，不仅要在镜子深处找到主角，而且要把自己的性格特点和主角或作品中的某个人某些人对照比较，产生感情的涟漪乃至波澜，心灵有所震撼，认识有所深化。此时此刻，书就产生滋养心灵的良好作用。例如《初中生阅读世界》2007 年第 6 期中刊载了《一生有个对不起的人》。初读，你可能会被较为曲折的故事情节所吸引。如果眼睛扫描一下就算读过，那就是浅尝辄止，不过知道个故事梗概而已。再读，发现文中“婶婶”个性鲜明：大黄牙，大嗓门，骂声不绝，打呼噜地动山摇，十分勤劳；她贫穷，但真心实意对侄子好，供他求学，一直读到大学。“我”对“婶婶”有种种看法、种种误解，但离开这个亲人，就觉得无依无靠了。你经过细细品读，对作品中两个人物形象的特征以及他们之间的关系有所理解，对作者的写作意图——褒扬一个普通的农村妇女善良的品德有所体会时，阅读就深了一层，有了些收获。

要真正收到比较大的效果，就得比较、对照。先把“镜子”读懂，弄清楚。“婶婶”从乡下来接“我”是“我”家里出事，别人像避瘟神一样躲着“我”的时候，她供养“我”，让“我”求学，宁可自家受艰难，熬贫穷，没有缺过一点“我”的吃穿；粗声大气的鼓励，农田的锻炼，挨家挨户卖冰棍挣钱，为供“我”读大学外出筹钱，给“我”攒成家的钱，她看病不用一分……一件件一桩桩平凡的事中，婶婶心灵的善良、性格的坚韧，对小辈的挚爱、无私的奉献，在字里行间流淌，撞击你思维的门扉。这个人高马大的乡下女人显现的人间美德犹如星星一般闪烁光芒。她一辈子憧憬的是三间红墙大瓦房，让屯子里的人眼红，但为了“我”这个她并不需要负多少责任的侄子的前途，竟毫无怨言地舍弃，只能用嘴上说说来满足自己的愿望和理想。亏待自己，善待他人，这是真正的高尚，这是人间的真情。这是一面多么晶莹敞亮的镜子，用这面镜子来照自己，如果我遇到这样的事，会怎样想，怎样做，和“婶婶”的差距在哪里？为什么会有如此差距？怎样才能把差距缩短？归根结底她帮助我明白了哪些道理？今后的生活道路怎么走？优秀读物总是把人间高尚的思想、美好的情操熔铸在语言文字之中，奉献给读者咀嚼、品尝，启发读者净化感情，提升思想，打下做人的良好基础。拿这面镜子照自己，会照出上进的动力；拿这面镜子照社会上金钱至上、私利第一的思想言行，你会觉得心灵受到严重污染的人是那么渺小，那么卑劣。在不知不觉中，你的识别能力提高，爱憎感情受到锻炼，随之，对污浊东西的抵抗能力增强。你在阅读中长大了。

读“我”，同样可比较、对照，从中发现不少可资学习与借鉴的思想和做法。

书，就是一面镜子，常常照镜子，可以正衣冠，除灰尘，提升人的品位与形象。读书，学会照镜子，不是简单地做检讨，批评一下自己的毛病，而是要明是非，辨正误，见贤思齐学做人，增长见识学本领。书是人类进步的阶梯，一本本读，一本本思，逐步攀登，一丝不苟，就会读出真善美的精神境界，沉浸在成长的喜悦之中。

红色文学经典阅读与人生

同学们正青春年少，朝气蓬勃。革命先烈李大钊同志曾精辟地指出：青年者，人生之王，人生之春，人生之华也。

青春是无价宝，怎样珍惜这个无价宝，使人生的春天阳光明媚，花红柳绿，那就要满怀激情地成长，健康快乐地成长。

成长，除了每天吸取物质营养外，精神养料必不可少。人之所以为人，立于天地之间，服务社会，是精神养料不断哺育的结果。精神养料重要来源之一是书，是经典，是优秀作品，美文佳作。我们要认真阅读经典作品。无数的事实告诉我们：一个人的阅读史，实际上就是这个人心灵发育的历史。你的心灵是怎样发育成长的，跟你阅读什么书，阅读到怎样的水平，是息息相关的。阅读最影响人的基本素质、价值观。你对社会的价值判断，对个人的价值判断，你对当今世界、当今社会文化的价值判断，很多时候是从阅读经典而来的。如果你阅读优秀作品，高尚的审美情趣就获得了培养。因此，阅读影响你审美观、道德观、价值观的形成。

法律是教人不准做什么，而道德是倡导你应该做什么。社会是各种关系的总和，你作为社会的一分子，平时阅读很多经典著作，阅读古今中外的优秀作品，才会对道德有正确的、深入的理解。一个人究竟怎样才不虚度人生？那就要立德、修身，从经典著作中汲取养料。所以在青少年的时候，一定要养成阅读的习惯，热爱阅读。现在我们

本文是作者在 2009 年 4 月 18 日“爱我中华在行动”上海青少年迎接中华人民共和国成立六十周年红色文学经典导读系列活动中的讲话稿。

社会中多元经济并存，多元文化并存，多元价值并存，生活节奏很快，信息渠道多样，要静下心来，阅读作品，和文字打交道，是件非常不容易的事情。

要养成阅读经典的习惯，阅读红色文学经典，有三个问题请同学们思考。

一、
读书是人类特有的神圣权利

我在年轻的时候，根本没有想得这么深。读了北京大学教授、哲学家贺麟先生的话才有所领悟。他说："人与禽兽的区别，虽有种种不同的说法，但根据科学的研究，却只有两点：（一）人能制造并利用工具，而禽兽不能。（二）人有文字，而禽兽没有文字。其实文字亦是一种工具，传达思想、情感、意志，精神上人与人内在交通，传久行远的工具。说粗浅一点，'人是能读书著书的动物'。故读书是划分人与禽兽的界限，也是划分文明人与野蛮人的界限。读现代的书即所以与同时的人作精神上的沟通交谈。读古人的书即所以承受古圣先贤的精神遗产。读书即可以享受或吸取学问思想家多年的心血的结晶。所以读书实人类特有的神圣权利。"他还说："打仗失败只是武力的失败。而读书失败，就是精神的失败。"这些言简意深的话值得反复咀嚼，认真领会。精神失败，就溃不成人。为此，一个人要成长，必须培养其精神，犹如花木需要土壤、空气、雨水、日光的培养，方能生长一样。有志青年对此要有清醒的认识。

外国人也是这样讲的。诗人、散文家约瑟夫·布罗茨基在1987年诺贝尔文学奖受奖演说中曾这样沉重地说："鄙视书，不读书。由于这一罪过，一个人将终身受到惩罚；如果这一罪过是由整个民族犯下的话——这一民族就要因此受到自己历史的惩罚。"这段话深刻说明阅读对个人、对民族无可比拟的重要性。在现代社会要做文明人，不认真阅读，不大量吸取信息，怎能生存、发展？尤其是青少年求学时期，不抓紧阅读，不用人类创造的精神文明哺育自己成长，又怎能成为国家的有用之才？

因而，要珍惜读书这个人类特有的神圣权利，热爱阅读，坚持阅读。这样才能开阔视野，创建有意义的人生。

二、
阅读红色文学经典是
心灵发育成长的必由之路

阅读必须选择，不能滥读。开卷未必有益，看你读什么。当今图书铺天盖地，良莠不齐，须慎加选择，放出眼光，作出正确的判断。有些书描写凶杀、色情，消磨人的意志，有的孩子一下子被吸引，缺乏人生阅历，读了几本就变坏了，可见坏书的影响力。坏书像蓬勃滋生的野草，伤害五谷，使它们枯死；又犹如毒药，伤害人的心神。红色文学经典是佳作，它描写各个历史阶段的人和事，反映的是高尚的思想、坚强的革命意志，滋养心灵，助你茁壮成长。

什么是经典？经典是能够产生特殊影响的书籍。它带着长长的文化遗迹走向我们，经了年年岁岁、岁岁年年的时间淘洗，依然巍然屹立在世界上。在这些著作中，有深邃的思想、精辟的见解、优美的文字，是文质兼美的宝贝。读了往往心弦拨动，心灵震撼，在心中打下天地人生的印记，一辈子难以忘却。每一次阅读经典的文学作品，就好像是故友重逢，同时，又有了新的发现，发现它新的思想、新的特点。其中蕴含着丰富的宝藏，取之不尽，用之不竭。

历史告诉未来，红色文学经典反映那个时代的真实，它告诉我们革命先烈、革命前辈为挽救人民于水深火热之中，这条艰苦奋斗的路是怎么走过来的。一个人忘记了自己的民族、自己国家的历史，那就是背叛，实质上已经不配做这个国家的人了。我是教语文的，前几年看到美国一部高中教材《美国语文》，读了很是吃惊。这部在全美推行的教科书，几乎就是美国的政治史、文化史，美国许多有名的总统的讲话都选入其中。美国文化是美洲的土著文化和殖民文化的结合体，这部书把两百年的文化进行总结，洋溢着无比的自豪。每篇文章后面

的练习题都反映着美国的单极思想，具体到如何来主宰这个世界。他们珍视历史，珍视文化，尽管历史短暂，也不遗余力地进行爱国主义教育。我们必须满腔热情地把我们的历史告诉当代的青少年，让他们从阅读红色文学经典中知道我们的革命前辈、革命烈士是怎样抛家别子，舍“小我”为“大我”，奉献青春和生命，他们的所作所为感天动地，可歌可泣。

我这次想推荐长征的故事。比如《老山界》，文中描写红军过老山界的情景。山上悬崖峭壁，路只有一尺来宽，半夜里就在路边宿营，人一滚就会掉到悬崖下面。夜里大家浑身打战，夜不能眠。红军战士为什么如此不怕艰苦？为了救人民于苦难之中，自己吃苦而要造福于人民。又比如红色文学经典中王愿坚写的《七根火柴》，我阅读时，为文中那位无名战士无私忘我的精神感动不已。无名战士坐在湿漉漉的草地里，衣服湿透了，胸口冰凉，他身上藏着七根火柴，却不舍得用一根火柴来取暖，来救自己，而是交给卢进勇，带给长征中行进的同志。把生的希望留给同志，把死亡留给自己，这是何等高尚的人格，何等高尚的情操。

红色文学经典教育人的威力是无穷的。中福会少年宫组织系列活动，推荐了世界上的红色文学经典。例如，奥斯特洛夫斯基的《钢铁是怎样炼成的》。法捷耶夫曾这样讲这部作品：像《钢铁是怎样炼成的》这样一部小说，世界上没有一本书具有如此深广影响，它是真正为人类说话的，告诉人们要自尊自重自强。温家宝总理 2004 年到俄罗斯访问，他在接见俄罗斯各界代表的时候说：奥斯特洛夫斯基和他创作的《钢铁是怎样炼成的》，教育了我们中国几代人，跨越时代，跨越历史，跨越空间。

凡是读过这部小说的人，都被小说主人公保尔对生活的热爱、与厄运抗争的勇气和坚忍不拔的意志所感动。他不是一个大理石竖起来的雕像，而是有血有肉充满人性的人。他原来是一个幼稚的穷小子，经历了贫穷、屈辱、病痛，几次差点死掉。他经过爱情的波折，做过错事，有过愧疚和悔恨。人类的苦难他几乎都经历了。他对自己批评之严远远超过对待任何人。他成长了，从一个稚气未脱的穷孩子成长为具有钢铁意志的坚强战士，对革命事业无限忠诚，为实现理想、信念，一辈子百折不挠地拼搏。在他看来，最大的悲痛不在于疾病或肉体上的痛苦，而在于活着不能有益于人民。他的人生道路非常艰辛复杂，他一辈子记住他的哥哥阿尔焦姆临别时对他的教育："保尔，你要好好做人，好好地做人。"他一辈子不忘母亲的恩情，直到他生命的最后时刻，还对妻子达雅说：我一生欠母亲太多太多。

保尔是一个充满人性的平民英雄，他在烈士墓前对人生价值与生命意义的思考，更是成了千千万万追求上进、要求对社会对人民做出贡献的人的座右铭。他是这样说的：

> 人，最宝贵的是生命。生命对每个人只有一次。这仅有的一次生命应当怎样度过呢？每当回忆往事的时候，能够不为虚度年华而悔恨，不因碌碌无为而羞耻；在临死的时候，他能够说："我的整个生命和全部精力，都已经献给了世界上最壮丽的事业——为人类解放而进行的斗争。"

《钢铁是怎样炼成的》是奥斯特洛夫斯基用自己的血和泪写成的，所反映的基本上是他本人的经历和他对人生意义与价值的哲理性思考。他塑造的主人公保尔敢于向一切困难挑战的英雄气度和大无畏精神，可影响任何时代、任何一个力图有所作为的人。它穿越历史，穿越地域，穿越空间，给人以丰富的精神哺育，这就是红色文学经典的魅力所在，威力所在。

这本辉煌名著半个多世纪以来，一直在我国盛传不衰，一代代人承传这生活的教科书、人生的路标和精神支柱。在 21 世纪初举办的"感动共和国的五十本书"投票评选活动中，该书仍名列第一，可见它的巨大影响力。

由此可见，阅读红色文学经典是青少年心灵发育成长的必由之路。只要你想成为一个真正的人，你就必须走这条路，以那么多身上充满正气的高尚的人为标杆，来引领自己前进。

三、在阅读中增添智慧，情感投入

1. 阅读要一见钟情，情感投入

作品是大爱大情的产物，是人的情感中最高尚最值得赞颂的。没有对中国人民的大爱，没有对中华民族的深情，是写不出中国的红色文学经典的。情是根，言是苗，作为阅读的人，就应情感投入，切不可冷眼看世界。

读书不是对书。冯至先生在写给茅盾的杂诗十二首里就讲过："愧我半生劳倦眼，为人为己两蹉跎。"这是他的自谦之辞，但告诉我们如果只是眼睛对着书，不过是使眼睛疲劳，没有实效。读书一定要投入，要学，要想，要对照。苏联作家邦达列夫说："一个人打开一本书，就是在仔细观察第二生活，就像在镜子深处，寻找着自己的主角，寻找着自己思想的答案，不由自主地把别人的命运、别人的勇敢精神与自己个人的性格特点相比较，感到遗憾、怀疑、懊恼，他会笑、会哭，会同情和参与。"一个不醉心于阅读优秀作品的人，就抛弃了第二现实和第二经验，因而，最终就缩短了自己生命的时日。邦达列夫的话说得很深刻。我们不能回到历史，但读书可以知道我们的路是怎么走过来的。你对照了之后，就知道自己身上的责任，就不会被乱七八糟的东西所左右，就有了自己的独立思考。

2. 阅读，要心灵震撼，提升思想

红色经典作品中很多写的是战争场面，这些场面震撼人心。一些细节描写也是感人至深。比如《红日》写的是三大战役。开始我们

在涟水战役中大败，后来吸取了教训，整顿培训，在莱芜战役中取胜了，在华东站住了脚。第三场战役是孟良崮战役。这个战役是啃硬骨头，对手是国民党王牌师 74 师，敌军与我军进行包围反包围，再包围再反包围，你去看一看这些战争的场面，许多短兵相接的肉搏场面的描写，真是震撼人心。在心灵震撼的同时会去思考一些问题：在枪林弹雨中，这些战士哪来如此坚强的意志？哪来如此非凡的勇气？什么叫“小我”？什么叫“大我”？什么叫高尚？什么叫卑琐？深入思考，对自己思想的提升是很有帮助的。

作品里描写了军长沈振新、副军长梁波、连长石东根等许多人物。石东根连长原本无组织无纪律，很骄傲轻敌，但在战争的熔炉中，他把这些缺点熔掉了，克服了。因此，人的成长是把特点、特长发展了，弘扬了，与此同时，又不断克服存在的不足和缺点。

3.
读书要反复咀嚼，镌刻在心

阅读红色文学经典要反复咀嚼，有些名言警句要镌刻在心。作品里思维的亮点，思想的结晶，就好像散落在沙丘里的金子，它们在长篇大论的文字叙述中，往往以一句话或一段话的形式凸显其身。这种名言警句往往是作者理想、信念、情感、智慧的闪光。我们要结合当今的现实咀嚼、领会，内化为自己的思想情感，内化为自己的行动准则，这将一辈子受益不尽。比如，方志敏在《可爱的中国》里写道：“清贫、洁白朴素的生活，正是我们革命者能够战胜一切困难的法宝。”又如江姐说：“为了下一代的幸福，我愿把牢底坐穿。”再如，《创业史》中的梁生宝说：“人生的道路虽然漫长，但紧要处常常只有几步，特别是当人年轻的时候。”确实如此，年轻的时候每一步都要走好。每个同学都憧憬美好人生、美好生活，我想个人的美好生活只有融于国家民族的强盛之中，融于集体的和谐之中，才是有意义的。

我一开头就引述先烈李大钊的话，青年是人生之王，人生之春，人生之华。所以，同学们要珍惜青春，用红色文学经典不断地提升自己的精神境界，力求做到心胸开阔、品德高尚、学习勤奋，德智体美全面发展，让生命之花开得绚丽多彩。向大家推荐这些红色文学经典，就是要热爱我们伟大的中华人民共和国。我们讲精神，讲灵魂，讲传承，就是希望同学们健康成长，成为国家的栋梁之材。

与中学生
谈阅读

深沉的诗
——课外给学生讲诗

语文教科书里选了一些我国古代优美的诗词，学生十分喜爱。诗中有的是绝句、律诗，讲究格律，教学中并未要求学生掌握其格律，但为加深理解起见，也作了一些常识性的介绍，引起了学生的兴趣。学生由中国格律诗进而问起外国格律诗，有的举出了莎士比亚的十四行诗，说读不懂，要求教师以之为例，讲一讲西方的格律诗，做一次课外活动。

我仔细考虑了学生的请求，认为与其以外国诗人的十四行诗为例讲解，还不如以中国诗人写的十四行诗串通中外来讲，这样可以收到更好的效果。于是我从“中国最为杰出的抒情诗人冯至”（鲁迅语，见《中国新文学大系》小说二集序）的《十四行集》中选了三首诗。它们是：第十一首，写的是我国现代大文豪鲁迅；第十二首，写的是我国“诗圣”杜甫；第十三首，写的是德国大作家歌德。

《十四行集》第十一首：

在许多年前的一个黄昏
你为几个青年感到一觉；
你不知经验过多少幻灭，
但是那一觉却永不消沉。

本文收入《站在大写的人字上》（上海教育出版社2001年版）。

我永远怀着感谢的深情
望着你，为了我们的时代：
它被些愚蠢的人们毁坏
可是它的维护人却一生

被摒弃在这个世界以外——
你有几回望出一线光明，
转过头来又有乌云遮盖。

你走完了你艰苦的行程，
艰苦中只有路旁的小草
曾经引出你希望的微笑。

这一首写的是鲁迅，音数是十音。

十四行诗，又译为“商籁”。前名因诗共十四行得名，后名乃音译而略兼意。十四行诗是西洋格律最严格的诗，发源于意大利，西方各国诗人纷纷模仿。中国的新诗诗人也写十四行诗，最早有戴望舒的《十四行》。最为有名的是冯至的《十四行集》，集里都是哲理深沉、格律严整的诗。冯至在其自传中写道：“1941 年，我又重新写诗，在一年内写了二十七首十四行诗。我把这些诗按内容编排成一部集子，叫作《十四行集》……《十四行集》出版后，李广田写了一篇长文《沉思的诗》评论这部诗集，朱自清在他的《新诗杂话》里也写了一篇短评。”可是这些为人们喜爱的诗，并未选入后来的《冯至诗文选集》，对此冯至写道：“我在前边提到过的《冯至诗文选集》里没有选录《十四行集》，并在序言里对十四行诗给以否定的评价，现在想起来，这是不恰当的。”（《中国现代作家传略》第三册）

十四行诗通常分为四段（4・4・3・3），亦有三段（4・4・6）、两段（8・6），或竟一段；莎士比亚体则为 4・4・4・2。至于押韵等，有种种规定，这里不介绍。此外还有音素，即每句几个音。冯至用的是意大利体分段（4・4・3・3）。这首诗的音数为十音。

冯至在 1923 年暑假，参加创立在上海的文艺团体浅草社，在《浅草季刊》上发表诗和散文。不久，浅草社的成员星散。冯至与杨晦等人于 1925 年在北京另成立沉钟社。1925 年下半年编印了 10 期《沉钟周刊》，1926 年下半年出版了 12 期《沉钟半月刊》。这些在当时文艺界里默默无闻的刊物，却得到了鲁迅的热情鼓励。鲁迅在 1926 年 4 月 10 日所写的《一觉》（收入《野草》）中写道：“我忽然记起一件事：两三年前，我在北京大学的教员预备室里，看见进来了一个并不熟识的青年，默默地给我一包书，便出去了，打开看时，是一本《浅草》。就在这默默中，使我懂得了许多话。阿，这赠品是多么丰饶呵！可惜那《浅草》不再出版了，似乎只成了《沉钟》的前身。那《沉钟》就在这风沙澒洞中，深深地在人海的底里寂寞地鸣动。”这首十四行诗里“你为几个青年感到一觉”，这“一觉”指的就是这段往事。

鲁迅是我国伟大的文学家、思想家、革命家，中国现代文学的奠基人。毛主席称赞他说：“鲁迅是在文化战线上，代表全民族的大多数，向着敌人冲锋陷阵的最正确、最勇敢、最坚定、最忠实、最热忱的空前的民族英雄。”鲁迅非常关心爱护青年，受到青年无比的崇敬。冯至曾于 1926 年在鲁迅寓所工作室“老虎尾巴”里拜谒过鲁迅。他在《笑谈虎尾记犹新》一文中追忆当时情景写道：“他的谈话亲切而随便，后来我们再次访问时，青年人在敬重的前辈面前常有的拘束之感很快便消逝了。我们提问题，他给以中肯的、明确的回答。”对于鲁迅的关怀、启示和教益，诗的作者是“永远怀着感谢的深情”的。

《十四行集》第十二首：

你在荒村里忍受饥肠，
你常常想到死填沟壑，
你却不断地唱着哀歌
为了人间壮美的沦亡：

战场上健儿的死伤，
天边有明星的陨落，
万匹马随着浮云消没……
你一生是他们的祭享。

你的贫穷在闪烁发光
像一件圣者的烂衣裳，
就是一丝一缕在人间

也有无穷的神的力量。
一切冠盖在它的光前
只照出来可怜的形象。

这首诗写的是杜甫，基本上是九音。

1943 年暑假到 1946 年，冯至在昆明的西南联大教德文。教课之余，他潜心于读杜甫和陆游的诗，读歌德的著作，读刚出版不久的《鲁迅全集》。那时他已开始系统地研究杜甫，为写《杜甫传》做准备。回北京后，他开始从事《杜甫传》的写作，1949 年后陆续在《新观察》上发表，1952 年由人民文学出版社印成专册出版。此后他也曾写过关于杜甫的论文和短篇小说，他说："值得一提的是 1962 年为了纪念杜甫诞生 1250 周年写的一篇报告、一篇论文和一篇以杜甫为题材的短篇小说《白发生黑丝》，这都是用了一点功夫写出来的。"由此可见，诗人冯至又是个卓越的杜甫研究者。

杜甫早年值唐朝的"开元全盛日"，但好景不长，丧乱接踵而至，经安史之乱，社会疮痍满目，人民流离失所。大乱发生有其很深的社会原因，早在天宝十一年，杜甫在《同诸公登慈恩寺塔》一诗中就发出对社会潜伏危机的忧虑，他呼喊："回首叫虞舜，苍梧云正愁。"两年后，即安史之乱发生前，他在《醉时歌》中发出"但觉高歌有鬼神，焉知饿死填沟壑"的浩叹。乱起，他一直在兵荒马乱中颠沛流离，诗人以饱蘸时代血泪的笔，创作出惊心动魄的诗。"例如公元759年，是杜甫一生里最困苦的一年。前半年他仆仆于‘园庐但蒿藜’的洛阳道上，后半年他跋涉在艰险崎岖的陇蜀途中。有名的‘三吏’‘三别’‘秦州杂诗’，以及由陇入蜀的纪行诗都是这一年完成的。”（冯至《人间要好诗》）战场上是“严警当寒夜，前军落大星”（《故武卫将军挽词三首》第一首），是万匹战马“浮云连阵没，秋草遍山长”（《秦州杂诗二十首》第五首）——“人间壮美的沦亡”，无不入于杜甫的诗篇。

杜甫在其贫穷的一生中创作了大量的好诗，内容广博渊深，艺术水平非凡高超。他忧国忧民的深情发为诗歌，字里行间迸发出时代的血泪，震撼着人们的心灵，他笔下真是“若有神使之”（王嗣奭语）。他那传诵千古的诗，一丝一缕都发出光辉，哺育着千千万万的后代诗人，永远受到广大人民的热爱。

《十四行集》第十三首：

你生长在平凡的市民的家庭，
你为过许多平凡的事物感叹，
你却写出许多不平凡的诗篇；
你八十年的岁月是那样平静，

好像宇宙在那儿寂寞地运行，
但是不曾有一分一秒的停息，
随时随处都演化出新的生机，
不管风风雨雨，或是日朗天晴。

从沉重的病中换来新的健康，
从绝望的爱里换来新的营养，
你知道飞蛾为什么投向火焰，

蛇为什么蜕去旧皮才能生长；

万物都在享用你的那句名言，
它道破一切生的意义："死和变。"

这首诗写的是歌德。歌德于 1749 年出生于法兰克福一个富裕的市民家庭，活到 83 岁，一生创作了大量诗歌。他一生经历过多次恋爱，写下了不少脉脉情深、优美凄婉的爱情诗。拿破仑曾见过歌德，称他为真正的人。大家都知道，歌德的代表作是诗剧《浮士德》。此诗剧中描写了主人公浮士德一生上下求索追求真理的痛苦经历。浮士德热爱生活、追求真理、永不满足、自强不息的精神，正反映了歌德自己的一生。诗中说歌德 80 多岁的一生"好像宇宙在那儿寂寞地运行"，这并不是说其一生平静得像一潭死水，恰恰相反，歌德心灵深处不断地经历脱胎换骨、精神升华的过程。歌德不仅探索了西方文化的宝库，还热心于挖掘东方文化的宝藏。他研究过中国诗文，也研究了波斯诗人哈菲兹的诗。哈菲兹喜欢以飞蛾扑火引喻向往光明，比如他在其抒情诗中写道：

夜烛啊，发出你灿灿的光亮，
把螟蛾吸引到灯下来！
黎明将至，蜡烛的光华
也将消失——不会青山常在！

歌德则从这飞蛾扑火的引喻中悟到生之"死和变"的道理。他在《天福的向往》（钱春绮译《歌德抒情诗选》，这里引几段）中写道：

别告诉他人，除了贤人，
因为大众会急忙讽刺：
我要赞美那样的生灵，
它向往投入火中焚死。

……
任怎样遥远，你不担心，
你飞过来，进入迷魂阵，
到最后，由于贪恋光明，
飞蛾啊，你就以此焚身。

如果你一天不能理解，
这就是：死而转生！
你只是个郁郁的寄居者，
在这黑暗的凡尘。

“死和变”（即钱春绮译“死而转生”）道破了一切生的意义：这永不休止无穷无尽的变化，使得万物生生不息，宇宙常新。

我们还要以一段美丽的逸事，为歌德 80 多年平静的岁月作结。1780 年 9 月某晚，歌德在伊尔美瑙的吉息尔汉山山顶，面对一片寂静的群山，鸟儿归林，万籁俱寂，诗思油然，即兴在木屋壁上题了一首诗：

群峰一片
沉寂，
树梢微风
敛迹。
林中栖鸟
缄默，
稍待你也
安息。

1813 年 8 月，歌德故地重游，他以铅笔加深了诗的笔迹。1831 年 8 月 28 日歌德生日，他在山顶复睹往年题诗，喃喃低语重温“稍待你也安息”之句，心潮澎湃，独怆然而涕下。1832 年 3 月 22 日，这位名震一世的大诗人托体山阿，与天地为一，永远安息了。这首题为《浪游者的夜歌》的小诗，是歌德抒情诗中的绝唱，简直是天籁！

从上面所讲的三首十四行诗来看，可知没有一定文化素养、不多少知道一点诗中的典故，是不容易读懂的。这三首诗分别写了古今中外的三个大文豪，讲这题材的格律诗，中与外可贯通，在略示格律之余，更能引起学生向诗的海洋深处探索的兴趣。这三首诗在冯至的《十四行集》里并非最上乘，但即此已足见这本集子里的诗何等深沉！

青春，宝贵的青春

年轻，就是财富，就是巨大的财富，这种财富难以用数字表述。

年轻，生命力十分旺盛，思维活跃，记忆力强，对外界纷繁复杂的信息，不仅能迅速作出反应，而且会像海绵吸水一样，易于接受，储入脑海，乃至终生不忘。

每个青年学生都拥有“年轻”，但是，能不能使它成为财富，成为巨大的财富，取决于自己的努力、自己的主观能动作用发挥得如何。人生的价值在于对社会做贡献，而做贡献是需要有真才实学的。真才实学不会自天而降，靠的是勤奋学习，不断积累，不断锻炼。科技的迅猛发展，改革开放的日趋深化，给我们提供了书本基础知识以外的大量生动活泼的教材，青年学生既要学好各门功课，打下扎实的文化基础，又要放眼看社会，拓宽视野，吸取新鲜养料。

人们称颂孙悟空，首先因为它有火眼金睛。任何妖魔鬼怪，它一识就破，并尽力歼之，使好人得以平平安安地生活。青年学生在向社会学习时，也要锻炼这种本领。青年人由于涉世不深，对善与恶、美与丑、高尚与庸俗、健康与消沉常常难以一目了然。有时它们面貌翻新，有时纠缠夹杂，不易辨别。因此须精心审视，冷静思考，严加识别，千万不能错把腐朽当神奇。青年人面对各种各样的外来信息，吸取质优的、有用的，滋养自己，丰富精神世界，一辈子会受用不尽；如果良莠不分，把稗草当禾苗，甚至把罂粟当食品，那就危害健康，乃至危害生命，铸成终身遗憾。

祝愿当代学生拥有宝贵的青春，积累精神财富，创造精神财富，无愧于哺育我们成长的伟大的时代。

"我是能学好语文的"

人是有潜力的，青年学生更是如此。对潜在的能力，人们往往不自知，一旦有机会得到开发，就会在某些方面或某个方面出现奇迹，令人刮目相看。

远的且不说，就以最近报载的一则消息为例。最新圆周率已计算到近43亿位小数。如果把这一数字打印出来，每厘米打印6个数字，数字长度接近7 200公里，比从德国柏林到美国芝加哥的距离还要长；如果登报，每一行都填满，要登到2004年12月20日。这是由加拿大乔纳森·博尔温和彼得·博尔温两兄弟用一台超级电子计算机计算56小时而获得的成果。对这个例子稍加思考就可发现，尽管计算是运用现代技术进行，而人的潜在能力的发挥是取得如此学术硕果的关键。

中学生常会有这样的发现：本来体育成绩平平的某同学在一次学校运动会上突然大展身手，不仅跑完了1 500米，而且成绩出人意料的优异；本来似乎没有什么文艺才能的某同学在一次晚会上歌喉一展，浑厚悦耳，四座皆惊。这些都说明人蕴含着潜在的能力，只要有机会触发，就能初露锋芒。

学语文，应该说每个学生都有潜在的能力，不过很少有人重视，也很少自己意识到，更不用说注意开发了。我们常碰到这样的情况，有些语文成绩不理想的学生会发出如此的慨叹："语文太难学，我不是学语文的料，算了。"显然，这种自我评价就没有看到自己身上存在学语文的潜力，因而表现出来的是信心不足，甚而至于自暴自弃。其实，这样的学生认识进入了误区，只要从误区中走出来，学习语文必能取得良好效果。

"我不是学语文的料"，这就是认识上的误区。中国人学中国语文，谁都是学语文的料。中学生学语文尤其能奏效。

一是所处的语言环境很好。我们学语文学的是母语，整天接触的是母语环境，耳濡目染，容易入耳入心。语言是人与人之间最重要的交际工具。从牙牙学语开始，从父母那里、从幼儿园老师那里、从小朋友那里听到的都是母语，再复杂的量词听惯了，习以为常，也不会弄错，不会发生“一辆人、一条车、一只裤子”的笑话。在学校，除了外语教学外，课程大量是用母语进行教学，众多的词语、句式不知不觉就进入了脑海，因而，自己的语言也就丰富了，有色彩了，不大会说佶屈聱牙别人听不懂的话。翻开报纸，是母语；打开电视、打开收音机，是母语；广告、招牌，各种各样的产品说明，是母语。中学生处于母语的海洋中，环境培育语文能力，只要充分运用自己的视觉与听觉，眼看，耳听，接受极其丰富的语文信息，就能为学好语文打下扎实的基础。

二是有知识储存和生活储存，因而，也就有一定的语文储存。中学生不具备高深的学问，但是毕竟经历了七八年乃至十多年的求学生涯，学习了一二十门课程。无论是自然科学课程，还是社会科学课程，都阐述了一定数量的基础知识、基本理论。即使没有做到举一反三，也还是有相当数量的知识储存。中学生虽无丰富的生活经验，但衣、食、住、行，学习、交友，还是懂得一些。尤其现代社会对中学生生活方面的吸引，使中学生对生活的认识和储存远远超过前辈。语文是表达知、情、意的工具，知、情、意方面有储存，也就相应有语文的储存。生活有积累，知识有储存，就形成学好语文的潜在力量。

三是有聪明才智。从某种意义上说，人都是聪明的，看用在什么地方，用到哪里，哪里就出成果。画画、弹琴、跳舞、科技制作，只要花心思，无所不成。一名爱好足球的中学生，评判球赛可以头头是道，对某某足球运动员的褒贬可以滔滔不绝，甚至妙语连珠。如有人持不同意见，争辩起来更是有理有据，长篇大论。这种口语表达的能力来源于何处？来源于用心思看，用心思听，用心思想，一句话，把心扑在上面。人人都有知识储存、生活积累，但并不是人人都能学好语文，关键在于心放不放在上面。放在语文学习上，储存、积累就释放能量，否则，就难以发挥作用。如果用在不该用的地方，如追逐歌星或沉湎于游戏等，那就更糟糕了。聪明才智是人发展的极大潜力，正确地运用这个生理机制，专心学语文，就能得到保护，得到开发，就能越学越聪明。举例来说，有位学生写作水平差，错别字连篇，词不达意，内容干瘪。教师启发他把心思用到写作上，带领他观察、阅读。他逐渐开了窍。有次为了写一篇观灯展的作文，他趁假日一而再、再而三地去观看，写的文章跃上新台阶，令老师惊讶。其中有一段是这样写的："第二厅的门口挂着'辉煌'和'火树银花'字样的牌子。我还未走近，已听到瀑布飞下的声音，好奇心使我加快了脚步走进屋里。啊！真美。瀑布旁梅花鹿正歪着头吮吸着清凉的泉水，灰兔正津津有味地吃着嫩绿的青草，大概是我惊动了它，它还不时用怯生生的眼光看着我。这时，只见红光一闪，我惊奇地低下头看，啊，原来是一条红色的鲤鱼从水光潋滟的湖中一跃而起，这真是名副其实的'鲤鱼打挺'。在小湖旁边有一片翠竹，两只可爱的大熊猫正在嬉闹。这一切简直和真的一模一样。"这完全是观察所得，并运用了自己的知识储存。如果心不用在上面，不倾注聪明才智，走马观花，一晃而过，就写不出这段文字。

潜力在召唤我们，每名中学生应信心百倍地说："我是能学好语文的。"

求知乐无穷

往昔年少乐事多，同伴的踢毽、跳绳争优胜，野外的尽情奔跑呼叫，学习缝衣做鞋的紧张与笨拙，无不充满生机，充满乐趣。然而，最使我难忘，并终身受益的，莫过于求知了。

在我的眼前，一切事物都是新奇的。大自然的风、雨、雷、电，我想问个究竟，弄清楚它们是怎么来的；花、草、树、木，我要查一查它们的姓名和“兄弟姐妹”；鸟、鱼、兽、虫，同样要观察、查询，了解形状，了解习性。社会上的事接触不多，但少年世界中的友情、争执乃至恶作剧，也是够咀嚼回味的。至于反映社会生活的童话、小说、散文，对我更是有无穷的吸引力，我可以废寝忘食地阅读。记得第一次看到巴金写的《家》，我急不可待地读了一夜，为小说中的各色人物时而忧、时而愤、时而喜、时而悲，那份投入，那份欢乐，难以用语言表达。

知识能给人以精神的养料，它能驱除愚昧，启迪智慧，助人立志，陶冶性情。青少年时代是求知的黄金时代，从小学的东西如手脚长在自己的身体上一样，运用自如，经久不忘。

求知，就要在“求”上下功夫。“求”，就要动脑筋，发挥自己的主动性、积极性。如果处于被动地位，任务观点，忙于应付，不仅学习效果不理想，而且兴趣索然，味同嚼蜡。几十年前的我，学习是带着极为浓厚的兴趣的。比如学习鲁迅的《故乡》，语文老师用带着感情的生动的语言描述少年闰土出现在月下瓜田的情景时，我神往了。我一边读课文，一边在脑子里画图画：天空的色彩是深蓝的，上面挂着一轮金黄的圆月，地上是一望无际的碧绿的瓜地，画着画着，画中闯出了一位十一二岁的少年，英姿勃勃，虎虎有生气，手上握着一把闪亮的钢叉，向偷瓜的敌人——猹——奋力刺去……这是一幅活动的画，有漂亮的色彩，景中有人，人在景中。作者写画，老师说画，我在脑中画画，把无声的文字变成有色彩的形象，印象深刻，一下子就理解了课文。从此，我懂得了阅读不能只局限于理解词句，要展开想象，补充自己的生活经验，使平面的文字立体化。当我领悟到这一点时，不仅课文学得比过去深入，心里更是乐开了花。

展开想象不仅要动脑子，而且要调动自己的感觉器官，眼看，耳听，鼻嗅，做到如见其人，如闻其声，如嗅其味。《社戏》一文中月下行舟的情景，只要展开想象，不仅可看到双喜、阿发拔篙、点开船、摇橹，看到朦胧的月色，往船尾跑的铁的兽脊似的连山，听到嚷声、说笑声、潺潺的船头激水声，宛转、悠扬的横笛声，而且闻到豆麦和水草的清香。调动自己的感觉器官与思维器官阅读，人就身临其境，如入画中，对作者绘景写人的高超的技巧就能心领神会，乐在其中。

动脑筋最为重要的是善于发现问题，发现问题后还要寻求解决问题的途径。要能解决问题就要学会分析，无论是语文还是数学，都不可人云亦云。人云亦云，不开动脑筋，往往不是真懂，文字上稍有变化，数学题稍有变化，就会产生瞠目结舌之困。比如朱熹的《训学斋规》中写道："余尝谓读书有三到，谓心到、眼到、口到。心不在此，则眼不看子细；心眼既不专一，却只漫浪诵读，决不能记，记亦不能久也。三到之中，心到最急，心既到矣，眼口岂不到乎?"读了这一段，我立刻产生疑问：为什么"三到之中，心到最急"？读书当然首先是眼到，眼睛不看，心怎么到？"急"在这儿是什么意思？因为有疑问，阅读时就特别用脑筋。反复阅读、思考，弄明白这几句话的要点：强调读书最要紧的是心到，要专心致志。心不到，就会视而不见，读而难记。作者把心到、眼到、口到三者之间的关系说得十分明白。自己有疑问，读一读，想一想，查查工具书，就会有本在胡同里摸索，后突然步入大街豁然开朗的快感。

同学之间解代数题、解几何题常为角度与方法不同而争论，也是十分快乐的事。平面几何加辅助线常给人以别有洞天的感觉。有的题目看起来是"铜墙铁壁"，不知从哪里攀登才会破门而入，有时冥思苦想，不得其解，突然契机来到，连线，求证，逻辑推理，得来全不费工夫。于是，便按捺不住心情的激动，向别人津津有味地述说解题的快乐。

做一名有科学文化素养的人必须重视积累。读书，脑子不能像漏斗，前学后忘；不能浮光掠影，飘飘然不留痕迹。有些数学定理、公式要牢记在心，解题时能像水往下流一样，毫不费力；有些美诗佳文要熟读成诵，牢记不忘。诗文中包蕴的文化，包括做人的道理，为学的执着追求，辞章的天衣无缝，语言的精彩练达，都会伴随着记忆流入心田。熟读，背诵，切不可小和尚念经，有口无心。否则，事倍而功半，时间花得很多，收效甚微。那时，我们背诵，一是弄懂，在理解的基础上记忆。整段说什么，先说什么，再说什么，最后说什么，脑子里有个纲目表，梳理得一清二楚。由段再扩充到篇，写得精彩的段落特别多读几遍，加深印象。理解得好，背诵起来很容易。二是寓背诵于游戏之中。两三个好朋友拿起一篇课文，接龙式地背，一人背几句，连续不断，谁接得疙疙瘩瘩，谁背得不熟或背不出来，就罚。接龙式地背，很紧张，你必须听别人背，又必须立即跟上去，思想如果开小差，就会出差错，就会受罚。至今我还记得当初接龙背诵时令人捧腹大笑的情景。尽管由一本正经而嘻嘻哈哈，乃至打打闹闹，但毕竟背诵了不少名句名段名篇，今日好些名句能脱口而出，很得益于当初记忆的功劳。人脑仓库里的“货物”越丰富越充实，这个人越有文化素养，越能向愚蠢告别。否则，脑中除了沙漠一无所有，那就糟了。我们要做脑仓廪富实的人，从小重视积累，并做到坚持不懈。

如今，科学技术迅猛发展，新信息层出不穷，我们有志的青少年更应如饥似渴地学习。学习是辛苦的，但苦中有乐，当你开动脑筋解开一道难题、理解一个定理、记住一段名言、写出一篇佳作时，那种快乐，那种豪情，只有亲身实践，才会深深体会其中的滋味。少年朋友，如若不信，你们可以试试，我期待你们更上一层楼的佳音。

与书为伴乐趣多

读书是一种乐趣。与书为伴，书给你提供多种多样的营养，给你增添无穷的智慧，你会爱不释手，迷恋上它，深味其中的甘甜。不读，少读，当然就进入不了这样的境界，人生的光彩也就难以迸发。

回忆起求学时代的读书情况，至今都难以抑制心情的激动。《千家诗》，一本让人看不上眼的有光纸石印本，在当时课外书籍匮乏的状况下，就是这本书编织了我童年美丽生活的花环。

祖国大地山河壮丽非凡，一年之中，风光流转，阴晴雨雪，丽日蓝天，变幻的风景美不胜收。《千家诗》中很大部分的诗就是歌咏祖国风物，而且按春夏秋冬顺序编排，翻开书往下读，四季风光就会依次展现在眼前。“万紫千红总是春”“春城无处不飞花”“绿树阴浓夏日长”“五月榴花照眼明”“青女素娥俱耐冷，月中霜里斗婵娟”“梅雪争春未肯降，骚人阁笔费评章”……冬天去了，春天又回来了。吟诵这些诗句，春花秋月，一年四季都沉醉在诗的意境里。更有趣的是到生活中去寻找。三五个小伙伴到近郊踏青，寻找春天，边走边跳，边跳边走，还要见景咏诗，看谁脑子里绘春的诗句多。于是，“春到人间草木知”“草色遥看近却无”“两个黄鹂鸣翠柳”“千里莺啼绿映红”“吹面不寒杨柳风”“春色满园关不住，一枝红杏出墙来”等涌到嘴边。讲得确切流畅的好生得意，似乎自己已满腹诗才；讲不出来的受罚，罚他把别人讲的诗句背出来，还要讲解一下是什么意思。如果讲解不当，大家就比画、描绘，帮他体会。在打闹中学习，在嬉笑中感受，乐在其中。寻春，觅夏，悲秋，悯冬。为了寻觅佳句，我读诗读文，初步探索大自然的奥秘，了解文字所表现的千姿百态的神奇。从此，我爱上了“美”，美的风光，美的语言，美的诗篇，生活在美的熏陶之中。

初中时代最流行读的是冰心、巴金、曹禺的作品。那种阅读的热情难以用语言形容。“书非借不能读也”，此话有道理。自己拥有的书极少，借来的书由于时间所限，常常废寝忘食地读，至今我还记得有一次通宵达旦读课外书的情景。读书的乐趣在于深入其中，为作品中这个人那个人的命运担忧，忽而喜忽而悲，忽而爱忽而憎，众生相一个个展现在眼前，自己似乎一下子长大了许多。原来书有如此神奇的魔力，把社会上许许多多的人和事都照摄进去了。坐在斗室，可以遨游许多城市乡村，世态人情了解了不少。假如靠自己双腿双脚去寻觅，去接触，去感悟，不知需多少时日。阅读，看起来十分平凡，实际上是人的心灵和自然接触、和社会接触。好的作品是文化的积淀、智慧的显露和语言的精粹。经常阅读，可以启迪思想、陶冶情操，品尝到成长的欢乐。最快乐的事莫过于谈论作品中的人、事、景、物，比画，模拟，评是说非，精彩的语言记录在心爱的本子上，经常翻看，品味，久而久之，就成为自己的语言。记得读冰心的《笑》，三幅精美的图画是那样叩击我们的心灵。时间跨度十年，眼前的墙上的画，引发了心幕的拉开，五年前的，十年前的。作者当时是“默默地想”，我这个读者阅读时也是闭起眼睛“默默地想”。古道，流水，湿烟，绿树，新月，驴儿踏泥而过，赤脚的孩子在道旁向着我微笑；茅檐，雨滴，麦垄，葡萄架，海上涌起的明月，倚着门儿的老妇人向着我微笑。美极了，我仿佛置身于如画的美景之中，情不自禁地像作者一样“回头”看，享受着人间美好的永恒的微笑。阅读，思想插上翅膀去遨游，去认识，去感受。天上，人间，其乐无穷。读书展开联想，也是一种乐趣。虽然有时想得不一定恰当，甚至乱联系，但思想活跃，对作品的某些方面谈自己的特有的看法，也是一种成长。例如，讨论曹禺《日出》《雷雨》《原野》等作品时，有的同学说《雷雨》中的“四凤”和巴金《家》中的“鸣凤”都是受侮辱受损害的人，不过“四凤”更可怜，父亲鲁贵无人性，蘩漪嫉妒，周家大少爷、二少爷纠缠。有的同学不同意，于是争论一番。有的同学说不喜欢《日出》中的“陈白露”这个形象，但她命运多舛，值得同情；《原野》中的“花金子”虽有野性，但比较可爱，命运很坎坷，一样值得同情。有的同学不同意，于是又是一番热闹的争论。冷不丁有同学摆出“百事通”的架势说：“在那种社会里，女的反正总是倒霉，什么厄运都会降临到头上，只有抗争，才有活路。”于是大家若有所悟。

阅读讲究速度，也是一种快乐。有些美词佳句，细细推敲品味，是乐趣；有些书有些文章快速浏览，粗知大意，也是一种乐趣。比如翻阅《东周列国志》、《秦汉演义》、侦探小说《霍桑探案》等，抓住情节，了解大意，精彩的段落读一读，其他就扫视一下，有些可以跳过去。这种浏览性的阅读，快乐在于时效高。人不可能活二百岁，但要求知识面越宽越好，如果每本书都细嚼慢咽，那还了得？一辈子能读几本书？正因为如此，我们就养成了随便翻翻的习惯。同学之间经常比赛谁读得多，报书名，简单介绍内容，进行交流。介绍到好书好文章，大家争着借阅，吵吵嚷嚷，友爱团结。

记得莎士比亚曾经说过：生活里没有书籍，就好像没有阳光；智慧里没有书籍，就好像鸟儿没有翅膀。尽管初中求学时期自己幼稚无知，读的书比较浅显，还没有沾学问的边，但它们开启了我思维的门扉，增长我许多见识，给予我无穷的欢乐。每想到这些，就觉得和煦的阳光照在身上，暖洋洋的；就觉得身上插着双翼，跟随作者在人间遨游观光。

与书为伴，真的是其乐无穷！

书，精神成长之源

谈到“世界读书日”，就得从一个富有传奇色彩的故事说起。很久很久以前，有一位非常美丽的公主被恶龙困在深山。怎么解救她？此时，一个叫乔治的勇士挺身而出，只身赴险，奋力拼搏，击败了恶龙。公主赠予乔治一本书作为回报，谢勇士救命之恩。从此，“书”便成为胆识和力量的象征。

这则流传于欧洲中世纪的传说，后来成为西班牙加泰罗尼亚地区“圣乔治节”的文化渊源之一。1995 年，在西班牙倡议之下，每年 4 月 23 日被联合国教科文组织宣布为“世界读书日”。

这个传说给人的第一启发可能就是：书，是珍贵的，它是胆识和力量的象征。人的一生要解决许多问题，克服许多困难，迎接许多挑战，进行许多尝试，智慧从何而来？经典读物、优秀读物能源源不断地提供动力，而且，取之不尽，用之不竭。

青少年学生，花样的年华，筑梦理想，憧憬未来，与身体长高长壮实一样，精神世界急需优质的充足的养料，方能丰盈润泽，向真善美的人生境界攀登。优质养料从何而来？书，是不可或缺的、无可替代的关键养料。学生时代，有强烈的好奇心与求知欲，思维活跃，想象丰富，接受新信息、新知识、新事物的能力特别强，也最喜比较，辨别，质疑，探究，此时立志以书为伴，从中能获得心灵的美好滋养。读经典，读佳作，书中深邃的思想、精辟的见解、激越的感情、博大的胸怀、美妙绝伦的语言，会叩击你的心灵，打开你的视野，助你放飞梦想，给你留下不尽的思考。几本书认认真真读下来，稍作回

本文发表于《语文世界》2018 年第 4 期。

首，会惊异地发现自己的思想长高了，眼光放远了，脑子里东西丰富多了，生命的厚度增加，幸福感涌上心头。

遗憾的是，我们还有相当数量的青少年学生尚无此真切体验。一是为繁重的作业和补课所困，挤不出时间读；二是认为课外阅读不考查，多读，少读，不读，并不影响学科的成绩，高兴就读两本；三是与手机为伴，游戏好玩，何必还要读书？读书多累，哪有时间！凡此种种，一言以蔽之，就是缺乏对阅读意义和价值的深刻认识。

众所周知，水是生命之源，离开了水的滋养，任何有机生命均会枯萎。书，对于成长中的青少年而言，是生命发展的重要源头之一，它关系到生命的成色、生命的质量、生命的潜能发挥、生命的价值取向。早在20世纪中叶，北京大学教授、哲学家贺麟先生就极其深刻地阐述了读书的价值和意义。他认为，“一个人需要培养其精神，犹如花木需要土壤、空气、雨水、日光的培养，方能生长一样”。他对大学新生说，根据科学的研究，人与禽兽的区别只有两点：（一）人能制造并利用工具，而禽兽不能；（二）人有文字，而禽兽没有文字。他说：“人是能读书著书的动物。故读书是划分人与禽兽的界限，也是划分文明人与野蛮人的界限。读现代的书即所以与同时的人作精神上的沟通交谈。读古人的书即所以承受古圣先贤的精神遗产。读书即可以享受或吸取学问思想家多年的心血的结晶。所以读书实人类特有的神圣权利。”

平时我们谈读书，往往只想到“开卷有益”，只想到“增长知识”，或者只被动地想到家长、老师要自己读，大概从未想到过这是“权利”，而且是人“特有的神圣权利”，思考问题没有这样的高度。而今明白这一点，就要千百倍地珍惜。我们有幸生长生活在伟大的时代，建设强国的宏伟任务不仅当代人要勇于担当，更寄厚望于青年学子，要练就赤子心，练就建设真本领，为国家为人民做出大贡献。要做有中国心的现代文明人，就要认真使用人特有的读书权利，精读，博览，充实自己，丰富自己，一步一步攀登精神世界的高地、高原、高峰。

有了这份认识、志向、勇气，你会发现同样一本书，它的面目可爱起来，它会灵动地向你招手，呼唤你与它交流，呼唤你步入它营造的又一番天地，与它一起同悲同喜，同爱同憎。有了这种感觉，阅读兴趣就往上涌。吸引你的不只是美丽、新颖的装帧，而是其中装载的历史风云、社会更替、世事人情、人生感悟，读着读着，你会有醍醐灌顶、豁然开朗的觉醒。此时此刻，你会追问：书是什么？书是文字产品，古代有竹简、木简、绢等形式，而今有纸质、电子产品等。这是形式，实质呢？书真的是人，是人的历史和灵魂。读书，就是读许许多多的人生，要透过一页页书上的文字的栅栏，看到作者的身影，触摸到他的所思所想、情感意志，受到启迪，受到感染。每个人只有一生，生活的范围有限，生活的高度、深度也有种种条件的局限，你要思接千载，视通万里，你要知晓多种多样的人生，只有读书。在炮火中幸存下来的苏联作家邦达列夫是这样体会的："一个人打开一本书，就是在仔细观察第二生活，就像在镜子深处，寻找着自己的主角，寻找着自己思想的答案，不由自主地把别人的命运、别人的勇敢精神与自己个人的性格特点相比较，感到遗憾、怀疑、懊恼，他会笑、会哭，会同情和参与，——这里就开始了书的影响。所有这些，按照托尔斯泰的说法就是'感情的传染'。"他告诉我们，每本书都为读者打开一扇窗，带领你去观察第二生活、第三生活……风光无限，色彩斑斓。

与此同时，他也告诉我们，读书不只是眼睛对着书，而是要把自己放进去，去思，去想，去经历，去感受，从中收获宝藏。如果读书只是"对书"，漫不经心，那么只是劳倦眼睛，无甚功效。苏轼在《和董传留别》中有"粗缯大布裹生涯，腹有诗书气自华"诗句，大家对后一句非常熟悉。诗书要读到心里去，化为血液，化为品格，化为气质，才能显示出人的尊严，人的高贵。人和人的根本差别在灵魂，人生的意义取决于灵魂生活的状况，即精神世界是高尚还是卑琐，是丰盈还是枯涸，是正直还是歪邪。因而，青少年时代不仅要喜好读书，而且要选择好书阅读。读经典，读历史，读文学作品，读科学读物，根据自己的认知水平和思辨能力，辨别世事人情，培育生命自觉，为做堂堂正正素质优良的现代中国人铺上亮丽的底色。

提升读书的兴趣，养成以书为伴的习惯，以经典为师，以佳作为友，沉浸在书香之中，你会感受到书的价值已超越胆识和力量的象征，你的读书日值得纪念的也远非一天。因为，你真正懂得了书是精神成长之源，你享受到了读书给生命带来的欢乐。

期盼着，这美丽的风景在青少年学生行列中呈现得越来越多。

学语文要讲究方法

学生是学习的主人，要使自己从无知转化为有知，从知之甚少甚浅转化为知之较多较深，就须摸索和研究学习的方法。学数学、学外语，要讲究方法，学语文也是如此。

语文学科所包含的内容非常丰富。从内容看，有古今中外的作品；从体裁看，记叙文、说明文、议论文、诗歌、小说、戏剧皆有；从基础知识看，字、词、句、篇、语法、修辞、逻辑、文学常识都要学；从能力训练看，不仅要培养听、读、说、写的能力，而且要发展观察力、思维力、想象力、记忆力。如此丰富多彩的学科，不讲究学习方法，一味死记硬背，或者只会用单一的方法学，就不可能获得理想的效果。力气要用在关键处，要注意总结经验教训，从中摸索学习的最佳方法。

譬如听课，有的学生效率很高，能复述教师讲课的全部要点或绝大部分内容，有的则收效甚微。原因当然多种多样，其中听课得法不得法是重要因素。会听课的学生往往精神振奋，全神贯注，一边听一边想，一边分析一边储存。听觉器官接受了教师讲述的知识，立即思考分析，抓住要点，舍弃铺垫、陪衬和重复之处，把主要的条分缕析地储存起来。脑子里清清楚楚，毫不含混。不会听课的学生往往胡子眉毛一把抓，把教师所讲的一股脑儿往脑子里塞，其结果是模糊一片，不得要领。

不管是阅读还是写作，都要有“序”，千万不能东一榔头西一棒子，杂乱无章，好似马蹄践踏，难以收到好的学习效果。比如写作，就应遵循“操作程序”。拿到题目就下笔，怎能写出好文章呢？是命题作文的话，第一步要审清题意，弄清范围，辨清体裁，然后根据题意要求确立中心，接着再围绕中心选材、剪裁，而后考虑文章的骨架，怎样开头，怎样过渡，怎样结尾。否则，想到哪儿写到哪儿，就会毛病百出。

不管采用怎样的方法学，都要注意把“思”放在重要的位置。学思结合是一条行之有效的经验。阅读时开动脑筋思考，不仅能正确理解词句的含义、掌握文章的结构，而且会使自己的眼睛有透视力，能深刻理解文章的精神实质、文中的“潜台词”和文外之意。

学语文的具体方法举不胜举，怎样识字，怎样辨词，怎样分析课文，怎样概括段意等都有方法可循。希望同学们积极创造科学的学习方法，有效地提高学习语文的效率。

学语文要注意双锤炼

许多中学生都希望自己能学好语文，正确而迅速地掌握祖国语言文字，为学好其他学科奠定扎实的基础，为升入高一级的学校或从事社会各项工作创造良好的条件。同学们这种良好的愿望、急切的心情是可以理解的，也是值得称赞的。然而，怎样才能实现自己的愿望呢？其中有许多问题值得探讨研究，在这里，我只谈谈关于双锤炼的重要。

学语文要注意双锤炼，既锤炼语言文字，又锤炼思想情操，二者紧密结合，方可收到相得益彰的效果。

有这么一种看法：认为学语文只是文字的功夫，什么思想、情操皆无关紧要，只要字会写，句会造，文会作就行了。这种看法貌似有理，但只要稍加推敲就可察觉其中存在着一个根本性的错误，即割裂了语言与思想，割裂了文章的内容与形式，对语言文字特有的工具作用缺乏全面的理解。

学语文当然要在文字上下功夫，这不仅无可非议，而且要大力提倡。但是，必须懂得：语言是思维的外壳，语言是表情达意的工具，离开情和意，语言的生命力何在呢？比如词语，每个实词有其具体的含义，每个虚词有它特有的作用，只有放在一定的语言环境中才能判断其用得是否正确，是否恰当，是否鲜明；离开了具体的情和意，就无从下结论。《壮丽的青春》里有这样两个句子：“欧阳海箭步飞身，抢上道心，水淋淋的雨衣，噗拉拉地飘起，高高地扬向天空。他脸不变色，心不跳，拼出性命把战马推离了轨道……”看起来“抢上”“推离”都是普通的词语，用在这里却有极强的表现力。为什么要

“抢上”？出于对人民对国家财产的无比热爱，一个“抢”字表现了革命大无畏的精神在闪光。这“抢上”不是一般的速度，而是革命的动力、自我牺牲的精神。为什么能“推离”？是拼搏精神的威力。在车抵马尾的一刹那，“推离”意味着把生的希望让给列车中的乘客，把死的威胁留给自己。多么平常的字眼，可又表达了多么崇高的思想。若抽掉了具体的内容，怎么能评说这两个词用得是否精当，又怎么能评说作者遣词的能力呢？再比如，我们讲一篇文章好，绝不只局限在遣词造句、谋篇布局的称赞，总要谈到思想新颖，见解深刻，内容丰满，总要涉及理之通达，情之感人。“意”犹帅也，“意”是文章的灵魂、统帅。离开正确的、深刻的、新颖的“意”，文章就黯然失色，即使有点文字技巧，也只是文字上的游戏，无价值，无意义。讲究意深、意新，文字表达上又有功夫，文章就神采飞扬。唐人刘禹锡在《陋室铭》中说：“山不在高，有仙则名；水不在深，有龙则灵。”这“仙”与“龙”就仿佛是文章的“意”。自古以来，记洞庭胜状、记岳阳楼大观的诗文甚多，而范仲淹的《岳阳楼记》最为脍炙人口，千古流传。是何原因呢？文中“先天下之忧而忧，后天下之乐而乐”的思想不仅在当时胜人一筹，而且激励了后来一代又一代的仁人志士。即使是现在，我们也认真借鉴，并赋予崭新的内容。

古人说“文以载道”“文以明道”，这种说法是有道理的。要写出像样的文章，须有实实在在的内容，或给人以启示，或给人以鼓舞，或给人以享受。文章要能有实实在在的内容，靠的是平时对客观事物认识能力的锤炼，分析能力的锤炼，靠的是以马克思主义基本观点锤炼自己的思想感情。登高才能望远，居高才能临下。不涉深渊，怎知千金之珠在骊龙颔下？不在思想情操上下一番苦功夫，就难以突破枯燥无味、人云亦云的格局，当然也休想写出有思想、有见解、有新意的好文章。

这样说，是不是文字上的功夫就可以马虎一点了呢？不是。文章的“道”，文章的“意”，是要用语言文字来传达的，“以文传意”嘛！再好的思想，再精湛的见解，缺乏驾驭文字的技巧，文不逮意，同样是不能感动人的。正由于“言之无文，行而不远”，所以许多著名的作家、诗人都十分重视词句的锤炼，唐代大诗人杜甫就有“语不惊人死不休”的名句。伟大的革命家、思想家、文学家鲁迅是卓越的语言大师，他的小说、杂文、诗歌不仅有深邃的思想内容、高度的艺术技巧，在语言的运用上也有极高的造诣，他曾说过：“写完后至少看两遍，竭力将可有可无的字、句、段删去，毫不可惜。”这种对作品高度负责和锤炼语言一丝不苟的精神是我们学习的光辉榜样。

毛主席在《反对党八股》一文中说：“语言这东西，不是随便可以学好的，非下苦功不可。”语言文字可贵在表现得恰到好处，谨严而生动，朴素而不干枯，华丽而不浮杂。尽管难度很大，但只要孜孜以求，终能达到。要多读佳作，吸收，积累，体会语言的精妙。朱自清先生的《春》中“小草也青得逼你的眼”，一个“逼”字用得绝妙，绘出了青草把春送到人们眼前的气势，使人眼目欢愉，遐想到雨露的滋润、旺盛的生命力。柳宗元的《小石潭记》语言形象生动，读来好像是游览有山有水的胜地，又像是听幽雅抑扬的乐曲，真可谓赏心悦目。仅描绘远去的潭水就意味隽永，耐人咀嚼。“斗折蛇行，明灭可见”，寥寥八个字，写了许多情景。先用两个比喻，写出水貌的静态和动态，再透过视线和溪身的交错，借光线的明暗，表现出水面闪烁的光芒。我国有极其丰富的文学宝库，用祖国语言文字写成的佳作璀璨如天上的繁星，如上述优美的文章、佳妙的词句比比皆是，只要精心摘取，必有成效。要多学人民群众的语言，体会，揣摩，丰富自己。老舍同志在《我怎样学习语言》中谈到要“博采口语”。人民群众的语言反映实际生活，活泼生动，丰富多彩，妙趣横生，平时认真听，多学习，对丰富自己的语言大有好处。要多推敲，多修改。玉不琢不成器，任何一个语言大师的成就，无不经过长期的在语言文字技巧上的细琢细磨，有时即使是一个词，也是绞尽脑汁，煞费苦心。鲁迅先生在《惯于长夜过春时》这首感人至深的律诗中，对“忍看朋辈成新鬼，怒向刀丛觅小诗”两句就作了极其认真的推敲。初稿用“眼看”“刀边”，已能有力地表现鲁迅的悲愤感情，经过推敲改动，表情达意更能入木三分。一个“忍看”，灌注了满腔的愤怒；一个“刀丛”，十分形象地揭露了国民党反动派挥舞屠刀，肆意杀害革命青年的血腥罪行，成为笔力千钧的名句。语言大师如此精心地炼字炼句，我们青年学生更应该以纸为砧，以笔为锤，反复锻打，使语言文字在表情达意时迸出耀眼的火花。

学语文不能以偏概全，必须注意全面的锻炼。思想情操、语言文字两个方面双管齐下，相互促进，对提高理解和运用祖国语言文字的能力甚有效益。

学会思考　发展智力

初中学生学习语文，重视字、词、句、篇等基础知识是非常必要的，但与此同时必须及早注意在学习中学会思考问题，发展自己的智力。发展智力主要指的是发展自己的逻辑思维能力和形象思维能力，在这方面，语文课提供了很好的条件。

我们认真学习语文，在学习中勤于思考，除能打下坚实的语文知识基础外，还能促使我们思路有条理，合乎逻辑，想象力获得发展，促使我们对事物倾注满腔热情。在学习中勤于思考，能使自己的认识不断深化，感情越来越深沉。怎样勤于思考，发展自己的智力呢？就初中学生来说，我认为首先要注意两个方面：认识事物力求准确而不含糊；思考问题务必灵敏而不迟钝。要做好这两点，就必须在预习、听课、做作业、作文和课外学习等许多方面有意识地努力。

比如，同样是预习，勤于思考和懒于思索的同学，学习效果是大相径庭的。懒于思索的同学对课文一扫而过，似乎都懂，提不出问题；善于动脑筋的同学边读书边思考，脑子里会出现很多问号，上课时不仅积极质疑，而且渴望教师解疑。有同学预习吴晗同志的《谈骨气》时，联系历史课所学得的知识提出："孟子是儒家学说的代表人物，主张剥削有理，压迫有理，为什么文中要引用他的关于'此之谓大丈夫'的话来阐述'骨气'，对他的话大加肯定？"有同学联系学过的语法知识提出："'孟子的三句话，在文天祥的身上都表现出来了……他写的有名的《正气歌》，歌颂了古代有骨气人的英雄气概……'这里的'他'指代不明，究竟是指代孟子，还是指代文天祥？"有的女同学颇不服气地提出："文中提的大丈夫的事例全是男人的，为什么不举个女性的例子？梁红玉击鼓战金兵，秋瑾从容就义，刘胡兰宁死不屈，多得很啊！"事情很明白，勤于思考就能发现问题，把学习引向深入。学习的智慧应该在于逢事都问个“为什么”，而在探求解答“为什么”的过程中，思维得到锻炼，认识清晰，知识就学得扎实。

在学习过程中训练思维的敏捷性也至关紧要。生活在现代社会，科学技术迅猛发展，种种外来信息作用于我们的思维器官，我们要学会迅速接收信息，迅速作出正确的判断。学习语文时要注意锻炼自己反应的灵敏程度。比如选词练习，好几个含义很不相同的词放在面前，要学会很快地选准；慢慢吞吞地，思维的敏捷性就得不到锻炼。看到“天刚放亮，天上还有（稠密　疏落　凌乱　飘落）的星星”的句子，脑子要很快地转动，先辨别供选填的四个词的含义，接着把它们放在句子当中考察，最后选择最合适的“疏落”填上。这一系列的思维活动要能在极短的时间内完成。经常进行速度训练，脑子越动越快，灵敏度必会提高。

要学会精于思考，敏于思索，使自己的语文学习一直处于清醒、生动、活泼的状态，进而练就一副好脑筋，我们初中学生应在这方面下一番苦功。

寻找入门的突破口

每个同学都有学好语文的潜力。潜力要能充分释放，须探索步入语文大门的途径。途径有哪些？突破口是什么？要认真思考。根据行之有效的经验，学习语文可从识字辨词入手，可从朗读背诵发端，可从了解文章框架起始，也可从模仿、练笔入门，等等，途径不一。然而，最为重要的是学习语文的兴趣，学习语文的旺盛求知欲。兴趣、求知欲是突破口，这一点突破，学习语文就能攻坚，就不会总在门外兜圈子，浪费时间和精力。

著名科学家爱因斯坦说：“我认为对一切来说，只有‘热爱’才是最好的老师。”生物学家达尔文在自传中曾这样说：“就我所能回忆的我在学校时期中的性格来说，其间对我后来发生好影响的就是，我有强烈的和多样的兴趣，非常热爱使我感到兴趣的东西，并且深喜理解任何复杂的问题和事物。”心理学家布鲁纳也说：“学习的最好刺激乃是对所学材料的兴趣。”这些名言强有力地说明了兴趣在学习中的重要作用，也正由于这些名家对所学的学科如痴如醉，因而取得了极大的成功。学语文，打文化素质的基础，同样需要兴趣盎然，心向往之。兴趣浓厚，求知欲就旺盛；求知欲旺盛，学习专心致志，体会到其中的乐趣，兴致就更高涨。

兴趣、求知欲不是先天生成的，得靠后天培养。首先要懂得语文是实用而多彩的工具，是人所独有的。学语文切不可有恐惧感、神秘感，切不可认为是丈二和尚摸不着头脑。学语文并不难，因为它是实用的工具，不管是老人、小孩，青少年、成年人，时时事事都要用，听多了，说多了，再重视读读写写，语文能力就在母语环境里得到锻炼，得到提高。它又是多彩的工具，因为它与生活紧密相连，与人的思维、人的思想感情不可分割。生活丰富多彩，语言就必然丰富多彩，因为语言反映生活，描摹生活。人的思维活跃，思想感情复杂多姿，语言就必然多姿多彩，因为语言是思维的物质外壳，是思想的直接现实，运用它有浓重的主观色彩。举例来说，“春华秋实”，就不能说成“秋华春实”，因为前者正确地反映了生活，后者违背了生活，生造词语是不行的。然而，有的词语字序多种排列，意思不变。如：“春回大地”“大地回春”“大地春回”。又如：“翻天覆地”“覆地翻天”“天翻地覆”“地覆天翻”。平时关心、研究，趣味无穷。

其次是深入钻探一点，品尝其中滋味。石油钻探工为何有那么大的劲钻井？因为深处有油，打出油为国家做贡献。学语文也要有钻井的精神。浮在字的表面学，难以奏效。要沉到文章之中、文字之中，发现其中的妙处，尝到甘甜，就会兴味无穷。每篇课文都是一个整体，涉及的方面比较多，一下子难以把握。阅读起始，在通读的基础上，抓住某一点钻探，就会有所收益。例如《社戏》中一个极其普通的句子，钻探一下，就味道浓郁，经久难忘。“我的很重的心忽而轻松了，身体也似乎舒展到说不出的大”，为什么“心”很“重”？又为什么“忽而轻松”？为什么说“舒展到说不出的大”？换个别的写法行不行？“我”是个十一二岁的孩子，应该不大有“心重”的感觉，但因为想看戏而不得，而看过戏的少年们又尽情地讲述，更是压抑难熬，因而，“很重”准确地刻画了“我”此时此刻的心情，“第一盼望”不能实现，当然，心情沉重如灌铅。如果用“不高兴”或“很气恼”来形容，太显露，不耐咀嚼。“忽而轻松”的“忽而”用得特别好，云开雾散，盼望成为现实，心由重而轻，转得特别快，十分传神地反映了孩子的特点。心情轻松，身体也随之变化。一个“舒展”把原先的压抑、烦恼一扫而光，令人感到四肢伸展，自由自在。舒展到什么程度呢？“说不出的大”，那种高兴劲儿很难形容。这种写法留给读者想象的空间。其实，当过学生的大都有这种心情的历程。考试前心情沉重，考完那天一下子放松得似乎手脚都无处搁，用“身体也似乎舒展到说不出的大”来形容，是最恰当最形象不过的了。用心把精彩的语句咬嚼一番，就可领悟到语言的奥妙，兴趣就会油然而生。

再次是做学习语文的有心人。学语文的外部条件比什么学科都优越，社会是语文大课堂，语文无处不在。打开收音机、电视机，都在讲中国话；打开报章杂志，都是中国文字；与别人交往，在家里，在学校，在公共场所，都要说话、听话，都在用中国语言文字交际。每天和语文接触，条件极好，关键在自己是不是做有心人。学语文不能误解为只学几册教科书，要拓展到生活中，从课内延伸到课外，又以课外促课内。做有心人不是盲从，听到什么看到什么就吸收，应该是识别、分析、过滤，正确的、好的、有用的吸收，错的、不规范的要辨别，污染的要抵制。比如报上登载一篇文章，引用了英国作家奥斯卡·王尔德称赞有志者的话，说："生活就是你的艺术，你把自己谱成乐曲，你的光阴就是十四行诗。"看起来是生动的比喻，但其中蕴含生活的哲理，想一想，记一记，很有用处。有些广告和流行歌曲的歌词，错别字、病句很多，可对它们评论、修改。在评是论非中提高能力，增添兴趣。

生活是学习语言的海洋，时时关心，处处用心，对语言感悟的能力必会大大加强，兴趣也必然倍增，对语言文字的求知欲望也必然日益旺盛。

学会咀嚼和推敲

吃饭吃菜咀嚼以后才能消化吸收，滋养身体；阅读文章也一样，不是用牙齿，而是用脑子认真咀嚼，才能从中获得养料，增进知识，培养能力。

阅读课文最忌浮光掠影，大而化之。看看似乎都懂，若问几个为什么，就会瞠目结舌。学课文，最为重要的任务是学习规范的、生动的书面语言的运用。这篇课文的语言表什么情，达什么意，一定要理解清楚，理解得深入；如果模模糊糊，一知半解，别说文中情意对自己的启迪、教育、感染，就是语言也不可能掌握。要读懂课文，尝到其中的奥妙，其中的甘甜，须在咀嚼上下一番功夫。

关键词句不放过。课文本是文字的集合体，或叙事，或说理，或抒情，都毫无例外地围绕着文章的主旨进行，每一段、每一句在文中有它一定的作用。然而，它们的作用又不是等同的，完全无区别的，有些段落、有些语句经过提炼，比较能集中而深刻地表达作者的写作意图，在文中是闪光的，阅读时不能轻易让它们从眼皮底下溜走。对这种重点语句、关键段落要认真咀嚼。例如《论雷峰塔的倒掉》中有这样一段："和尚本应该只管自己念经。白蛇自迷许仙，许仙自娶妖怪，和别人有什么相干呢？他偏要放下经卷，横来招是搬非，大约是怀着嫉妒罢，——那简直是一定的。"粗粗地读，懂得了这是作者在谴责法海和尚多管闲事。了解到这一步，远远不够，学语文绝非只停留在了解某些事某些人某些物，而要深入一步，理解并掌握这些语言表达怎样的情意，为何要这样表达，故而须细细咀嚼。一经咀嚼，深刻的内涵就能显露。第一句话揭露和尚不守本分，"本应该只管自己念经"的"本应该"用得极好，给和尚的行为定了位。第二句两个"自"用得极妙，把两相情愿、自由恋爱表达得十分准确十分深刻。删去，不影响句子的意思，用上，意味淳厚得多。在如此表述的基础上进行反问更为有力。第三句更精彩了，“偏要”“横来”拿掉，句子意思不变，用上，揭开和尚的伪善面纱。“大约”“一定”，貌似矛盾，其实前者是虚晃一枪，后者才是真实意图。“一定”前面还要加个“简直”，那就是斩钉截铁，毫无疑义。这样咀嚼，可体会到作者的笔锋是如何犀利，讽刺，揭露，把法海卑鄙下劣的灵魂公布于众。段中的破折号用得也十分传神，语言的表现力极强。

疑难之处不能绕道走，更要细细咀嚼。读文章不能尽读浅近的，读有一定难度的文章，或文章中有一定难度的段落、词句，有助于开动脑筋，努力攀登。因而，碰到疑难处切勿避开，要积极思维，真正弄懂，有切实的感受。经常进行这方面的训练，思维得到锻炼，克服困难的能力也会增强。例如《社戏》中“那声音大概是横笛，宛转，悠扬，使我的心也沉静，然而又自失起来，觉得要和他弥散在含着豆麦蕴藻之香的夜气里”这一段，对初中一年级学生来说是有难度的。怎么咀嚼呢？先弄清楚横笛的声音是从远处飘来，“我的心”原来轻松，欢乐，不平静，而今变得“沉静”了，是宛转、悠扬的笛声促使“变”的，这是一变。本是“沉静”，自我存在的，然而笛声的魔力使自己“自失”，专心聆听，忘了自己，这是二变。是不是达到完全忘我的境地呢？还不是，只是“自失起来”，正在忘记自己的过程中，因而“觉得”要和笛声一起弥散在夜气里。由此可体会到，“自失”是自己飘浮起来，和笛声融为一体，弥漫消散在夜气里，而这夜气中又蕴含着豆麦等的香气。情景交融，物我双会。这种沉浸于笛声、沉静于夜色香气中陶醉的情景，联系自己的生活感受，就可领略一二；而有所领略，就能较为深刻地认识到一个句子独立成段，可表达如此丰富的内容，作者驾驭语言的功力令人叫绝。

咀嚼的同时伴以推敲，对该文的理解、领会必然加深。字、词、句、篇、修辞手法、写作方法等，均可作为推敲的对象。推敲的方法之一是运用比较。有的是极普通的句子，抓住某个词推敲一下，获益就大不一样。例如《苏州园林》一文中“我觉得苏州园林是我国各地园林的标本”这个句子，看似寻常，但抓住“标本”这个词推敲一下，就会觉得用得十分精当。换其他的词难以如此准确地表达意思。“榜样”不行，“镜子”不确切，“标本”取学习、研究时参考的意思最合适。

推敲不一定囿于某些词句，总体构思，局部安排，学会推敲，同样可识得文章的妙处。例如《我的老师》，作者写放假时候对蔡老师的依恋，十分感人。尤其是梦境的描写，具体形象地刻画了一个孩子纯真的心。这个片段如果不用梦境来表现，有没有更好的写法？如果直接去找蔡老师，行不行？符不符合当时孩子的实际情况？老师住得远不远？有没有去找的财力？如果着力写和母亲的对话，对话中表达对老师的依恋行不行？经过比较、推敲，对作者构思的匠心就能有所领悟。至于高中内容比较艰深的课文，更要注意推敲。

中国的词语非常丰富，同义词、近义词中有许多细微的差别，认真咀嚼，才能辨别；用文字写成的文章内容各不相同，表现形式千姿百态，细细推敲，才能体会到运笔之妙。学会咀嚼和推敲，不仅能大大提高阅读质量，而且对开发智力，锻炼思维力、想象力、记忆力等很有好处。

从读短文中领悟方法

读书要会读。翻开书，一个字一个字挨着看，一页连着一页往下读，不等于读懂，不等于会读。会读，要在理解上下功夫。理解，是阅读能力的最主要标志。对作者的写作意图、内容的来龙去脉、篇章结构的安排、遣词造句的功力有所认识，有所理解，有所领悟，才会读有收获。

学语文暂时感到困难的同学读整本书、读比较复杂的文章一时不易抓住要领，可多读一些短文，从读短文中领悟方法，锻炼和提高阅读能力。

读一篇文章，先可整体感知，然后一部分一部分细读，最后再综合起来思考，抓重点，抓要点。总—分—总，这是常用的一种阅读方法。阅读时须弄懂三个问题：(1) 这篇文章写什么？(2) 它是怎样写的？(3) 为什么它这样写而不那样写？下面是作家刘心武的短文《加湿与抽湿》：

> 北京几个月没有雨雪了。不小心把一杯开水打翻在地，因为来了一个电话，先去接电话，也没说多少话，挂上电话再过去一看，那地上的水迹竟已干缩了许多，简直用不着再拿拖把来处理！你说北京已经干燥到了什么程度！
>
> 因此，这一阵北京各商场的加湿器卖得特别火。我家是早就置备了一个。目前家里使用时间最长的电器，除了冰箱就数它了。其实冰箱的压

缩机在这冬日里常常处于停机状态，加湿器在我家却是整天喷雾不止。

加湿器所喷出的水雾，其实只是杯水车薪，何尝能真正润化我家的整个单元！不过坐在离加湿器最近的沙发上，任凭西北风在窗外放肆嗥叫，让水雾氤氲着自己，听音响放送一曲德彪西《海的素描》，默诵几句“随风潜入夜，润物细无声”之类的吟雨诗词，闭目想象一番碧翠的禾苗在细雨中拔节舒肢的美景，也真是紧张写作之余的难得享受。

是现在生活富裕了，自己也变得娇贵起来了吗？有一天从外面办事回来，满身发涩，嘴唇开裂，进到屋里还是浑身没有一点润泽之气，与家人说话之间，不知怎么地就发起火来，直到意识到自己是在无理取闹时，才推诿于客观——“原来一直没开加湿器啊！”启动了加湿器以后，到围桌共进晚餐时，爱人笑着说：“你这人！果然是加湿以后，乖了许多！看来这加湿器真抵得过一位心理医生！”

爱人这话，倒蛮有哲理性呢！是啊，且不从精神等深入的层次上去分析，光是从人的心理层面上来看，人的心理结构，实在是不能过于干涩，而应当保持着一定的湿润度。当人的心理状态板结干枯时，进行“心理加湿”实在是很有必要的！比如，一个考生在等待分数揭晓时，倘若他在心理上过分地固执于“我究竟能得多少分呀”，其心理运转总是干巴巴地绕着这个单一的问题转，那么，亲人的一句很普通的不经意的话语，也有可能在他的“心理干柴”上摩擦出火花甚至引发出暴怒来。这时，如果他能给自己用比如听音乐、

> 读唐诗、搞小制作等方法“加湿”，缓解对考分问题的焦虑，那他就能够在分数揭晓前的这段时间里，既不折磨自己，也不会无端地与他人冲撞。
>
> 正当北京的“干冬”仍在持续时，接到了南方一位朋友的电话，问起来，他说他们那儿今冬异常地“冷湿”，所以他房间里一直开着抽湿机。他说：“不抽湿，我就简直不能集中精神做事!”热线两端竟是截然相反的状态，想起来不禁莞尔。
>
> 朋友的话也很有启发性。当我们的心理状态过分“黏湿”时，确实会“霉点”丛生，缠夹不清，以致无法集中思索处理最主要的问题。那时就需进行“心理抽湿”。
>
> 如同自然界不可能总是赐予我们一个个不干不湿恰到好处的日子一样，我们的心理气候也不可能永远是那么不涩不霪。我们已经学会了用加湿器或抽湿机，我们还要学会自我心理调节，以使我们尽可能多地享有温润的好心情。

应该说，文章没有多少难度，可能个别的词为了读准字音，须查查字典。如：氤氲 yīn yūn。读，首先要弄清楚文章写什么。总览一遍，如果只留下北方干燥、南方黏湿，须加湿、抽湿的印象，理解就缺乏准确度。认真在脑子里转一转，就能掌握：不仅要学会在居室里加湿或抽湿调节气候，更要学会自我心理调节，享有温润的好心情。

怎么写的？第一部分写北方干燥，居室须加湿；第二部分写南方黏湿，居室须抽湿；第三部分由气候的调节生发开来，议论心理须学会调节。南北对照起来写，特征鲜明。第一部分详写，描述自己真切的感受。细读，可体会到：作者先举两件细小的事刻画气候干燥之极，然后引出家用加湿器的走俏；指出加湿器的作用有限，但又立即作一番诗情画意的描绘，赞美它给生活带来的舒适；深入一层，由加湿器如心理医生引出人的心理气候不能过于干涩，应保持一定的湿度，并举考生等待分数揭晓为例，作生动的说明。第二部分略写。第三部分发表议论，表明观点。

为什么要这样写呢？单写居室的加湿抽湿，停留在生活的表层，意义不大；由气候的调节进而阐发人的心理状态的调节，就能给人以生活哲理的启迪。第一部分详写，第二部分略写，详略分明，如第二部分也详写，虽同样起对照作用，但给人以累赘感。第一部分详写，又引用，又创设情境，又举例剖析，把调节自然气候的重要、调节心理气候的重要均诉之于笔端，为总的阐发准备扎实的基础。当然，这部分只是从“加湿”一个角度说的。结论部分言简意明。自然界气候不可能总是恰到好处，心理气候也不可能永是不涩不霪，进行类比，突出学会调节的必要性与重要性。

理解以后可再复读一遍，综合起来思考。哪些词原来不掌握，现在可积累，如“莞尔”“不涩不霪”“推诿”等；哪些语言比较活泼，可吸收；文章的写作意图究竟是什么，可再咀嚼；等等。总之，读，就要力求有收获，而收获是建立在读懂的基础上的。要读懂，就要会读。

每天阅读一至两篇文质兼美的短文，理解，分析，琢磨，推敲，认认真真训练一个阶段，阅读能力必有提高。

重要的在于有所发现

阅读是吸收，要真正达到从课文中吸收营养的目的，须在理解上下功夫。如果在理解课文上还有这样那样的空白点，还有衔接不起来、贯通不起来的地方，阅读往往就流于浮光掠影，或流于生吞活剥，学习效果必然不佳。

要理解，就要开动脑筋。孔子说：“学而不思则罔，思而不学则殆。”如果光读书不思考，就容易迷惘无所得；只空想不读书，就会感到疲倦没信心。阅读一定要学思结合，考虑问题。学习语文如果不动脑筋，读，就会有口无心；看，就会浮在表层；说，就会不得要领；写，就会词不达意。语文学习困难的同学往往在这方面有明显的弱点。读一篇文章，似乎都懂，但经不起问，一问又似乎都不懂。自己不善于发现，文章的好发现不了，说不出道道儿，有什么问题也提不出，对文章的认识朦朦胧胧，缺乏深刻的感知。

要改变这种状况，就要积极思维，在学习过程中爱思、会思、多思、深思，“思”的突破口是有所发现。怎样才能在阅读中有所发现呢？首先，要养成认真读书的良好习惯。读一篇课文应该做到“四看一查”：一看课文本身，二看预习提示、自读提示、训练重点，三看注释，四看课文后面的训练题；一查是查字典、词典等工具书。这样阅读，对所要学的课文初步做到心中有数。明确了学什么、训练什么之后，“提示”是引导，为进入课文学习指路。对生字难词，或者虽不是生字难词，但自己不掌握的，应主动翻检工具书；即使书上有注释，但仍有迷惑不解的，同样应翻检工具书。学源于思，思源于疑。疑是思之始，学之端。脑中有问题，学习就能深入，就能学得扎实。比如学《听潮》时，有同学看到书上“铙钹”的注解是：一种铜制的打击乐器。小的叫“铙”，大的叫“钹”。他仍然不清楚，就查《新华词典》，该词典对“铙”的解释是：① 击乐器。铜制，圆形，中间隆起部分小，正中有孔，每副两片。常和大钹配合演奏，多用于吹打乐。② 古代击乐器。青铜制，似铃而大，无舌，有柄，举奏。对“钹”的解释是：俗称镲。击乐器。铜制，圆形，中间隆起部分大，正中有孔，两片相击发声。形制大小不一。常用于吹打乐及戏曲、歌舞伴奏。经过查检，增长了知识，理解文中用来形容涨潮时岩石被海水冲刷的声响是指打击乐器声。有发现，就有进步。因而“四看一查”是发现问题的基础。

要有所发现，须把课文前前后后联系起来思考，不局限在字词上。例如周立波的《分马》，读了课文，了解了元茂屯农民分胜利果实的情景，前后联系起来考虑，会发现这样的问题：300 来户欢天喜地分牲口，有马，有牛，有骡，有驴，明明是分牲口，为何标题要说“分马”呢？发现了问题，再仔细阅读，理清头绪，弄清众多的人物，就可懂得在这样热烈沸腾的群众场面中的中心人物是郭全海，主要人物是老孙头。在分牲口过程中，复杂性格与心态表现得淋漓尽致的是老孙头，这个赶了大半辈子马车的老农民性格的展开是围绕着分马、挑马进行的，而在分马的过程中产生的矛盾，郭全海作为土改运动的带头人是以自己的无私行为来解决的。因而，分马这个事件既塑造了青年农村干部郭全海朴实、敦厚、无私的形象，也塑造了老孙头爱马如命的可爱形象，并引出一些次要人物。联系课文具体分析，文章以“分马”为标题，更能突现这幅群像图的特色，更能显现出中心人物与主要人物的形象。

要有所发现，可与课外读物、生活实际、学习实际等结合起来思考。这个天地非常广阔，也最能活跃思维，开阔视野。学魏巍的《我的老师》时，有同学说他曾看到过一篇同样题目的文章，是写三个老师，不知为什么这儿只剩一个了。确实如此，课文是节选的。为什么要这样节选，预习提示中实际上已有所介绍。

学语文脑子里一定要经常装着“为什么”，“为什么”是用来探索开启心扉的钥匙。紧紧扣住课文的内容、语言、结构、写法，从正面、反面，从正确、错误，从横向比、纵向比等不同角度多问几个为什么，你会觉得课文再也不是混沌物，而是十分清晰，十分丰富的，其中蕴含着许多内容的宝物、语言的宝物，供你品尝，供你吸取。

除了疑难问题，课文的佳妙之处、不妥之处皆可作为发现的对象。一般来说，我们课本中的文章文质兼美的很多，因而更要寻求和思考佳妙之处，从中获得益处。例如《驿路梨花》一开始就引人入胜。在深山中行走，找不到住处时，“我们”心里“着急”、一筹莫展的时候，同行老余“突然指着前面叫了起来：‘看，梨花！’”。“突然”是个极普通的词，可是用在这儿，点出了希望在眼前。接着是诗情画意的描述：“一弯新月升起了，我们借助淡淡的月光，在忽明忽暗的梨树林里走着。山间的夜风吹得人脸上凉凉的，梨花的白色花瓣轻轻飘落在我们身上。”“快看，有人家了。”眼前的希望表现得很有层次。两个“看”，一看梨花，二看人家。由花而人，故事逐渐展开。对哀牢山景色的描绘更是令人心醉。月光，晚风，梨树林，花瓣，人在花中走，花伴人夜行。边阅读边想象，自己就会置身于美景之中，感受到花香，月色，十分愉悦。

阅读课文，开始要有所发现，也许比较困难，但只要持之以恒，从简单的点点滴滴到整篇整个单元不断提出问题，阅读的能力就会大大提高。

以一当十，左右逢源

阅读议论文注意力往往容易集中在文章的框架结构，集中在探讨论点是否正确、鲜明，论据是否确凿、充分。这当然无可非议，但仅止于此，易失之肤浅，品尝不到其中的甘醇，难以从中有效地吸取养料。令人折服的议论文佳作有的思想深邃，见解独到；有的依据确凿，说理透辟；有的语言锐利，气势澎湃；等等。阅读各具特色的佳作，须整体感知，认真琢磨，力求领悟其中的无限风光。

《毛估比不估好》是物理化学家、中国科学院院士卢嘉锡长期从事科学研究工作的经验之谈。文短意深，说理充分，所用论据具有代表性，能以一当十，论证时左右逢源，因而极具说服力。下面是这篇短文：

> 科学家不是“算命先生”，不能“预言”自己的研究结果；但茫无头绪地“寻寻觅觅”也是科学工作的大忌。进行科学研究时，我一向比较重视对最终结果的预测，以便从总体上更好地把握研究方向。我习惯于把这种预测叫作“毛估”，而且时常这样告诫自己的学生和科研人员说：“毛估比不估好！”
>
> 我所以特别强调“毛估”，说起来和我做学生

本文发表于《中学生阅读》（高中版）1996 年第 11 期。1996—1998 年，受杂志社之邀在《中学生阅读》开设专栏，先后发表近 10 篇文章。通过对名篇佳作的细致分析与解读赏析，帮助高中生体会立意、构思和表达的奥妙，提升读写水平，深受广大中学生喜爱。

时出过的一次差错有关。记得念大学三年级时(1933年)，教物理化学的区嘉炜老师挺喜欢考学生。有一回他出了几道考题，其中有道考题特别难，全班就我一个人基本上做出来。可是等改好的卷子发下来，我发现那道题目老师只给了1/4的分数，感到很委屈，因为我只是把小数点点错了地方。

老师注意到我思想上有些不通，就耐心地开导我说："假如设计一座桥梁，小数点点错了一位可就出大问题，犯大错误了。今天我扣你3/4的分数，就是扣你把小数点点错了地方……"

我理解了老师重扣分的一片苦心，继而就想：如何才能避免诸如把小数点点错地方之类的不应有的错误呢？当我静下心来检查出错的原因时，我发现问题不仅仅在一时的疏忽上，因为我的计算结果在数量级上明显的不合理；如果解题的时候能够认真对照分析一下题目所给的条件，那错误是完全可以发现和纠正过来的。而我所以出了"岔子"，根本的原因就在于自己心中对解题的目标没个"谱"。

从那次以后，不论是考试还是做习题，我总是千方百计地根据题意提出简单而又合理的物理模型，也就是毛估一下答案的数量级，如果计算的结果超出这个范围，就赶快检查一下计算过程……这种做法，使我有效地克服了因偶然疏忽引起的差错。

1939年秋，我在英国获得理学（国外通常称为"哲学"）博士学位，旋即到了美国加州理工学院跟随后来两度荣获诺贝尔奖（1954年化学奖和1963年和平奖）的鲍林教授学习和从事结构化学研究。我注意到并十分钦佩这位导师所具有的那种独特的化学直观能力：只要给出某种物质的化学式，鲍林往往就能大体上想象出这种物质的分子结构。这无形中“催化”了我那朴素的毛估思维，我常常揣摩导师的治学与研究的思维方法，探究他那非凡想象力的根基与奥秘。我发现那是善于把握事物本质的能力与毛估性判断的结果，这一发现引发我更重视毛估方法的训练和提高。

……

这是我长期从事科学研究工作积累起来的一点体会。我想寄语青年一代科学工作者：当你捕捉到一个有价值的研究课题却在工作开展后把握不住方向时，当你在探索真理的汪洋大海中感到茫然不知所措时，当你下狠心攻克某个科学难关而又难以攻下时，请回头探讨一下你的“目标模型”，问问自己是否已经建立起一个相当合理的模型。

最后，我想与大家共勉的还是那句老话：“毛估比不估好！”

论点十分明确，“毛估比不估好”。为了证明论点的正确性，摆了两个典型事例进行论证，最后寄语青年一代科学工作者，并以“毛估比不估好”互勉。通读以后有这样的认识仅仅是大体上的了解，要进一步体会佳妙，须精读细思，仔细琢磨。

文章开宗明义提出论点。论点的提出非泛泛而谈，而是紧紧扣住职业特点，实实在在，针对性强。针对科学研究工作者思想上容易产生的误解，指出科学家既不能“预言”研究结果，又不能漫无目标地“寻寻觅觅”，而应该重视最终结果的“预测”。在议论中提出观点后，立刻强化这种认识。强化方法有二：一是“时常这样告诫自己的学生和科研人员”，可见其重要性，简直成了座右铭；二是浓缩成简明的语言，“毛估比不估好”，易懂易记。为了使这个观点有说服力，文中运用了两个事例，一中一外，一个是自己的，一个是导师的。这两个事例之所以能以一当十，以少胜多，在于牢牢抓住一个“比”字。第一个事例叙述解答题目小数点点错，极容易归咎于粗心、疏忽。如果认识只囿于这一点，这种事例车载斗量，司空见惯，无甚价值。本文深入一层，检查出错的原因在于数量级上的明显不合理，心中无“谱”，没有“预测”，没有“毛估”。这就生动地说明差错出自“不估”。如果事例只举到这儿，只能证明“不估不好”，仍没有把问题说清楚，仍不能有效地论证论点。本文不是如此，而是继续深入，阐明毛估的有效性。“不论是考试还是做习题，我总是千方百计地根据题意提出简单而又合理的物理模型”，不是一次两次，而是每一次。前后比较，“毛估比不估好”的观点正确无疑。

第二个事例叙述十分概括，赞扬导师的非凡的化学直观能力和毛估性判断能力。导师两度获得诺贝尔奖，他在学术上的成就与他把握事物本质的能力和毛估性判断密切关联。因而这个事例同样有价值，有典型意义。无可辩驳的事实本身就具有极强的说服力。

文章的佳妙还在于两个事例的内在联系。导师学术上的杰出成就与研究的独特风格是自己朴素的毛估思维的“催化剂”，因而自己更重视毛估方法的训练与提高。如此论证，有正与误的对照，有内因的驱使、外因的激励，左右逢源，浑然一体。

论据在证明论点时要能以一当十，剪裁须精当。比如导师鲍林教授可叙述的事很多，在本文中只要紧扣论点的需要选用就行。也可这样理解：前一个事例是主要论据，后一个起补充、强化作用。赘述必然拖沓，反而淡化论据的作用。

文章是针对青年一代科学工作者写的，因而结尾处反复强调，苦口婆心。作者是大学者，但谦虚好学的品德渗透在字里行间，很值得我们学习。

构思奇峭，讽刺辛辣

刘勰在《文心雕龙·神思》一篇中指出构思是“驭文之首术，谋篇之大端”，认为构思是写文章头等重要的事。事实确是如此，一篇文章构思奇峭，必然深入生活的深层，令人拍案叫绝。所谓构思，顾名思义，是指在思想上构造。任何名篇佳作，绝非边想边写而成，而是对文章的方方面面通盘考虑，力求周到绵密所致。所谓周到绵密，是指从确立写作意图到材料的选择与剪裁，从主题的开掘到表达方式、表现技巧的选定，从篇章结构的安排到词句的遣造，从标题的确立到标点符号的选用，等等，均经过周密的思考，反复的酝酿。

鲁迅的讽刺小品《狗的驳诘》就是一篇构思极其奇妙的精品，阅读以后可从中获得众多的启发。原文是：

> 我梦见自己在隘巷中行走，衣履破碎，像乞食者。
>
> 一条狗在背后叫起来了。
>
> 我傲慢地回顾，叱咤说：
>
> “呔！住口！你这势利的狗！”
>
> “嘻嘻！”他笑了，还接着说，“不敢，愧不如人呢。”
>
> “什么!?”我气愤了，觉得这是一个极端的侮辱。
>
> “我惭愧：我终于还不知道分别铜和银；还不

本文发表于《中学生阅读》（高中版）1997 年第 1 期。

知道分别布和绸；还不知道分别官和民；还不知道分别主和奴；还不知道……”

我逃走了。

“且慢！我们再谈谈……”他在后面大声挽留。

我一径逃走，尽力地走，直到逃出梦境，躺在自己的床上。

这篇小品写于1925年4月23日，收入散文诗集《野草》中。在现实生活中，尤其是在世风日下的情况下，比势利的狗还势利的人确实屡见不鲜，令人憎恶。把这件事说开了，也不过是泄气愤，泄不平。在大家的笔下，经过奇峭的构思，如利刃破腐疮，锋利，辛辣，讽世警世的作用迥然不同。

《狗的驳诘》仅短短一百多字，却有情节，有形象。奇峭在人与狗的对话。地点在隘巷，即狭窄的小巷。先刻画狗的势利，看到衣衫破碎的人就狂吠，继而描绘狗对人叱咤的反驳责问，其中最为核心的是五个“还不知道”。与势利的人比较起来，狗的本领远远不及。狗虽势利，但对事物的贵与贱，品质的优与劣，地位的尊与卑、高与下无分辨能力。势利的人工于心计，善于变脸，在不同事物、不同人物面前采取判若两人的态度。从这一点来说，狗的势利比人的势利逊色多了。四个排比句加上一个“还不知道”的悬念，把“愧不如人”刻画得淋漓尽致。这就从反面揭露了人的势利比狗更为严重，更为卑劣，既辛辣，又入木三分。

狗与人的形象均十分鲜明。开始是“我”斥责势利的狗，态度“傲慢”，语言严厉，“呔！住口”，并直接斥责“你这势利的狗”；结尾是“我”逃走，一连两个“逃”，以败北而告终，由主动而被动。狗则相反，先嬉皮笑脸，接着提出反驳的论点，摆出充足的理由，最终以“大声挽留”表现得胜者的扬扬得意。情节完整，形象鲜明，栩栩如生，如在眼前。

奇峭还在于巧设梦境。人与狗无法对话，用梦境表现，障碍全无，任何奇特的想象均可流入笔端。若不精心构思，难以收如此佳妙的效果。

标题发人深省。“驳诘”有千钧之重，预示文章的灵魂所在。标点符号用得十分精彩，对刻画形象、表现画外音起传神作用。

这篇小品与《野草》中的另一篇讽刺小品《立论》有异曲同工之妙。构思奇特，寓意深邃，具有广泛而深刻的社会意义，是学习的典范。

从活处看，体验独特

耐人寻味的文章往往是从活处看的得意之作。从活处看，就是从生活中看出道理来，而不是一般化地讲道理，人云亦云。生活丰富多彩，各人的生活体验不可能一个模式，不可能如出一辙，应有独特之处，把握住这个“独特”，文章就闪现光彩。如《诗·大雅·旱麓》有“鸢飞戾天，鱼跃于渊”的名句，就是从活处看的产物。社会要培养人才，如果空讲道理，就会流于肤浅。结合生活体验，说看到大自然中的鹰在天空飞翔，鱼在深潭中跳跃，一派生动活泼的景象乃出于自然，无丝毫矫揉之处，从而体会到培养人才也要生动活泼，出于自然。由于体会独特，这个句子千古流传。

阅读文章要能品尝出味儿，从中吸取养料，须探讨作者是怎样从活处看，有怎样的独特体验，认识得越具体越深入，收效越大。下面是刘雪玑的《太阳》，看作者是怎样从生活中看出道理，写出新意的。

我不崇拜太阳，可我爱太阳，因为——

太阳便是爱！太阳是那种不辨前因、不问后果的痴迷，是那种永远年轻、永远无悔的执着，是那种让人炫目、让人战栗的癫狂，太阳更是那种轰轰烈烈、彻里彻外的生命的自我完全燃烧。

一缕阳光便是一抹心迹，一颗黑子便是一朵伤痕，于是，太阳会醉，太阳更会痛；于是，太

本文发表于《中学生阅读》（高中版）1997 年第 4 期。

阳会笑，太阳会哭泣，你不见彩虹，你不见太阳雨吗？

别轻看太阳的无言，日出日落总是她爱的心跳；别误会太阳的色彩单调，尘世爱的调色板，怎跳得出她的天然光谱？

人们总称太阳是骄阳。其实，太阳是谦和的，月光和星辉原是她的谦和。太阳更是脉脉含羞的，所以，人们才有了白天和黑夜。

有人埋怨冬天的太阳过于疏远，有人害怕夏日的太阳过于炽热。如果说，生命总需一个过程孕育，那么，太阳也自有她爱的呼吸。

仿佛天经地义，谁都以为太阳坚强无比，因此，历来总将“阳”字与“刚”字连接，又怎知太阳她也最易受伤。

跃跃欲试的鸟儿向着太阳飞了一圈，回巢了；肉眼凡胎的人儿迎着太阳凝视了几秒，俯首合眼了。怯懦的心负载不起太阳的热情，瞻前顾后、畏首畏尾的爱又怎能承受太阳之吻！

太阳病了。人们不无心痛地仰望日的半休与日的全休，好心的人儿还打起锣鼓、敲起脸盆赶走“天狗”。

太阳最受不了的是宠爱！太阳陶然了，天光万斛就是那太阳的深情万种，白夜出现了！太阳翩翩起舞，极光便是她的裙裾拂动，轻轻的一个转身便是悠悠一个大年。

太阳真快活，她连连舞着，浩浩荡荡地普照着芸芸众生，不论是有意赏日还是无意赏日的。

但也有人担心太阳之怒。其实，那不更是一种爱的宣泄吗？太阳之爱绝不类同炼丹的文火；与其半阴半阳，何如归于永恒的寂灭，何况，烈日炎炎也确可算作爱的咒语，恨的对立。

看来，“日心说”足可改称“爱心说”。因而，切莫在太阳底下轻言“爱”字，太阳可是永远高高在上啊。

文章起笔突兀，“我不崇拜太阳”，一下子抓住读者的心。众所周知，万物生长靠太阳，人们对太阳往往有敬畏、崇拜的感情，因为没有太阳，世界将一片黑暗。为什么作者“不崇拜”呢？当你来不及思考时，作者笔锋陡转，“可我爱太阳，因为——”。

于是，如江河倾泻，抒写自己独特的感受。以“太阳便是爱”总起，与“我爱太阳”呼应，接着以四个“那种”的排比句直书自己的认识与体验。“痴迷”“执着”“癫狂”“燃烧”是太阳爱深刻而丰厚的内涵，这种爱的刻画是人间生活的体验。迷也好，狂也好，执着追求也好，自我燃烧也好，生活中洒向人间都是爱的活生生的形象跃然纸上，既触手可及，又撼人心灵。因为从生活中来，对太阳的爱就十分具体，无半丝凌空。

爱不是孤零零的，要精当而深入地刻画出太阳的爱，须赋予太阳以人的生命。它会醉，会痛，会笑，会哭泣，有活泼泼的生命，有自己的喜怒哀乐。用拟人化的手法定格，然后从不同的角度进行铺写，写爱的心跳，爱的呼吸，爱的宣泄，爱的咒语。在铺写爱的种种表现时，无不植根于对生活中司空见惯的景物的领悟，如日出日落，冬日疏远夏日炽热，稀松平常，由于有个人独特的体验，就刻画出了别人视而不见的东西。

铺写爱的表现时，不着痕迹地分笔刻画太阳的性格。采用辨析的方法描绘，去“骄阳”误称，还“谦和”本色，去“坚强无比”的片面认识，补“也最易受伤”的不足。这样抒写，使太阳更有血有肉，形象更为丰满。这种颇具独到见解的刻画，同样植根于生活中的领悟。

这篇短文更为生色的是太阳与人之间的交流。爱不是单向的，太阳普照芸芸众人，给人以欢乐；太阳病时，人们真心回报，以至打起锣鼓、敲起脸盆赶“天狗”。爱是有选择的、怯懦的，瞻前顾后、畏首畏尾难以承受太阳的恩泽；爱撒播给怎样的人，尽在不言中。

文末以“日心说”足可改称“爱心说”来收煞，非同凡响。“日心说”是宇宙运行的客观规律，是大家认可的真理。而今，经过既精雕细刻，又洋洋洒洒地抒写，竟然可改称为“爱心说”，可见其中的信心与气势。这样收煞，与开头呼应，使“太阳便是爱”这个判断掷地有声。

文章至此，本可戛然结束，作者偏偏又宕开一笔，使主题更为深化。“切莫在太阳底下轻言‘爱’字，太阳可是永远地高高在上啊”，进一步强调太阳爱的本质、个性、质量，激励人们追求对事业的痴迷、执着、癫狂，追求生命的真正价值。

巧妙地托物言志，以太阳为高标，爱洒人间。

寓情于景，倾诉心怀

“情动于中而形于言。”文章不是无情物，任何一篇佳作都是作者情动于中的产物。然而，表达感情的方式可各不相同，可直接倾吐，也可间接抒发。后者是作者不直接吐露感情，而是有所假借，把要表达的感情依附于景、物、人、事，曲折含蓄地加以抒发。

茅盾的《雾》，就是把内心的感情通过眼前景抒发的佳作。胸中有动情之景，笔下就有动情之文。

> 雾遮没了正对着后窗的一带山峰。
>
> 我还不知道这些山峰叫什么名儿。我来此的第一夜就看见那最高的一座山的顶巅像钻石装成的宝冕似的灯火。那时我的房里还没有电灯，每晚上在暗中默坐，凝望这半空的一片光明，使我记起了儿时所读的童话。实在的呢。这排列得很整齐的依稀分为三层的火球，衬着黑魆魆的山峰的背景，无论如何，是会引起非人间的缥缈的思想的。
>
> 但在白天看来，却就平凡得很。并排的五六个山峰，差不多高低，就只最西的一峰戴着一簇房子，其余的仅只有树；中间最大的一峰竟还有濯濯地一大块，像是癞子头上的疮疤。
>
> 现在那照例的晨雾把什么都遮没了；就是稍

本文发表于《中学生阅读》（高中版）1997 年第 5 期。

远的电线杆也躲得毫无影踪。

渐渐地太阳光从浓雾中钻出来了。那也是可怜的太阳呢！光是那样的淡弱。随后它也躲开，让白茫茫的浓雾吞噬了一切，包围了大地。

我诅咒这抹煞一切的雾！

我自然也讨厌寒风和冰雪。但和雾比较起来，我是宁愿后者呵！寒风和冰雪的天气能够杀人，但也刺激人们活动起来奋斗。雾，雾呀，只使你苦闷，使你颓唐阑珊，像陷在烂泥淖中，满心想挣扎，可是无从着力呢！

旁午的时候，雾变成了牛毛雨，像帘子似的老是挂在窗前。两三丈以外，便只见一片烟云——依然遮抹一切，只不是雾样的罢了。没有风。门前池中的残荷梗时时忽然急剧地动摇起来，接着便有红鲤鱼的活泼泼地跳跃划破了死一样平静的水面。

我不知道红鲤鱼的轨外行动是不是为了不堪沉闷的压迫？在我呢，既然没有杲杲的太阳，便宁愿有疾风大雨，很不耐这愁雾的后身的牛毛雨老是像帘子一样挂在窗前。

这篇短文是作者1928年流亡日本时所作，发表在1929年2月10日出版的《小说月报》第20卷第2号上。此时正处于大革命失败后革命的低潮期。作者内心惆怅，向往光明，呼唤革命的暴风雨，于是假托眼前景来表述自己的胸怀。

清人施补华在《岘佣说诗》中指出："写景须曲肖此景。"意思是描绘景物须逼真入微，绘山像山，绘水像水。这篇短文通篇描写雾，对这无形状少色彩的雾怎样才能描绘得逼真入微呢？一是用以物衬物的方法。清人刘熙载《艺概·诗概》中说："山之精神写不出，以烟霞写之；春之精神写不出，以草树写之。"以"烟霞"写"山"，以"草树"写"春"，用侧面衬托的方法写出描写对象的精神。写雾即如此，下笔写“正对着后窗的一带山峰”，意在刻画把山峰“遮没了”的“雾”。写“稍远的电线杆”“可怜的太阳”“大地”，意图均在刻画把它们遮没了的“雾”。无边无垠，遮没一切是它的特征。二是用对比的方法深入一步刻画。把雾和寒风、冰雪进行对比，从人的感受的角度，深一层地刻画它的特征——使人“苦闷”，使人“颓唐阑珊”。三是用动态描写的方法。晨雾“白茫茫”，将近中午，雾变成了遮没一切的“牛毛雨”。早晨，太阳光从浓雾中钻出来，随后“淡弱”的光“躲开”，白茫茫的浓雾“吞噬了一切”。

绘景贵寓深意，正如王夫之在《夕堂永日绪论》中所说：“烟云泉石，花鸟苔林，金铺锦帐，寓意则灵。”为写景而写景，往往苍白乏力；寄托情思，描写对象就活动起来。雾，在作者笔下被刻画得逼真入微，所寄托的情思就具体实在。作者以象征的手法表达自己的爱憎与期望，诅咒“遮没一切”“吞噬一切”“抹煞一切”、使人苦闷消沉的“雾”，以此来抨击革命低潮期沉闷的社会，表达自己不堪沉闷的压迫的感情。

文章基调是低沉的，然而，低沉并未令人窒息，原因在文章的各个部分都精心地透露出一丝光亮。文章开头描写童话般美丽的夜景，以“山的顶巅像钻石装成的宝冕似的灯火”表达作者在黑暗中对光明的向往；中间部分宁愿要寒风与冰雪，憎恨使人“像陷在烂泥淖中”的雾，是抒发追求奋发战斗的激情；文末描写红鲤鱼在池中活泼泼地跳跃，更是对不安于死寂沉闷的“轨外行动”的热情赞颂；最后期盼、呼唤“疾风大雨”势在必行。绘景时作如此精心的安排，全文的抒情格调就由苦闷低沉而转向振奋昂扬。

阅读这类作品，一忌粗疏，二忌见景不见人。粗疏，就会忽略细微之处，而细微之处往往是作者精心考虑、曲折表达心态的笔墨；见景不见人，就难以领悟文章的真谛。

悲愤交织，石破天惊

伟人鲁迅辞世，一颗明亮的智慧之星陨落，苍天哭泣，大地举哀，唁电、唁诗、唁文雪片般飞来，悼念的文章一篇又一篇，表达了由衷的崇敬，寄托了不尽的哀思。在众多悼念的诗文中，有一篇短文貌似很不起眼，但由于出自作者内心的呐喊，作者将深邃的思想、激越的感情，浇铸成不朽的语句，收到了石破天惊的效果，终于使短文脱颖而出，成了悼念伟人别具风格的佳作。这就是郁达夫先生的《怀鲁迅》，最初发表于1936年11月1日《文学》第7卷第5号。

> 真是晴天的霹雳，在南台的宴会席上，忽而听到了鲁迅的死！
>
> 发出了几通电报，会萃了一夜行李，第二天我就匆匆跳上了开往上海的轮船。
>
> 二十二日上午十时船靠了岸，到家洗一个澡，吞了两口饭，跑到胶州路万国殡仪馆去，遇见的只是真诚的脸，热烈的脸，悲愤的脸，和千千万万将要破裂似的青年男女的心肺与紧捏的拳头。
>
> 这不是寻常的丧葬，这也不是沉郁的悲哀，这正像是大地震要来，或黎明将到时充塞在天地之间的一瞬间的寂静。
>
> 生死，肉体，灵魂，眼泪，悲叹，这些问题与感觉，在此地似乎太渺小了，在鲁迅的死的彼

本文发表于《中学生阅读》（高中版）1997年第10期。

> 岸，还照耀着一道更伟大、更猛烈的寂光。
>
> 没有伟大的人物出现的民族，是世界上最可怜的生物之群；有了伟大的人物，而不知拥护，爱戴，崇仰的国家，是没有希望的奴隶之邦。因鲁迅的一死，使人们自觉出了民族的尚可以有为，也因鲁迅之一死，使人家看出了中国还是奴隶性很浓厚的半绝望的国家。
>
> 鲁迅的灵柩，在夜阴里被埋入浅土中去了；西天角却出现了一片微红的新月。

纵观全文，悲哀和愤恨的感情交织在一起，长歌当哭，倾诉心怀，文章前半部分“悲”绪笼罩，大悲大哀之情寓于简洁平实的叙事之中。起笔突兀，“真是晴天的霹雳”，一个比喻不仅写出作者骤闻噩耗时的无比震惊，而且猛烈地叩击读者的心灵，使之发生共振。紧接着是一连串的快速行动，地点由福建的南台转换到海上，转换到上海家中，转换到胶州路万国殡仪馆，急速的行动反映了奔丧心情的急切，欲哭无声，哀思如潮。作者十分吝惜笔墨，没有写万国殡仪馆里与伟人告别的任何场景，只抓住一点来刻画，那就是“遇见的”“脸”“心肺”与“拳头”。没有一句话，没有一声哭，而一张张“真诚”“热烈”“悲愤”的脸，已足够反映吊唁的广大群众对鲁迅的敬仰、爱戴；而“将要破裂似的青年男女的心肺”与“紧捏的拳头”更是表达了吊唁者对摧残鲁迅的黑暗社会的愤怒与控诉。失去伟人、失去导师的悲痛，对黑暗势力的愤恨裂人心肺。极度深沉的感情表达得如此简练、深刻，不得不令人佩服行文的奥妙。

后半部分由悲而愤，浓烈的抒情伴随着精辟的议论，促人深思，开人心窍。首先发表的议论是鲁迅的丧葬非比寻常，不寻常到似乎是“大地震要来”，似乎是“黎明将到时”的“一瞬间的寂静”。两个“不是”、两个比喻十分形象地刻画出伟人逝世的醒世作用。紧接着笔锋深入，从生命价值的角度深化议论。生死、肉体、灵魂等本是人生的大事，作者却出人意料地用“太渺小”加以概括，以此来反衬鲁迅的死是一道惊醒人们、照耀人们迎接黎明的伟大而猛烈的光芒。议论至此，鲁迅的不朽，对鲁迅崇敬与爱戴的浓烈感情已洋溢纸上。文章没有戛然收笔，而是进一步推理，掀起议论的高潮。

“没有伟大的人物出现的民族，是世界上最可怜的生物之群；有了伟大的人物，而不知拥护，爱戴，崇仰的国家，是没有希望的奴隶之邦。”深邃的哲理性思考，把伟人的作用放到民族的质量、民族的兴衰的大背景上来认识，其高度与深度给人以奇峰崚嶒之感。用辩证的观点阐明从鲁迅之死可洞悉民族的前途与必须改革的弊病，进一步颂扬鲁迅的伟大，中国是“有为”的民族，深入抨击险恶而黑暗的社会对鲁迅的折磨。一语惊天，把哀悼伟大人物的深情拓展到国家前途命运的感愤与忧思，分量沉重。结尾“西天角却出现了一片微红的新月”，使人们在沉痛悲愤之中看到光明与希望。

读这类文章，要学会抓石破天惊之笔。石破天惊之笔的出现，绝非空穴来风，因而要善于梳理作者的思路，善于梳理感情的脉络。沉郁愤慨的感情寄寓于叙事、抒情之中，议论层层深入，尺水兴波是该文的一大特色。

体物为妙，功在密附

刘勰在《文心雕龙·物色》中谈写景状物诗文鉴赏时有一段很精彩的话："文贵形似，窥情风景之上，钻貌草木之中。吟咏所发，志惟深远；体物为妙，功在密附。故巧言切状，如印之印泥，不加雕削，而曲写毫芥。故能瞻言而见貌，即字而知时也。"意思是：作品描写重在逼真，从风景里观察它的情态，从草树里钻研它的形状。歌诗的创作，情志只求深远，对事物描绘得好，功效只在于贴切。所以巧妙的语言贴切事物的形状，像在封泥上盖印，不需要雕琢，却能详尽地把极细微处都刻画出来。因此，看到这些语言如同见到景物，就这些文字便知道时节的变化。阅读郭沫若的《白鹭》这首散文诗，用"体物为妙，功在密附"八个字形容是最恰当不过的了。

> 白鹭是一首精巧的诗。
>
> 色素的配合，身段的大小，一切都很适宜。
>
> 白鹤太大而嫌生硬，即如粉红的朱鹭或灰色的苍鹭，也觉得大了一些，而且太不寻常了。
>
> 然而白鹭却因为它的常见，而被人忘却了它的美。
>
> 那雪白的蓑毛，那全身的流线型结构，那铁色的长喙，那青色的脚，增之一分则嫌长，减之一分则嫌短，素之一忽则嫌白，黛之一忽则嫌黑。
>
> 在清水田里时有一只两只站着钓鱼，整个的

本文发表于《中学生阅读》（高中版）1997年第6期。

田便成了一幅嵌在琉璃框里的画面。田的大小好像是有心人为白鹭设计出的镜匣。

晴天的清晨每每看见它孤独地站立在小树的绝顶，看来像不是安稳，而它却很悠然。这是别的鸟很难表现的一种嗜好。人们说它是在望哨，可它真是在望哨吗？

黄昏的空中偶见白鹭的低飞，更是乡居生活中的一种恩惠。那是清澄的形象化，而且具有了生命了。

或许有人会感着美中的不足，白鹭不会唱歌。但是白鹭的本身不就是一首很优美的歌吗？——不，歌未免太铿锵了。

白鹭实在是一首诗，一首韵在骨子里的散文诗。

这首散文诗用优美、贴切的语言把白鹭刻画得形神毕现，使人赏心悦目，陶醉于美景之中。

“精巧”是诗的眼睛，紧扣这个关键的词绘白鹭的形。绘形从两个角度展开，一是色彩，二是身段。“白”是白鹭这个形象的主体色。为了突出白色的纯净、鲜亮，先用白鹭自身的部分“铁色的长喙”“青色的脚”映衬，再放置在“清水田”的环境里，以背景烘托，不仅构图清雅，描写对象突出，而且亮度陡增，以光托色，白色更为鲜亮。绘身段时，以白鹤及同类的朱鹭、苍鹭比较，突出白鹭的和谐美、柔和美，突出它的美寓于寻常之中。在分写的基础上，把色彩与身段糅合起来描绘，用“增之”“减之”“素之”“黛之”四句刻画，白鹭的整体美就活灵活现。作者在这里套用了宋玉在《登徒子好色赋》中描写美人的句子：“增之一分则太长，减之一分则太短，著粉则太白，施朱则太赤。”不过，描绘得更为细致。“一分”“一忽”，“忽”是古代极小的长度单位名，十忽为一丝，十丝为一毫，十毫为一厘，十厘为一分，以“忽”来计，说明白鹭身上的素白、黛黑的色彩美得不能再美了。

白鹭这样一个诗意的形象，如果只停留在“精巧”的描绘、形似上，那就失之肤浅，因而笔锋要继续深入，把作者的感触、作者的思想感情写进去，使描绘对象的“神”能跃然纸上。白鹭清晨伫立小树绝顶和黄昏在空中低飞的两幅画面，不仅写它的静态与动态，刻画它静中有动、动中又注入静的美姿，更在于表现它内在的气质，沉静，清澄，给乡居生活的人们创造美，创造恩惠。田园风光没有白鹭这样的诗意形象点缀，确实是一种缺陷。

诗的结尾处以贬托褒，看似贬白鹭不会唱歌，实质赞赏它用歌来形容还不匹配，它就是一首韵在骨子里的楚楚动人的诗。“歌未免太铿锵了”与“全身的流线型结构”“增之”等四句遥相呼应，又是“悠然”“清澄”的深化，柔美、和谐、清纯、沉静、淡雅均寄寓其中。

郭沫若曾说：“语言除掉意义之外，应该要追求它的色彩、声调、感触。”读这首诗，可从中领略一二。用贴切的富于色彩的语言绘形绘态，刻画自己独特的感受，恰如在封泥上盖印，自然成诗，玲珑剔透。

精选·沉思·积累

记得冯至给茅盾的杂诗十二首中有这么两句："愧我半生劳倦眼，为人为己两蹉跎。""劳倦眼"是把眼睛看酸了的意思，而结果对别人对自己都无所收获。当然，这是冯至先生的自谦之词，他是卓有成就的。但对这两句诗我们倒可以作另外的理解：开卷不一定有益，阅读要追求效果。

读，就要放出眼光来挑选。一个人暮年之时，读点消闲的书，还可理解；但青春年少生命旺盛之际，读什么书却大有讲究。描写祖国锦绣山川、颂扬中华民族灿烂文化、剖析世界风云变幻、道破千古人生哲理等的名著佳作，能使人生智慧、长觉悟、添修养、增才干，要多读，要读好。武打、言情之类的小说，不是说不可以沾边，稍加涉猎，有所了解，是可以的，也是必要的。然而，花过多的时间与精力去阅读，甚至沉湎于其中，那就蹉跎岁月了。有些武打小说，粗制滥造，除了刺激感官，搅乱脑子，实在无益处可言。读不好的书其结果和玩物而丧志一样，只会消耗精力与生命，我们不能等闲视之。挑选，要拿出眼力读一些实实在在的名著，不可满足于某些节缩本。随着社会生活节奏的加速，人们的阅读量大增，许多著作的节缩本应运而生。节缩本固然有助于文化的传播，但是，对青少年来说，既要涉猎，以扩视野，又要精读，含英咀华。就好比人们就餐，快餐确实方便，然而，终日快餐，长此以往，会营养不良。故而，在享用快餐的同时，正餐决不可废。

读，须开动脑筋潜心思考。读而"思"，才能得其要领，掌握精

本文发表于《中学生阅读》1992年第6期。

髓，品尝求知的欢乐。比如鲁迅名文《一件小事》中有这样一段精彩的文字：“我这时突然感到一种异样的感觉，觉得他满身灰尘的后影，刹时高大了，而且愈走愈大，须仰视才见。而且他对于我，渐渐的又几乎变成一种威压，甚而至于要榨出皮袍下面藏着的‘小’来。”若只是浮光掠影地读，只能形成车夫与“我”大小对比的粗框架，作者的思想精华往往在眼皮底下溜走，激不起心灵的震动。如果运用生活经验和储存的知识推敲词句的寓意，领悟的深度就大不相同。按观察事物的常规，应该是近大远小，怎么会“愈走愈大”呢？作者为什么用一反常规的视觉形象来刻画？车夫的后影刹时高大了，高大到什么程度呢？“须仰视才见”。作者为什么不用比喻呢？如果以高山等作喻，就把车夫的形象限制住了，显示不出他本质的光华，而“愈走愈大，须仰视才见”，是运用连续摇动的特写镜头来颂扬车夫灵魂的高尚，表达自惭形秽的感情，袒露“我”内心的感动和觉醒。阅读要讲悟性，就是这个道理。既要读懂字句的表面，还要深思字句的背后，潜台词是什么也要推敲一番。阅读切忌“碎尸万段”，只见手脚，不见身体。肢解的读法会使脑子里塞满了字、词、句的零部件，而丢失了文章的灵魂。不把握文章的整体，不洞悉作者的写作意图，词句的表现力、生命力又从何谈起？

读，还得借助记忆用心积累。潜心思考是在理解上下功夫，而记住一些名言佳句，背诵一些名文佳作，能构成人的文化素养，提高思想道德素质和科学文化素质。读而不记，如走马观花，时过境迁，不留半点痕迹。有的人书也读过不少，但没有体会到积累的重要，脑子里常是白茫茫的一片，白白浪费了时间。当然，积累要有谱，不是读什么就记什么，要善于辨别，择精华而记取。

阅读能使人聪慧，使人精神富有起来，使人胸中拥有天地万物，通观古今中外。而要实现这美好的目标，须在精选、沉思、积累上花气力，切莫读而无益，蹉跎光阴。

要读出文章的个性

理想的书籍是青年人不可分离的生命伴侣。读书使人明智，使人快乐，使人心旷神怡。然而，书籍浩瀚如海洋，怎么读呢？英国大哲人培根说得好：有些书可供一赏，有些书可以吞下，有不多的几部书则应当咀嚼消化。显然，读书不能平均使用力量，有的要精读，有的只需浏览，有的要读全文，有的只需挑着读、拣着读。目的不一，方法各异。下面我们仅就精读的问题做一些探讨。

一般来说，精读的目的在于正确而深入地理解读物的思想内容，解除阅读中所碰到的各种疑难问题，能一定程度地评价读物的社会作用，品评作品的写作特点。要达到这样的目的，需掌握一定的步骤和方法。

不管读哪些文章、哪种体裁的文章，要学会读出文章的个性。写不出文章的个性，泛泛而谈，难以成佳作，难以吸引读者。即使写最稀松平常的事，善文者必有其独到之处，文中必有其与众不同的特色。阅读时要能真正从中汲取丰富的养料，须探究特色，把握文章的个性，切忌粗略地了解框架，丢失文中的珍奇。

朱自清的《背影》是脍炙人口的佳作，感染了一代又一代的学子。名人写父亲、写母亲，刻画亲情的文章比比皆是，为什么在现代文学中《背影》能独占鳌头呢？关键在于“真”，屏粉饰，去藻绘，有真情。正如作者自己所说：“我写《背影》，就因为文中所引的父亲的来信里的那句话。当时读了父亲的信，真的泪如泉涌。我父亲待我的许多好处，特别是《背影》里所叙的那一回，想起来跟在眼前

本文发表于《中学生阅读·高中版》1995 年第 1 期。

一般无二。我这篇文只是写实。”《背影》是作者“泪如泉涌”的产物，是作者脑中镌刻的父亲爱抚自己的一幅幅图景再现的产物，是作者生活的真情实感。唯其真实，所以感人。阅读时牢牢把握，就可粗知文章的个性特征。

然而，仅仅停留在这一点上，还是远远不够的。情必须有所依附。在写人的作品中，融情于形最常见。人物形象是抒情的依托，一般人多喜欢写人物的正面，刻画音容笑貌，朱自清先生却蹊径独辟，在特定的环境中从背后用饱含泪水的眼光来凝视父亲，刻画背影，让父亲上月台时的“蹒跚地走到”“慢慢探身”“穿过”“爬上”“攀”“缩”“倾”一系列动作映入读者眼帘，构成鲜明的印象。文中前后四次写背影，符合父子之间感情含蓄的真实，在这普普通通背影的描述中，舐犊深情跃然纸上。

同样的事物，在不同的作者笔下完全可以写成个性迥异的文章，阅读时要认真品味，把握各自特色，从中获益。海燕，作家常以此为描绘对象，或咏物，或抒情，或言志。高尔基笔下的海燕形象在中学生的脑海里印象是深刻的，那是一个英勇无畏、搏击暴风雨的先驱者形象；而郑振铎笔下的海燕则是另一番图景，另有一番风味。前者是把海燕放在暴风雨来临前的大海这个环境中进行描绘的。背景辽阔，且急剧变化，风狂，雷鸣，电闪，浪吼，层层进逼，矛盾冲突紧张激烈，海燕在这样的环境中搏斗，英勇无畏的性格得到充分的表现。“斗”是这篇散文诗的灵魂。以纵横决荡、勇敢善斗的海燕形象象征俄国革命先驱者的形象，给人以心灵的震撼。

郑振铎的散文《海燕》的灵魂是“恋”。1927 年大革命失败以后，国民党反动派疯狂迫害进步知识分子，年轻的郑振铎被迫于同年 5 月离开家乡，离开祖国，远游欧洲。在漫长寂寞的海上旅行中，游子思乡恋国，寄情于物，于是有《海燕》之作。文章也是把海燕放在大海的背景上来刻画的，然而这个背景是晶天万里，海涛万顷，是绝美的海天。目睹在海面上隽逸的、从容的、斜掠的海燕幻化出故乡的小燕子，把故乡的小燕子和海上的小燕子交织起来写，似分似合，似合似分，借助它们吐露思念家乡、思恋祖国的真情。文章开篇描绘故乡春燕图，意在种下情种，“燕子归来寻旧垒”，情播得深，海上的恋国恋乡之情就有了坚实的基础。

任何一篇佳作，都有其特定的背景及特定背景下产生的思想感情，都有明确的写作意图，都有表达写作意图的种种写法。这些就构成了文章的个性，区别于其他的文章。精读，就要读出文章的个性；只有读出文章的个性，才能真正体味到文章的佳妙。读出文章的个性，文章就不是平面的文字，而是活的，流动的，立体的，文中的珍奇佳妙之处就会深深印入脑中，增进知识，形成能力，融为教养。反之，读起来千文似一面，那所得的也就微乎其微了。

于细微处见精神

精读一篇文章不能像计时的沙漏，沙注进去，又漏出来，脑子里不留痕迹。要使阅读有成效，不仅要把握文章的整体，还须仔细咀嚼，反复品味，明察细微之处，揣摩作者的匠心。

下面是人物肖像素描一则：

> 梅里佩是一只披着各色羽毛的鸟，但这些羽毛不是他的。他不说话，他不思考，他只是重复别人的情感和话语。他对别人的思想一知半解，常常张冠李戴。而且他在重复别人刚才的讲话时竟以为在阐述自己独特的见解。同他这种人一块待一刻钟还可以，再长了他就支支吾吾，前言不对后语，把些许的记忆力赐给他的微弱光芒丧失殆尽，露出他的本相。唯独他本人不知道他距离崇高和英豪是多么遥远；他无法理解人们的才智可以达到多么高的顶峰，他天真地认为所有人都同他一样平庸，所以他的神态、举止表明他认为自己在这方面的英才比起谁也不逊色。他经常自言自语，而且当着别人的面；人们看见他仿佛时刻在运筹帷幄，决断机要。如果你向他致敬，他会显得困惑，不知道是否应该还礼；而他还在犹豫不决的当儿，你已经走开了。他的虚荣心使他

本文发表于《中学生阅读·高中版》1995年第6期。

> 钻入上流社会，使他成为一个超过他能力的人，一个他不配做的人。从他那副神气，看得出他一心记挂着自己的外表，他知道自己的衣服很合身，他的打扮很入时；他以为所有的眼睛都望着他，以为人们摩肩接踵，以一睹他的风采为快。

这篇短文《自负的人》选自拉布吕耶尔散文集《品格论》。作者所处的时代是法国路易十四统治末期，国家由盛转衰，百弊丛生，各色人等，无奇不有。作者在这本散文集中针砭时弊，用鞭辟入里的笔为这种“自负的人”画像。

阅读时抓住起点睛作用的词句可粗见文章的精神。肖像描写的第一句是十分巧妙的比喻。说梅里佩是一只“鸟”，这只鸟的特征是披着“各色羽毛”，乍看，色彩缤纷，给人以美感。谁知，作者立即用“但”来转折，指出“这些羽毛不是他的”，把矛盾揭示在读者眼前。一般来说，“自负”总要有点儿资本，或聪明过人，或学识过人，或才华过人，或美貌过人，等等。“各色羽毛”当然是鸟自负的资本，可偏偏“不是他的”。一句话捅破天机，辛辣的嘲讽初露锋芒。

梅里佩的自负被刻画得活泼鲜跳当然不是一个比喻所能奏效的，更在于不少超出常人想象或容易被人忽略的细微之处在文中被点染得恰到好处。阅读时，一要精细地审视，莫让言简意深的语言从眼皮底下溜走。二要连贯起来思考，由点串成线，领会刻画的意图。例如写梅里佩“不说话”“不思考”，不是真的不开口，关键在“重复”二字，语言不是他的，思想情感不是他的，正如“羽毛不是他的”一样。这不仅刻画了他语言和思想的一无所有，而且妙就妙在他重复别人刚才的讲话时，“竟以为在阐述自己独特的见解”。这入木三分的绝妙的一笔，刻画得既幽默又细微，从幽默与细微中活画出这个自负的人是多么恬不知耻。阅读如果不精心，一掠而过，就难以体会这个人讲话时的丑态，更不能深刻认识其内心的肮脏。又如关于自言自语的描写也别具一格。通常“自言自语”总局限在个人独处的情况下，而且不大常见。这个梅里佩却是“经常”，而且“当着别人的面”自言自语，轻轻一笔，画出他的与众不同。这究竟是怎么一回事呢？作者调转笔锋，从别人的眼光里看他，他的形象是“时刻在运筹帷幄，决断机要”，俨然是一副了不起的样子。果真如此吗？锋利的笔又立刻戳穿。别说什么机要大事，就连向他致敬的极其普通的事，他都“困惑”“犹豫不决”，不知所措。这样细致入微的描写造成极大的反差，把梅里佩的空虚、无能、愚蠢揭露得淋漓尽致。

如果说每个细微之处的描写是一个“点”的话，阅读时还要善于把点连成线，综合起来思考。作者分别对梅里佩的语言、心态、神情、衣着做了细致传神的刻画，每个细微之处都能进入品格的深层，裸露出品格的某个方面。把这些连缀起来思考，一个可笑又可悲的莫名其妙的人物形象就活现在眼前。自以为风度翩翩、英才盖世，实际上是装模作样、空虚无能、不屑一提的蠢材。“自负”建筑在子虚乌有的基础之上，而偏偏又跻身上流社会，不可一世，这是当时社会百弊丛生中的怪现象之一，作者用犀利的文笔给予了狠狠鞭挞。

下面短文是拉布吕耶尔给“钻营者”画的像，读后请思考回答：1. 作者用怎样的类比给钻营者画像？2. 揭示钻营者品格最关键的词是什么？3. 剖析一个细节，说明它在刻画人物中的传神作用。

莫佩斯和我素不相识，由于他登门造访，我才见过他一面；他请不认识的人把他带到从未谋面的人家中；他给仅仅面熟的女人写信；他钻进一些受人敬重但与他素昧平生的人物当中，而且常常旁若无人，打断别人的谈话，以可笑的方式大发议论。有一次，他出席一个集会，见空位就坐，一副大大咧咧的样子；别人请他离开那个留给某位大臣的位置，他又跑到公爵的位置上就座。他成了众人的笑柄，而唯独他本人板着脸孔，毫无笑容。你要是把一条狗从国王的扶手椅上赶开，它会爬上布道者的讲坛，而且无所谓地望着大家，既不显得尴尬，也不显得惭愧；这条狗同蠢人一样，毫无廉耻。

参考答案：1. 与狗进行类比。2. 无耻或毫无廉耻。3. 莫佩斯在集会上成为众人的笑柄，而他本人却毫无笑容，这笑与不笑的细节深刻地揭示了他的恬不知耻，为了到上层社会钻营，什么压力都无动于衷。

横看成岭侧成峰

阅读书籍文章要学会在“悟”上下功夫。悟性越高，收获越多；反之，美什佳文如过眼烟云，欲擒已逝。一本好书，一篇好文章，往往内容丰富，涉及的问题颇多，阅读时如只注重其中一两点，就难以有充分的感受。

据说，北宋苏东坡曾用“八面受敌”法读书。他说：“人之精力，不能兼收尽取，但得其所欲求者尔。故愿学者每次作一意求之。”他每次读书，只注意一项内容，单路挺进。阅读，可以有不同的切入口，领悟不同的内涵。这就好比看山，俯视、仰视、平视、侧视等，“横看成岭侧成峰”，美景无限。阅读，每次从不同角度思考、受益，然后把前前后后连贯起来，综合思考，加深理解，就能把握这本书或这篇文章的真谛。在头脑里形成的应是一幢知识大厦，而不是一堆散乱的砖瓦、沙砾。

下面是《美与丑的纠缠和裂变》这篇文章的第二部分：

> 美丑的纠缠。
>
> 我们渴望建立一个只有美没有丑的世界。这样的世界恐怕只能是幻想中的天国。
>
> 大自然在缔造了蜜蜂时也缔造了苍蝇。它给了人们白昼的狂欢也给了暗夜的噩梦。
>
> 从美丽的海伦到漂亮的西施，哪位绝色美人不伴着刀光剑影?

本文发表于《中学生阅读·高中版》1995 年第 12 期。

历史上大书特书的闪光篇章，艺术中撼人心魄的皇皇巨著，总是记述着诡诈的阴谋和血腥的残杀。而歌舞升平之日，则往往被“升平无所记”而一语带过。

更何况，美丑不仅形影相随，而且常常集于一身。

动物中，大象的笨拙与稳重，老虎的凶残与勇猛，狐狸的狡猾与聪明，蛇的冰冷与机灵……

人物里，晏婴矮小而雄辩；子都貌美而心恶；“胭脂虎”王熙凤，“明是一盆火，暗是一把刀”；“奸雄”曹操，更是集人间天才和邪恶之大成。

它们有时丑中见美，有时美中见丑。在一定条件下丑就是美，在另一条件下美就是丑，很难对之做出定量分析和定性估计。

所以葛洪说：“锐锋产于钝石，明火炽乎暗木，贵珠出于贱蚌，美玉出乎丑璞。”（《抱朴子·博喻》）

所以刘熙载说：“怪石以丑为美。丑到极处，便是美到极处。”（《艺概·书概》）

美丑纠缠得太紧了，似乎无法将它们分开。

完全排除了严厉、恐惧、阴森、悲哀，美学中的“崇高”也就不复存在。

完全排除了残缺、怪诞、失望、变态，美学中的“滑稽”也就成了空壳。

而没有“崇高”和“滑稽”的扮演，又何来美学中的“悲剧”与“喜剧”？

也许正因为如此，美学不得不把“丑”列入自己的范畴。

节选的短文不过几百字，但内容比较丰富，可从不同的角度品析，从中获得启示，获得精神养料。

从写作方法的角度切入，可把它看作散文诗。句式简短，节奏跳跃，生动流畅，朗朗上口。遣词造句十分考究。如“笨拙与稳重”“凶残与勇猛”“狡猾与聪明”“冰冷与机灵”都是经过精选、推敲的词语，把所列举动物的极其矛盾而又高度统一的基本特征揭示得准确而深刻。又如两个“所以”的句子，两个“完全排除”的句子，读起来很有一泻而下的气势。通篇文字清晰，如小河淌水，潺潺不息，给人以无限的美感。

从论说道理的角度切入，可以领悟到这是一篇充满哲理的议论文，能给人以深刻的启迪。文章探讨的是美与丑的对立统一。用开门见山的方法一下笔就拎出议论的主题：“美丑的纠缠。”“纠缠”一词用得特别好，把美与丑拆不散、打不烂、难舍难分的特性描绘得入木三分。论述严谨，逐层深入。先论说美丑形影相随，有美就有丑，美丑紧紧纠缠；再论说美丑虽极其对立，但又往往极其自然地统一在同一事物上；然后进一步论说美与丑在一定条件下，可以互相转化；最后从美丑的对立统一、转化，得出美学不得不把“丑”列入自己范畴的结论。尽管这篇短文讨论的是美学问题，但我们可从中受到启迪：大千世界纷繁复杂，如果不用发展的观点、对立统一的观点来认识事物、剖析事理，就会对种种现象瞠目结舌，手足无措；只有美没有丑的世界是没有的，没有纯而又纯、净而又净的圣土，关键在识别、崇美、从善如流。

从积累知识的角度切入，可体会到这是一篇知识性强、内容扎实的文章。文中选用了不少名言警句和典故，阅读时有的可温故而知新，有的可开阔视野。作者如此运用，论据确凿，典型意义强，使论述既具体，又有说服力。运用典故不铺展开来，而是用浓缩的画龙点睛方法激人思考。如海伦是希腊神话中的美人，因她而引起了持续十年之久的特洛伊战争；西施是漂亮的，可伴随她的是十年生聚、长达二十三年的吴越战争。绝色美人是“美”，伴随着的刀光剑影是“丑”，美丑紧紧纠缠。又如，“闪光篇章”“皇皇巨著”同样用了高度概括的手法，读者根据阅读量，可以想到赤壁之战、淝水之战，想到莎士比亚、托尔斯泰等文学家著作中关于王权争夺、关于战争的种种惊心动魄的描述，古今中外，开启不尽的遐想。从中可以懂得：论述道理要令人信服，须有厚实的知识功底。平时多积累，信手拈来，就能左右逢源。

阅读，在每个角度有所得的基础上，须总体把握，深入理解作者的意图。上述短文是篇探讨美与丑对立统一的议论文，借用了散文诗的写法，力求文字优美，在感情上与读者交流；又采用典故，引名言警句使说理确凿有力；注重逻辑推理，令读者在思考中领悟事物发展的对立统一规律的威力。

若不信，可选篇佳作读一读，看能否收到“横看成岭侧成峰”的效果，多方面从文章中得到益处。

语句深意细推敲

阅读古今中外文质兼美的佳作，不仅可以在思想上受到启迪，情操上受到陶冶，而且其中的名言警句往往刻骨铭心，终生不忘，构成自己的文化素养乃至人格修养。

凡是读过文天祥的《过零丁洋》的人，“人生自古谁无死，留取丹心照汗青”的诗句几乎没有不镌刻在心中的，因为这诗句凝聚了炽热的爱国主义精神、大无畏的牺牲精神，洋溢着中华民族的正气，光照人寰。越仔细推敲，越能体味其中的深意，越能从中汲取精神力量。

有些文章，乍看并不深奥，但要真正读懂，就得在语句推敲上下一番功夫。请看短文《牡丹》。

> 对于花，一直觉得很迷茫。因文人多事，花也变得富有情感了。让人面对花，宛如面对人生。至此，这大概已不只是花的不幸了。
>
> 花之喻体，半是女子，半是文人自己。文人的顾影自怜，以至跌落在花堆里，以至原本淋漓可餐的花气，也变得宠辱皆惊，多愁善感了起来。
>
> 不幸天生为多情的文人，总以物喜，且以己悲。于是梅兰莲菊，无一不是文人的面影与心魂。连同他们心目中的女子，也一并成了鲜花。
>
> 做成了梅花的女子，高洁之至，仿佛她们开

本文发表于《中学生阅读·高中版》1995 年第 10 期。

花的春朝，便是雪地冰天。待到冬末的一天，她们含笑睡去，还以为这辈子都活在了春季。做成了菊花的女子呢，她们只想孤标自傲，忘却了纵然是活得很灿烂的李清照，耐不住的还有“人比黄花瘦”的寂寞。亭亭玉立的莲花呢，美成了天仙，美成了佛，然而秋风一起，“留得残荷听雨声”的凄凉，谁又能独个儿消受。好一些的是那平凡如春草的兰花，只可惜清幽至此，又何必要在红尘里活一阵呢？

女子尽可以不活在文人的相思里，而文人，却千百年地活成了一株梅、一支菊、一朵莲、一棵君子兰。只可惜，白白让花儿同担一份心，同掬一簇泪！

其实千百年来的文人历来白眼相加的牡丹倒是一个圆满、辉煌、自我的梦。她永远不顾人间的悲欢荣辱，而平淡、真切地开着。虽然过于圆满、过于辉煌、过于自我的牡丹，在急于甩起两袖清风，拉着头发、飞出人寰的文人眼中，是一种甜腻的富态，一种媚俗的人世。然而，牡丹永远是牡丹。面对牡丹，就是面对人世，面对天籁。

牡丹以她的芬芳昭然于世，女子以其珠泪清洗尘俗，而文人则更多地用自嘲作他人世的逍遥。

这是一篇小品，由花及人进行议论。其中不少句子要读懂，读出味儿，须了解有关的知识和这些知识的出处。例如“不幸天生为多情的文人，总以物喜，且以己悲”句中的“以物喜，以己悲”就与《岳阳楼记》中的语句有关。范仲淹笔下写的迁客骚人因秋景凄凉和春色明媚而或悲或喜，是从个人的得失、宠辱、进退出发的，而“先天下之忧而忧，后天下之乐而乐”的“古之仁人”，“不以物喜，不以己悲”，志趣十分高远。作者褒扬后者以明心志。《牡丹》一文将其中句子信手拈来，反其意而用，把文人融得失、宠辱于花中的气质刻画得入木三分。仔细咀嚼，就能体味其中蕴含的深意。

有些句子须查查出典，才能弄清其蕴含的深意。例如：“她们只想孤标自傲，忘却了纵然是活得很灿烂的李清照，耐不住的还有‘人比黄花瘦’的寂寞。”为什么说“活得很灿烂”？又为什么说有“‘人比黄花瘦’的寂寞”？查一查李清照的《〈金石录〉后序》，就可略知她的身世。她是宋朝最负盛名的女词人，一生从事学术研究及写作活动，能写散文、骈文、诗、词，能作画，能考证金石刻，书法也很好。她丈夫赵明诚的名著《金石录》最后是经过她的手成书、流传的，从精神上说，她一直生活得很灿烂。即使如此，她在《醉花阴》词中还写道：“帘卷西风，人比黄花瘦。”黄花，也称菊花，给人以萧索之感，引人多愁善感。懂得了这一点，才能理解做成了菊花的女子，大可不必“孤标自傲”。

“留得残荷听雨声”也是有出处的。李商隐在《宿骆氏亭寄怀崔雍崔衮》诗中有“秋阴不散霜飞晚，留得残荷听雨声”的句子，写环境的清幽寂寥，抒身世冷落凄凉之感。《牡丹》运用它在句中，就把美成了天仙、美成了佛的莲花也难逃凄凉的命运揭示得清楚明白。

句子的修饰成分、限制成分往往最能表达作者的思想观点及好恶的感情，阅读时更要作精细的推敲。例如：“虽然过于圆满、过于辉煌、过于自我的牡丹，在急于甩起两袖清风，拉着头发、飞出人寰的文人眼中，是一种甜腻的富态，一种媚俗的人世。”鲁迅先生早就指出有种人“生在战斗的时代而要离开战斗而独立，生在现在而要做给予将来的作品”，“恰如用自己的手拔着头发，要离开地球一样”。《牡丹》在“文人”前用与之有关的修饰语，深刻地昭示读者：这些人看问题脱离实际，心造幻影，三个“过于”就是他们的主观臆断，不足为训。

文中把花与人糅合起来议论，表明了对以物喜、以己悲，把梅兰莲菊作为面影与心魂的不欣赏；着力褒奖的是面对人世，面对天籁，充分发挥自己的聪明才智，创造圆满，创造辉煌，把芬芳撒播人间的生活态度。

这样的文章是别出心裁，另有深意的。

阅读那些不是一眼望到底的文章，就要注意推敲语句的深意。推敲时，一查难字生词；二查出处，弄清有关知识；三是放在上下文中理解，体会言外之意，弦外之音。

深情铸文文意浓

“感人心者，莫先乎情。”没有情，就没有感动人的诗，没有感动人的歌。同样，也就写不出好文章。文章不是无情物，任何一篇佳作都是作者情动于中而形于言的产物。阅读时切不可停留在文字表面，要“披文以入情”。我们通过对文字的咀嚼、剖析，就可领略到文章的味儿，或醇厚，或清淡，或甘甜，或苦涩……勾起遐想，引人深思，遨游于情操海洋、文化海洋之中，觉醒，振奋，憧憬，追求。

《邓稼先》是著名物理学家、诺贝尔奖获得者杨振宁教授写的回忆文章，发表于邓稼先同志逝世七周年之际。邓稼先是中华民族核武器事业的奠基人和开拓者，是中国原子弹和氢弹设计与制造的元勋。杨振宁和邓稼先是中学同学、大学同学，在美留学期间又是同学，“50 年的友谊，亲如兄弟”。友情甚笃，注情于文，浇铸出生辉的文章。阅读时，由表及里，把握感情的热流，就会对文字的表述有深层次的理解。现以其中一个局部为例。

> 奥本海默和邓稼先分别是美国和中国原子弹设计的领导人，各是本国的功臣，可是他们的性格和为人却截然不同——甚至可以说他们走向了两个相反的极端。
>
> 奥本海默是一个拔尖的人物，锋芒毕露。他二十几岁的时候在德国哥廷根镇做玻恩的研究生。玻恩在他晚年所写的自传中说，研究生奥本海默

本文发表于《中学生阅读 · 高中版》1996 年第 1 期。

常常在别人做学术报告时（包括玻恩做学术报告时）打断报告，走上讲台拿起粉笔说：“这可以用底下的办法做得更好……”我认识奥本海默时他已四十多岁了，已经是妇孺皆知的人物了，打断别人的报告，使演讲者难堪的事仍然时有发生，不过比起以前要少一些。

奥本海默的演讲十分吸引人。他善于辞令，听者往往会着迷。1964 年为了庆祝他 60 岁的生日，三位同事和我编辑了一期《近代物理评论》，在前言中我们写道：

他的文章不可以速读。它们包容了优雅的风格和节奏。它们描述了近世科学时代人类所面临的多种复杂的问题，详尽而奥妙。

像他的文章一样，奥本海默是一个复杂的人。佩服他、仰慕他的人很多，不喜欢他的人也不少。

邓稼先则是一个最不要引人注目的人物。和他谈话几分钟，就看出他是忠厚平实的人。他真诚坦白，从不骄人。他没有小心眼儿，一生喜欢“纯”字所代表的品格。在我所认识的知识分子当中，包括中国人和外国人，他是最有中国农民的朴实气质的人。

我想邓稼先的气质和品格是他所以能成功地领导各阶层许许多多工作者，为中华民族做了历史性贡献的原因：人们知道他没有私心，人们绝对相信他。

“文革”初期，他所在的研究院（九院）和当时全国其他单位一样，成立了两派群众组织，对吵对打。而邓稼先竟有能力说服两派继续工作，于 1967 年 6 月成功地制成了氢弹。

1971 年，在他和他的同事们被“四人帮”批

> 判围攻的时候，如果别人去和工宣队、军宣队讲理，恐怕要出惨案。而邓稼先去了，竟能说服工宣队、军宣队的队员。这是真正的奇迹。
>
> 邓稼先是中国几千年传统文化所孕育出来的有最高奉献精神的儿子。
>
> 邓稼先是中国共产党的理想党员。
>
> 我以为邓稼先如果是美国人，不可能成功地领导美国原子弹工程；奥本海默如果是中国人，也不可能成功地领导中国原子弹工程。当初选聘他们的人，钱三强和葛罗夫斯，可谓真正有知人之明，而且对中国社会、美国社会各有深入的认识。

粗读，我们可以立刻获得这样的印象：作者对美国、中国两位原子弹设计的领导人进行对比评述。确实如此。一个锋芒毕露，一个最不要引人注目；一个打断别人的报告，使演讲者难堪，一个忠厚平实，从不骄人。都是功勋卓著，但性格与为人迥然有异。阅读时如果仅停留在这样理解的层面上，就太肤浅了。为什么评述会如此个性鲜明？这不仅由于作者对两位科学家了解透彻，更由于作者用热爱科学、热爱这两位人物的真情浇灌。“他善于辞令，听者往往会着迷”，他的文章“包容了优雅的风格和节奏”，描述“多种复杂的问题，详尽而奥妙”，字里行间对奥本海默充满了钦佩、敬仰和颂扬的感情。“他没有小心眼儿，一生喜欢‘纯’字所代表的品格”，“他是最有中国农民的朴实气质的人”，“人们知道他没有私心，人们绝对相信他”，这些发自肺腑的语言，是对邓稼先气质和品格的由衷赞叹。作者无限敬佩这个纯粹的、道德情操极其高尚的人。理解到这一步，摸到了文中“情”的脉搏，开始读出文章的味儿了。

然而，这仍然还没触及文章的底蕴，文章的厚实还没充分展现。“邓稼先是中国几千年传统文化所孕育出来的有最高奉献精神的儿子”，“邓稼先是中国共产党的理想党员”，这两个评述的句子作了深层次的揭示，不仅饱含对邓稼先的赞颂，也是对中国数千年优秀文化、对中国共产党全心全意为人民服务宗旨的高度赞扬。热爱中华文化、热爱为民族奉献的精神与赞颂邓稼先的感情汇成热流在文中流淌。同是赞颂科学家，但邓稼先是中国的、中国共产党的，浸透了中华文化的印记，因而字里行间更洋溢着中华情。行文至此，友情一下子升华为民族感情，内涵大大丰富，促人深思，催人奋起。

对钱三强和葛罗夫斯的评论也不可一掠而过。言虽简，意却深，从科技发展史的高度来看，发现人才的人同样功不可没，同样值得赞颂。

阅读如剥笋，要善于从文字入手进行剖析，一层层深入，抓住文章的精髓。先抓住文章的明显特点，然后紧扣精彩语句、重点段落细细推敲，体会作者的情和意。“稼先为人忠诚纯正，是我最敬爱的挚友。他的无私的精神与巨大的贡献是你的也是我的永恒的骄傲。”这是邓稼先逝世后，杨振宁写给邓稼先夫人许鹿希书信中的一段话，请剖析一下，其中蕴含着怎样的感情？哪个词特别能勾起你的绵绵思绪？

鞭辟入里明真谛

读书忌“浮”。浮光掠影，扫视一遍，在脑中难以留下深刻的印象，更不用说从中汲取养料，成为自己的文化积淀了。浏览与“浮”有区别。浏览是尽快移动眼睛扫视阅读材料，但注意运用标题、索引、不同字体的标示等来帮助自己搜寻所需的资料。其中十分重要的功夫是迅速筛选，筛选出自己所需的有关信息。因此，这种阅读是高度的主动择取，绝不是飘浮。

读好文章，要有鞭辟入里的本领。鞭辟入里原本指学习要切实，现常用来形容言论或文章说理透彻、深刻。写文章要深入事物的里层、内部，才能见人之所未见，给人以深刻的启示。读文章也要善于由表及里，深入剖析，才能抓住所述问题的实质，弄懂事物的真谛。

下面是登载在上海《解放日报》上的一位高考生的短文《责任》。尽管出自稚嫩之手，也颇值得剖析。

> 英国王子查尔斯曾经说过：“（在）这个世界上有许多你不得不去做的事，这就是责任。”
>
> 责任不是一个甜美的字眼，它仅有的是岩石般的冷峻。一个人真正地成为社会一分子的时候，责任作为一份成年的礼物已不知不觉地落在他的肩上。它是一个你不得不时时付出一切呵护的孩子，而它给予你的，往往只是灵魂与肉体上感到的痛苦。这样的一个十字架，我们为什么要背负

本文发表于《中学生阅读·高中版》1996年第3期。

呢？因为它最终带给你的是人类的珍宝——人格的伟大。

20 世纪初一位从意大利移民到美国的人曾为人类精神历史写下灿烂光辉的一笔。他叫弗兰克。经过艰苦的积蓄，他开办了一家小银行。但一次银行遭劫导致了他不平凡的经历。他破了产，储户失去了资产。当他带着妻子和四个儿女从头开始的时候，他决定偿还那笔天文数字般的存款。所有的人都劝他："你为什么要这样做呢？这件事你是没有责任的。"但他回答："是的，在法律上也许我没有；但在道义上，我有责任，我应该还钱。"

偿还的代价是 39 年的艰苦生活，还完最后一笔"债务"时，他轻叹："现在我终于'无债一身轻'了。"他用一生的辛酸和汗水完成了他的责任，给世界留下了一笔真正的财富。

责任的存在，是上天留给世人的一种考验。许多人通不过这场考验，逃匿了；许多人承受了，自己戴上荆冠。逃匿的人随着时间消逝了，没有在世界上留下一点痕迹；承受的人也会消逝，但他们仍然活着，死了也仍然活着，精神使他们不朽。

我们都知道那个天黑了还不肯回家，站在路边哭泣的孩子，因为他要站岗。别的孩子早散了，可他为了坚守岗位宁愿站着哭泣，因为这是他的责任。

愿我们所有的孩子都有这样的心灵，责任从小就在那里成长。

愿我们所有的人都把责任之心携带在人生的道路上，让人生散发出淡淡的、金子般的光辉。

这篇短文似乎一眼见底，其实不然。阅读时扑入眼帘，首先获得较深印象的，大概是弗兰克的故事。它有头有尾，十分典型，易入脑中。然而，阅读千万不可到此戛然而止。如果仅满足于这一点，就浮于表层，把握不到文章的精髓。

阅读要善于分析，善于提出问题。宋代朱熹曾说：“学者初看文字，只见得个浑沦物事。久久看作三两片，以至于十数片，方是长进。如庖丁解牛，目视无全牛，是也。”这段话很精彩，告诉我们阅读要超越混沌状态，须认真仔细读。“久久”花时间，动脑筋，就会如庖丁解牛，把每个部分看清楚看透彻，看作“三两片”，乃至“十数片”。阅读这篇短文怎样深入下去呢？既然初读留下印象的是典型事例，那就扣住这个事例思考，探究作者为什么不惜笔墨要花文章的三分之一的篇幅来叙说这个故事，它论述了怎样一个道理，与常人的一般理解有何区别。

提出问题，就要寻求解答，这样，阅读就往纵深发展。原来这个事例具体生动而又无可辩驳地证明了“责任不是一个甜美的字眼，它仅有的是岩石般的冷峻”。好一个“冷峻”！给人以冷酷、严峻的感觉，深刻地揭示了“责任”的本质特征。人们常把责任挂在嘴边，有时甚至说得轻松，说得漂亮，但对它特定的丰富内涵，对它无比沉重的分量是否领悟，就很值得怀疑了。

对“责任”的内涵有新的较为完整的认识，文章就开始读出一点味儿了。此时此刻，须像螺钻钻地一样，继续钻探，在新的层面上提出新的问题。如：“责任”既然只有“岩石般的冷峻”，在“付出”与“给予”方面有天壤之别，为什么人们要背负这个十字架呢？阅读思考，抓关键词句：为了追求人类的珍宝，即追求“人格的伟大”。这句话掷地有声，充满了人的豪气、人的尊严。咀嚼至此，抓住了文章闪光的所在，文中所举事例正是闪光处有力的佐证。

至此，作者的写作意图是否表露无遗了呢？还须往深处挖掘。文中所述责任对世人的考验，意在深刻揭示不同的人生选择与不同的人生价值。选择怎样的道路，把握怎样的人生，意在言中；从孩子培养起，又意在言外……

庖丁解牛，目无全牛。阅读佳什美文，既要无“全牛”，又要有“全牛”。剖析时鞭辟入里，一连串的问题就是锋利的刀刃，往深处往节骨眼儿解剖，洞悉写作的意图；在剖析的基础上又要善于综合，善于观“全牛”。对《责任》一文剖析成若干片，综合起来，文章的真谛就印入脑海——坚定不移地选择背负这个十字架的道路，追求人格的伟大，为人类珍宝库添加财富。

要抓准文章的“主心骨”

阅读中我们常会碰到这样的情况：有的文章使人振聋发聩，读后或兴奋不已，或回味无穷；有的文章虽语言顺畅，但淡而无味，读后脑子里没留下半点痕迹。造成这两种迥然不同的阅读效果，原因固然很多，但其中最为重要的是“意”的差别。“意”是文章的主旨，文章的主心骨，阅读时认真揣摩，仔细体会，就可从佳作中深受教益。有些文章主旨比较显露，易理解；有的较为含蓄，须探究；有的貌似显露实颇含蓄，更要花功夫推敲。

《最后一美元》是美国人罗伯特·邓肯写的微型小说，它的主心骨是什么呢？很可能有同学认为是善有善报，恶有恶报。抓得准否？请读全文。

卡梅伦·莫尔根从小就爱好音乐，特别崇拜那些乡村歌手。20世纪70年代初期，他在得克萨斯州的一家电台当播音员。

一天晚上，卡梅伦在罗马体育馆配合一家大牌乐团在当地演出。音乐会结束时，所有的工作人员被邀请上后台与著名歌星们相见。卡梅伦没有可供签名的纸，情急之中，他拿出一张一美元的纸币。那晚，卡梅伦得到了所有歌手的签名，

本文发表于《中学生阅读·高中版》1996年第5期。

他小心翼翼地把这张纸币放入皮夹，他决心要永远保存这张不同寻常的一美元钞票。

然而，不久之后，电台就被主人卖了，许多雇员失了业。卡梅伦好不容易在超市找到了一份临时工作。

1976年至1977年的冬季特别寒冷，临时工的生活十分艰难。经常地，卡梅伦还得为商场干清除垃圾的活，这样才能赚到现钱解决自己和妻子的吃饭问题。

一天早晨，当卡梅伦干完清扫工作准备回家时，在停车场见一个年轻人正坐在一辆黄色的旧汽车里。他向年轻人挥了挥手，径直向自己的车走去。

第二天早晨，当卡梅伦再次走向自己的汽车时，年轻人摇下车窗玻璃，他自我介绍说他昨天从城外来，没有钱也没有食物，更没有钱买汽油把车开出去找工作，接着他很不好意思地问卡梅伦是否能借给他一美元。卡梅伦正一文不名，没有美元能借给别人。何况，他也不能保证自己是否有足够的汽油把车开回家。因此，他向年轻人解释自己的处境后转身离开了，可心里为不能帮助一个面临绝境的人而忐忑不安。

坐回自己的汽车，卡梅伦突然想起珍藏在皮夹里的那张有着歌星签名的美元。内心苦苦斗争了一分钟，他从皮夹里抽出那张唯一的美元，最后欣赏了一遍，然后打开车门向后走去，把钱递给困在汽车中两天的人。“噢，有人在上面涂满了字。”年轻人说，但他并没注意这是几十名歌星的签名，他收下了钱。

回到家中，卡梅伦极力想忘却已从身旁消失

的签名钞票。这时电话铃响了，一家有实力的电台要他去帮忙录音，报酬是一次500美元。对于贫寒中的卡梅伦来说，这500美元的报酬近乎价值百万！以后的几天，机会一次又一次降临，最后，他终于又站稳了脚跟。

卡梅伦的生活发生了巨大的变化。他有了孩子，自己开了一家汽车零部件商店，还盖起了自己的房子。这一切全发生在停车场那个送掉最后一美元的早晨之后。

卡梅伦再也没有见过那辆黄色的汽车，也没见过那个年轻人。有时他甚至想入非非：这个人究竟是乞丐，还是天使？

然而，这又有什么关系呢？生活，往往会对我们进行一些道德与良心的测试——卡梅伦·莫尔根通过了一次小小的考验。

故事情节完整，且曲折有致，在尺水中兴波，对读者颇有吸引力。作者下笔就展示卡梅伦·莫尔根不同寻常的一美元的来历，它的难以用金钱来衡量的珍贵价值，以及它的主人对它的珍视和感情。

本该紧扣这一美元叙述，作者偏偏先宕开一笔，在主人公的贫穷上做文章。为了妻子和自己的温饱，他还得兼做清除垃圾的活。接着，故事掀起波澜，居然有人向这位“一文不名”的穷人借钱，而且借的数目十分可怜，仅仅是一美元。于是，他的“最后一美元”终于从他的皮夹里转到那位年轻人的手中。从送走最后一美元的那天起，主人公的生活发生了奇妙的变化，他甩掉了贫穷，好运不断降临。

简单地梳理一下故事情节，十分容易得出“善有善报，恶有恶报”的结论。如果这样理解，就浮在了文章的表层，未抓准它的主心骨。

要抓准主心骨，首先要读得精细，对人物的心迹把握得一清二楚。文中说这张一美元纸币卡梅伦决心“永远保存”。既然要永远保存，为什么还送给别人，而且是素不相识的人呢？因为那个年轻人已困在汽车里两天，面临绝境。在没有想到这张特殊的一美元之前，他曾经“心里为不能帮助一个面临绝境的人而忐忑不安”；在送出这张美元之前，他“内心苦苦斗争了一分钟”，并“最后欣赏了一遍”；待送出之后，他又“极力想忘却已从身旁消失的签名钞票”。这一笔笔描绘纸币主人心灵的轨迹，既表现了他对这一张不寻常的纸币难舍难分的感情，更刻画了他的善良、富于同情心和乐于助人的好品格。“忐忑不安”是传神之笔，是“内心苦斗”的动力；苦斗的结果是舍弃对这张珍贵纸币的千种情万般爱。纸币是失掉了，但在道德修养、人格完善上迈进了一步，慎重的抉择闪现了人格的光芒。

要抓准主心骨，对文中一些旁敲侧击的语句不能忽略。文尾写道：“卡梅伦再也没有见过那辆黄色的汽车，也没见过那个年轻人。有时他甚至想入非非：这个人究竟是乞丐，还是天使？”显然，借钱就那么一刹那，这个人的来龙去脉，后来怎样发展，文中只字不提，留给读者的是悬念，尽可以作各种各样的猜测。作者这一写法十分高明，一下子把想象的天地拓展得那么开阔，巧妙地暗示读者：这个故事绝不局限在宣扬因果报应。这样的拓展为最后一段的聚焦做铺垫，从而突出文章的主旨。

在生活道路上如何经受一次次良心与道德的测试，不断完善自己的道德与人格，这是文章的主心骨。抓住这个主心骨，才能感受到文章的思想精髓，才会懂得卡梅伦不过是生活的一面镜子，更多的启示应该是不断审视自己，好好做人。

缠绵悱恻抒胸臆

文学家巴金有这样一句名言："当热情在我的身体内燃烧的时候，我那颗心，那颗快要炸裂的心是无处安放的，我非得拿起笔写点什么不可。"应该说，任何好的作品，都是作者有强烈写作冲动的产物。胸中热情似火烧，有非写不可、非写好不可的迫切愿望，就会思绪纷呈，妙语连珠。

任何写作冲动都是强烈感情的表露，或爱，或憎，或颂，或贬，或乐，或悲。大而言之，对国家社稷，黎民百姓；小而言之，家事，亲情，友情。《离骚》是屈原大夫的哭泣，《史记》是太史公司马迁的哭泣；李后主以词哭，曹雪芹寄哭泣于《红楼梦》，这些都是众所周知，千古传诵的。其实，有些小文章由于情发自肺腑，读来也很感人。

下面这篇《永远的风景》，吐露的是母子两代人之间的亲情，作者杨挺写得缠绵悱恻，颇耐咀嚼。

我喜欢这么一段诗："马车驶回遥远的岁月/运来玉黍和小米/夕阳返照村巷/流水注入瓷器/那人在瓷器外/稳坐青山/横吹牧笛……"这是一幅圆融的古朴画卷，每个读到它的人，都会听到那平和之中的苍凉，而这种苍凉却正是最有魅力的笛声。

现在我的女儿就在我椅背的空地上拉着她那

本文发表于《中学生阅读·高中版》1996年第7期。

把吱吱嘎嘎的小提琴，所有音符从脑后飞来，给人一种跌跌撞撞的感觉；但我能听得出来，这种还很欠火候的琴声，依然在表现着一股生命的朝气，那是最真实最自然的音乐。

而在我的眼前，在这种远非流水之音的背景上，我总能看到一幅永远的风景，只要我想要看到，无论我闭上或大睁双眼，那种要让人从心底涌出深秋之箫声的图景就会出现，那就是我的母亲和她那永远灰蓝的衣襟。

说实话，对于母亲，在我这个做儿子的心中，已经是很陌生的一种存在。我已经记不清当年的母亲是怎样拖拉着我们这个家走过那段风雨如晦的岁月，唯一能记住的就是她的鬓发的变化。由我离家时的花白鬓角，到我携妻带子归家时的华发漫生，直到今年我再踏进家门，见到母亲满头银丝时，我的那颗在外面世界漂流了许久的心，马上感到了一种难以言传的伤痛。可母亲却是用一种略带几分客气的热情接待了我和我的一家。

临别的那几日，我就在心里暗自鼓励自己在离别的那一瞬间，要像小时候那样去亲吻一次我的母亲。启程前的那个夜晚，我坐在客厅里读书，母亲在一旁洗濯着头发，边洗边对我说："这头发已经全白了。"我急忙放下书，手忙脚乱地为母亲倒水，拿毛巾，看着那缕缕白发在水波中游动，似乎所有的生命旅程都在炙烤着我，令我羞愧难当。而母亲，用毛巾包裹着头发，抬眼看着伫立在她面前的我，眼睛里闪烁出一丝闪亮的光芒。我知道母亲的心里一定比我此时想得更多，但母亲只轻轻说了一句："睡吧，明天要上路了。"那个晚上我梦见我的四周一片雪白，白雪已严严实实覆盖大地和那刀削斧凿的条条河床。

黎明时分，送我们去车站的车已至楼下，父亲和母亲站在古长安的晨曦中。我和父亲握手告别后，想再去握住母亲的手——因为我没有勇气去吻别我的母亲，可就在两手相触的一瞬，母亲下意识地缩回手臂。在她的眼里，我已经是一个长大的男人；在她的心里，我不仅仅是远归的儿子，还是一个久别的客人。

朦胧中，矮小的母亲一头白发，女儿在挥泪告别爷爷奶奶。车转过钟楼时，我却想起另一段诗："我空荡荡的行期/已积满灰尘/归宿在你眼底/我如何走得出/你泪渍斑斑的守望/挥手的那一刻/你站成了我生命中苦难的风景……"

噢，母亲！

阅读这样的文章，首先是找准基调。文章开头引了一段诗，从诗意引出画境，旋即由阅读感受切入，拎出诗情的主旋律，从而为文章蕴含的情意定下基调——苍凉。末尾又引用了一段诗，展现的是另一幅画卷，"挥手的那一刻/你站成了我生命中苦难的风景"，苍凉的气氛更为浓重，弥漫全文的悲凉凝缩成"苦难"二字，令人揪心。如果说篇首引用的诗句在文中是虚景的话，篇末的引用已有实景印证，虚实相生，文章的基调不仅定得实在，而且余音缭绕。

苍凉的气氛因何而生？须梳理文中的人和事。女儿拉小提琴是背景，是比照，是衬托，主要是描绘眼里"永远的风景"，心中"永远的风景"。"风景"的主体是母亲。概述了母亲拖拉这个家走过风雨如晦的岁月和"我"携妻带子归家时母亲略带几分客气的热情接待，着力写了临别前母亲洗濯头发的场景。叙事很简单，为何悲凉色彩竟如此浓重？

细节描写谱写了感情弹奏的乐章。文中反反复复写了母亲的头发，由"花白鬓角"到"华发漫生"到"满头银丝"，特别是"缕缕白发在水波中游动”的情景，不仅道出了生活的艰辛，更传送出母子两代人之间的千种情、万般意。临别前想像小时候那样去亲吻一次母亲，这种想法是对母亲无限深情长期积蓄的真诚表露，为洗发场景做了感情的铺垫。场景的核心是看到母亲的白发在水波中游动的感受。“炙烤”“羞愧难当”，是对生命旅程的回顾，是对母亲苦苦支撑熬白了头的崇敬和爱戴，是对自己的责备。往事如潮，似可直抒胸臆时，作者突然收住笔锋，用“睡吧，明天要上路了”一句极其平淡的话遏制了感情的迸发，母亲眼中“一丝闪亮的光芒”消逝。一件洗发小事凝聚了整个生命旅程中母子的深情，含蓄而沉郁，牵动人的思绪。母子情深，一句话毕竟难以遏止，于是借梦境加以表现，更增添悲凉气氛。

游子归家，白发母亲当然喜不胜收，可她“却是用一种略带几分客气的热情接待了我和我的一家”；告别时，想去握住母亲的手，“母亲下意识地缩回手臂”。这些细节深刻地揭示了两代人之间的心理屏障，孩童时代最真实最自然的音乐已消失，为孩子奉献终生的母亲如此束缚、控制自己的感情，怎不令人深感苍凉？

把握了描写的重点，还须总体把握文中感情的脉络。收收放放，曲曲折折，把对母亲的依恋、崇敬、同情、理解等复杂的感情表达得缠绵悱恻。“永远的风景”，闭眼睁眼均看到，心底涌出深秋的箫声，这是放开来抒发；“陌生的一种存在”，“记不清……岁月”，又把感情收敛起来；“感到了一种难以言传的伤痛”，又放开了……文末的“噢，母亲”是直抒胸臆的高潮所在，是心灵的呼唤，生命的呐喊。文章戛然而止，收风景永存之效，苍凉、悲伤、苦难尽在不言中。

该细细品味的还有：“最有魅力的笛声”和“深秋之箫声”之间有无内在联系？请思考，试作解答。

看似平常实高妙

读书，贵在读出味儿。读出味儿，海阔天空尽收眼底，就能心领神会。阅读者的内情与作品中的外物产生感应，思想会空前活跃，智慧能迸发火花，对语言文字表现力的感悟会有突破性的进展。有的文章织锦铺绣，富丽堂皇，阅读时会感受到丰腴美、灿烂美；有的文章清骨嶙峋，字斟句酌，阅读时会感受到淡雅美、峻拔美；有的文章看起来平淡如水，做一番深入咀嚼，才能捉摸到其中的奥妙。

看似平常实高妙，往往是在构思上独具匠心。绘画史上有这样一则佳话：意大利佛罗伦萨的大公请名画家画幅油画，主题是佛罗伦萨人怎样勇敢地反抗巴比伦侵略军入侵。请的画家确实很有名，一位是艺术大师达·芬奇，一位是小有名气的年轻人米开朗琪罗。按当时的情况看，当然是达·芬奇超过米开朗琪罗，在艺术功力、艺术造诣方面，达·芬奇举世公认。然而，两幅画展出以后，米开朗琪罗的画竟然胜过达·芬奇一筹。达·芬奇画的是两军对垒、刀光剑影，而米开朗琪罗只画了佛罗伦萨一方，画正在亚诺河里洗澡的战士听到军号声，立刻跳出水面拿起武器的动人场景，画出了战士斗志高昂的精神状态。画的构思别出心裁。文学与艺术在许多方面是相通的，读文章时作者如何构思不可忽略。

司玉笙的《高等教育》是一篇微型小说，无惊心动魄的情节，无华丽铿锵的语言，叙述平实，却意味隽永，构思上浑然天成，有独到之处。

本文发表于《中学生阅读·高中版》1996 年第 8 期。

强高考落榜后就随本家哥去沿海的一个港口城市打工。

那城市很美，强的眼睛就不够用了。本家哥说，不赖吧？强说，不赖。本家哥说，不赖是不赖，可总归不是自个儿的家，人家瞧不起咱。强说，自个儿瞧得起自个儿就行。

强和本家哥在码头的一个仓库给人家缝补篷布。强很能干，做的活儿精细，看到丢弃的线头碎布也给拾起来，留备后用。

那夜暴风雨骤起，强从床上爬起来，冲到雨帘中。本家哥劝不住他，骂他是个戆蛋。

在露天仓垛里，强查看了一垛又一垛，加固被掀动的篷布。待老板驾车过来，他已成了个水人儿。老板见所储物资丝毫未损，当场要给他加薪，他就说不啦，我只是看看我修补的篷布牢不牢。

老板见他如此诚实，就想把另一个公司交给他，让他当经理。强说，我不行，让文化高的人干吧。老板说我看你行——比文化高的是你身上的那种特殊东西！

强就当了经理。

公司刚开张，需要招聘几个年轻人当业务员，就在报纸上做了广告。本家哥闻讯跑来，说给我弄个美差干干。强说，你不行。本家哥说，看大门也不行吗？强说，不行，你不会把这里当成自个儿的家。本家哥脸涨得紫红，骂道，你真没良心。强说，把自个儿的事干好才算有良心。

公司进了几个有文凭的年轻人，业务红红火火地开展起来。过了些日子，那几个受过高等教育的年轻人知道了他的底细，心里就起毛说，就凭我们的学历，怎能窝在他手下？强知道了并不恼，说，我们既然在一块儿共事，就把事办好吧。我这个经理的帽儿谁都可以戴，可有价值的并不在这顶帽上……

那几个大学生面面相觑，就不吭声了。

一外商听说这个公司很有发展前途，想洽谈一项合作项目。强的助手说，这可是条大鱼呀，咱得好好接待。强说，对头。

外商来了，是位外籍华人，还带着翻译、秘书一行。

强用英语问，先生，会汉语吗？

那外商一愣，说，会的。强就说，我们用母语谈好吗？

外商就道了一声“OK”。谈完了，强说，我们共进晚餐怎么样？外商迟疑地点了点头。

晚餐很简单，但有特色。所有的盘子都尽了，只剩下两个小笼包子。强对服务小姐说，请把这两个包子装进食品袋里，我带走。强说这话很自然，他的助手却紧张起来，不住地看那外商。那外商站起，抓住强的手紧紧握着，说，OK，明天我们就签合同！

事成之后，老板设宴款待外商，强和他的助手都去了。

席间，外商轻声问强，你受过什么教育？为什么能做这么好？

强说，我家很穷，父母不识字。可他们对我的教育是从一粒米、一根线开始的。后来我父亲去世，母亲辛辛苦苦地供我上学。她说俺不指望你高人一等，你能做好你自个儿的事就中……

在一旁的老板眼里渗出亮亮的液体。他端起

一杯酒，说，我提议敬她老人家一杯——你受过人生最好的教育——把母亲接来吧！

小说从“强高考落榜后”入笔。既然高考落榜，标题又为何是“高等教育”？是读成人高校，还是重整旗鼓，报考大学？既然是落榜后打工，应写打工的生活道路，与“高等教育”又有什么关系呢？一开笔就制造悬念，吸引读者阅读。悬念的制造妙在巧用文章标题，使读者急于想解开文中所要揭示的“高等教育”的谜。

把主人公的内心世界放置到各种人物关系中去展示、开掘。与“本家哥”一而再、再而三对照，对照出“自个儿瞧得起自个儿就行”的心灵，对照出忠于职守的“戆”劲，对照出用人之道，不徇私，不愧对事业。放到与老板的关系中塑造。雨中不期而遇，婉言拒绝加薪，申说自己的心愿，表露了内心的诚实与纯正。放到与有大专以上文凭的几个年轻人的关系中鉴别，揭示出坦荡的胸怀和正确的价值观念。放到与外商洽谈交往的关系中锤炼，显示出中国人优良的气质、才能和具有的传统美德。通过不同角度的开掘、塑造，人物站立起来，有血有肉，活生生地“矗立”在读者眼前。

与不同的人交往，似乎是一个横向联系。其实，作者构思纵横交错。随着时间的推移、故事情节的发展，人物的思想性格逐步完善。吐露心声的一句句朴实的话如一颗颗晶莹透亮的珍珠。“自个儿瞧得起自个儿就行”“我只是看看我修补的篷布牢不牢”“我不行，让文化高的人干吧”“把自个儿的事干好才算有良心”“我这个经理的帽儿谁都可以戴，可有价值的并不在这顶帽上”“我们用母语谈好吗”“请把这两个包子装进食品袋里，我带走”等等，把这些珍珠串起来，做人的准则、高尚的情操就光彩夺目。地位变了，从打工仔跃为公司经理；本质未变，无暴发户的丑态，无市侩的铜臭。一切如风行水上，自然，从容，纯正，谦虚，不卑不亢。

怎么会有如此良好的素质？小说末尾揭开谜底，原来是从小受过“高等教育”，根底深厚。这个“高等教育”远非学历文凭的教育可比拟，而是人生最好的教育。“俺不指望你高人一等，你能做好你自个儿的事就中”，平凡而朴素的真理，谁把握它，并付诸实施，谁就能成为一个对社会有益的有价值的人。

为了凸显这个主题，文中用老板的话暗示——“我看你行——比文化高的是你身上的那种特殊东西”，用大学生“面面相觑，就不吭声了”来烘托，用外商“站起，抓住强的手紧紧握着，说，OK，明天我们就签合同”来推波助澜，用老板眼里“渗出亮亮的液体”和举杯祝酒掀高潮，点出教育的性质、质量与功能，留给读者无尽的思考。

为了构造这篇小说，作者对文中的方方面面通盘考虑。文中的每个人，每处情节，都发挥了它应有的作用，周到绵密。即使是人物语言，都未作描写，通篇用间接叙述方法，一气呵成，收娓娓动听之效。

构思是“驭文之首术”，是写文章头等重要的大事。阅读文章，探索作者构思的特色，就能品尝其中运笔的高妙。

“每一滴露水在太阳的照耀下都闪耀着无穷无尽的色彩”
——散文阅读举隅

竹思

月色皎洁的秋夜，我在灯下披读一封家书。阵阵凉风袭来，耳边窸窣有声。那是楼下小园里的一丛新竹。竹枝摇曳，姿影婆娑，顿使我想起遥远的故乡。

家乡的竹呵，你在游子的心潭里，投下一片永远的绿。

我忘不了故乡望江楼畔那一片竹的海洋。

每年寒暑假回到成都，平居无事，总爱去望江公园散步。公园坐落在古城东郊的濯锦江边，崇楼丽阁，云影波光，奇花异卉，遍地修篁，确是一个极幽雅的去处。

这里号称“竹的公园”。果然，楼前是竹，路

本文收入《散文阅读技巧》（华东师范大学出版社1992年版）。

旁是竹，盆景里栽的是竹，荷池边种的是竹，碗壶叮当，笑语声声的茶寮外也围满了密密匝匝的绿竹。当夏日炎炎的午后，你走进那深荫如盖的竹间小径，立时会感到一股沁人的快意，红尘荡尽，疲劳无踪，心中是一个清凉世界。

西南多竹。据一位行家介绍，望江公园有竹凡百又三十余种，基本上罗致了川中的各类名竹，还从外地以及国外移植进来不少珍品。有圆竹，有方竹；有空心竹，有实心竹；有茎干笔直的道筒竹，有憨态可掬的佛肚竹；花楠竹傲岸不阿，俨然是顶天立地的伟男子；凤尾竹娉婷含羞，又如一位天真美丽的少女；龙鳞竹的根部叠生着古怪的节理，远看是一片片威严的龙鳞，近看，却又鼻眼分明，犹如一张大花脸，因而又称“人面竹”。我也找到了久闻其名的绵竹，它的叶片儿绵绵厚厚，而且不用扦插即能衍殖，只要粒状的籽实坠落地上，俟一场春雨过后，那嫩生生的竹苗便破土而出；若问它的故乡，原来就是沱江上游以特产大曲酒、松花皮蛋和木版年画著称的绵竹县……

在锦官古城，除却望江竹海，植竹最多的游览胜地恐怕应推杜甫草堂。

草堂位于成都西郊，所谓“万里桥西宅，百花潭北庄”。且行且近，但见长墙一带，佳木葱茏，墨绿色的浣花溪从它门前静静流过。

草堂竹子的品种不算太多，却生长得异常茁壮。一丛连着一丛，丛丛碧色参天，荫覆着宽敞的前庭后院，不少竹干有杯口粗细。展眼眺望，青溜溜，齐展展，节节上拔，直与高大的楠木一争短长。

每天，都有无数的游人来访草堂。登车的，步行的，联袂而来的，悠悠独往的，其间亦有来自远方的海外朋友。竹林里散布着许多方方的小石桌，人们爱端来清茶一壶，边休息，边品茗。

人们热爱老杜，自然就爱草堂的竹。

人们爱竹，千古亦然，诗圣杜甫也不例外。草堂内外那片竹林最初就是他亲手栽下的。唐肃宗乾元二年季冬，这位在安史之乱中饱尝艰辛的白头诗人，出同谷，入剑门，来到蜀都万里桥西，以求一块栖身之地。他向亲友们求花觅树，也讨来不少竹苗。次年夏，草堂初具规模，竹子也已成活，他写过很多咏竹诗："桤林碍日吟风叶，笼竹和烟滴露梢。……"后来，他因避兵祸暂居梓州，还常常怀念他的竹友："为问南溪竹，抽梢合过墙"；"东林竹影薄，腊月更须栽"。

人民，不会忘记自己的诗人。透过那疏密的竹林，我仿佛看见一位面容清癯的青衫老人，停锄北望，低首吟哦，渐渐融进了绿荫深处……

杜甫草堂栽种的多半是慈竹；望江公园那郁郁葱葱的竹群里，数量最多的也还是慈竹。慈竹用途极广。它材竿坚韧，节间长，中空又大，不仅能制各种日常的竹器，还是造纸的上好原料。秋后，金稻入仓，农民忙完了田中的活路，就上山砍来竹子，运入竹坊，清水漂，石灰煮，制成的土纸厚实而柔软。泥水匠们则把慈竹捣成竹筋，拌和着石灰，用以粉墙。

走到成都郊外，不多远，便能发现许许多多的"林盘"。这是农民的宅基，外面围上密密的慈竹林，形成了一圈别致的植物墙。如果把平畴比作大海，那么远远望去，林盘就仿佛是海面上一个个绿色的岛屿。林盘有大有小，有方有圆，往往是两三家、五六家聚姓而居，也有独门独户的，而竹林外总有一条清清的溪沟或池塘；水竹交映，炊烟袅袅，间或传来几声狗吠鸡鸣，却难以见到人影；有时，万绿丛中也会闪出一点艳红，那是农家姑娘为风牵动的衣裙……

慈竹的生命力极顽强。在家乡的泥土里，只要有数尺见方之地，哪怕在低矮的屋檐下，阴暗的高墙后，它也能挺身拔节、崛然而起，去追求空气和阳光。夏秋插下一竿竹苗，来春就会绿叶扶疏，不几年就繁殖成茂密的一丛。因为新竹与旧竹同出一根，紧紧偎依，好像母亲和孩子相亲相爱，故又称子母竹，慈竹之名亦是从中化来。

我的幼年是在锦城东南的一条小街上度过的，锦江的流水就从我们屋背后日夜淌过。院子里是一丛慈竹，竹前是一块大青石板，那是我们游戏和读书的地方。春天，笋子探出了头，妈妈总要我去数一数。一个、两个；五个、十个……数着数着，有的比齐了我的腰，有的窜过了我的头，于是妈妈笑着说：娃，你又长大一岁了！

慈竹是我们的好伙伴，大家从不肯轻易去折损它。只有在放风筝的季节，得到大人的允许，我们才砍下一株旧竿，劈成篾条，糊上旧报纸，然后奔向江边；一会儿，那漫天的柳絮中，就升起了一群群蝴蝶、老鹰和蜈蚣……

有一年夏天，妈妈坐在青石板上，用晒干的笋壳给我填纳鞋底。笋壳垫底，可以防湿，风吹拂着青青竹叶，也撩动着妈妈的丝丝鬓发。她忽然停下手中的针线，问我：“娃呀，你总不能像这笋，一辈子老守着妈妈。你长大成人，远走高飞了，还会记得你的故乡吗？”

妈妈把我紧搂在怀里，她的眼眶湿润了。

岁月，在我心中刻下深深浅浅的痕迹；儿时的梦境再也不能寻找回来。当年的小街已从地图上抹去，而唯有家乡的慈竹依然那样郁郁葱葱。

都说望江公园的竹海四季宜人，我却更留恋它的初春和初秋。那也是我假期将满，快要离开成都的时候。春风浩荡，春水激涨，江边的慈竹林沙沙摇响，似叮咛，似教诲，似鼓励，就像母亲在挥手送别她远征的儿郎；到了秋天，常常会下着蒙蒙细雨，兼日不止。那时，望江楼前几乎没有了游人的踪影，而我却撑着一把油纸伞，踽踽徘徊在公园的长堤。江水泱泱，在我脚下无声地流去；雨，顺着低垂的竹梢缓缓淌下……

我总觉得那是母亲的泪。

于是，雨水和着我的泪水，悄然滴落在故乡的土地上。

《人民日报》1981 年 12 月 1 日

作家刘征泰这篇《竹思》是寄情于物、借物抒情的散文。“思”是文章的关键词。因“竹”而抽出绵绵思绪，借“竹”抒发思念家乡、眷恋慈母的情怀。

文章的线索十分清晰，由身边小园的“一丛新竹”联想到遥远的故乡的竹子，用投入“游子的心潭里”的“永远的绿”贯串全文。

这记忆中的“永远的绿”是由望江楼畔竹的海洋、成都西郊杜甫草堂的竹林、成都郊外的“林盘”、锦城东南小街院子里的慈竹等感人的场景编织而成的，启人深思，令人遐想。望江楼畔的竹海着力于铺“绿”：从空间铺，“楼前”“路旁”“盆里”“池畔”，乃至“茶寮”之外，都是竹，是绿的世界；以品种铺，圆的、方的、空心的、实心的、茎干笔直的、憨态可掬的、傲岸不阿的、婷婷含羞的、威严的、绵绵厚厚的，真是名竹罗致，珍品林立，是绿的世界，绿的海洋。作者用铺叙的手法，用列举的方法写绿竹，表身临其境的欢快。杜甫草堂内外的竹林着力于画境的勾勒。先交代草堂的位置——“万里桥西宅，百花潭北庄”，也就是通常说的“万里桥西一草堂，百花潭水即沧浪”；然后由远及近，绘溪水门前流，绘院内碧色参天竹；再由竹而人，由人而竹，写杜甫的爱竹、植竹、咏竹，人们热爱老杜，也就移情于爱草堂的竹。作者勾勒画境，意不在境，而在于以境托人，表达对诗人的怀念，对诗人的崇敬。“透过那疏密的竹林，我仿佛看见一位面容清癯的青衫老人，停锄北望，低首吟哦，渐渐融进了绿荫深处……”，用幻化的手法来造境，形象逼真，寄寓怀念深情于境中，而省略号的运用更是留给读者充分想象的余地。

锦城小街院子里的子母竹勾起母子情，是文中的重点所在，是作者倾注心血的用心之笔。为了显现母子场景的主旋律，文中先用笔墨一层层铺垫。铺垫之一是：用“聚光”的方法把杜甫草堂众多的竹子、望江公园郁郁葱葱的竹群，聚到“慈竹”上，突出主体，舍弃其他。赞扬慈竹数量多、质量优、用途广。用“极”修饰“广”，刻画出慈竹在人们生产、生活中必不可少的重要地位。铺垫之二是：绘“林盘”妙景。远看，犹如海面上一个个绿色岛屿；近看，有大有小，有方有圆，各显其态。妙景中的传神之笔是“万绿丛中一点红”，即“万绿丛中也会闪出一点艳红，那是农家姑娘为风牵动的衣裙……”。“水竹交映”，绿色一片，以风牵动农家姑娘红衣衫为绿色世界点缀，红绿映照，去单调，增神韵，静中有动，把景物写活，把慈竹写得美上加美。铺垫之三是：盛赞慈竹极顽强的生命力。不择地方，低矮、阴暗处也能挺身拔节，绿叶扶疏，繁殖茂密；剖析生命力极强的原因——新竹与旧竹同出一根，紧紧偎依，并点出“慈竹”名称的由来。

经过层层铺垫，水到渠成地呼唤出母亲和孩子相亲相爱的感人场景。作者描绘这个场景与前面不尽相同，采用了娓娓细说的写法。述说春天笋长伴娃长，母亲心中的喜悦；述说娃娃爱竹、制作风筝、江边放风筝的乐趣；述说夏天母亲把对娃娃的细腻复杂的深情针针线线缝在鞋底，针针线线缝到娃娃的心中。妈妈要娃娃数“探出了头”的“笋”，和“笋”比高矮，绘出了稚子的形象，绘出了母盼儿长大的爱心；母亲爱孩子，孩子同样爱母亲，“不肯轻易去折损”慈竹，即使扎有引诱力的风筝也只“砍下一株旧竿”，而且须得到大人的“允许”，孩子虽然幼稚，但爱慈竹之情不移。行文至此，母子相亲相爱的深情已刻画得相当充分，主题——思乡情、慈母恩已较为充分地显露，为何还要描绘夏天青石板上填纳鞋底的情景呢？散文情缀成，观山，则情满于山，观海，则情溢于海，要借竹抒思亲、恋亲之情，非到情透纸背、情溢纸上，不足以表达内心的激动，也难以拨动读者的心弦。为此，作者笔触再往纵深下功夫。晒干的笋壳、青青的竹叶、母亲的丝丝鬓发、手中的针线、鞋底，无不是有情物，无不浸透爱子心、恋母情。一句看似平常的问话，更是千种情、万般意，既寄以孩子长大成人、远走高飞的厚望，又寓含恋恋不舍的深情。“紧搂在怀里”的动作，“眼眶湿润”的神情，为母亲的形象增添了重重的一笔——清晰了，深化了，“尽在不言中”的内心激荡向远处传送，传送。

文章末尾进一步聚“情”，突出对慈母的思念。先仍着笔于竹，以儿时梦境不能寻回和当年小街已从地图上抹去，反衬家乡慈竹依然郁郁葱葱，暗衬心潭里藏有“永远的绿”。再着笔对望江公园竹海的留恋。写留恋，着眼于离情。风吹竹响，犹如母亲挥手送儿郎；伞下独行，雨顺着低垂的竹梢缓缓淌下，好像是母亲送别的泪水。融情于景，情景交融，母送子、子别母的离情催人泪下。

文章倾吐思乡情、恋亲情很有层次，由恋家乡的竹进而恋曾寄居家乡的诗圣；再由恋竹中的慈竹，进而恋家乡的娘亲，最终聚焦在游子思娘亲这一点上。亲子之爱，思母之情，是人间美好情感中的一种，紧扣它来渲染，易在人们心中引起共鸣。

文章起笔三言两语，展现出画一般的意境；结尾以“雨水”和“泪水”滴落在故乡的土地上收煞，纸短情长。

阅读这类咏物的散文关键在于把握对“物”的正确理解。作者托物寓意，借物抒情，总是从某个特定的角度去认识事物、反映事物的，而这个特定的角度决定了作者对该事物的某种感情。阅读时，要摸准这个角度，才能真正把握“物”的形象特点，理清文章的思路，体会作者或含蓄深沉或昂扬奔放的感情。

追思李可染

大师李可染以自己的名言“可贵者胆”“所要者魂”为作画的准则，自勉大胆去突破成法并用新的思想去创造感人的意境。我有幸多次目染他挥毫作画，他那严谨治艺认真构思的精神，深为感人。有一天，他要我回沪转交友人一幅画，这幅画已悬在墙上，他面壁揣摩，沉思良久后说：“题字尚未成熟，再过几天交给你。”人们素知他对待自己的任何一幅作品都很严肃，抱着对艺术负责、对自己负责的持重态度。我曾听他说起：“黄胄很聪明，出手快，他一个月要画好几刀纸，可我要画上一年呀，画了又会废画三千，所以我刻有一枚闲章，叫‘七十二难’。画画常会碰到难题，只要困而知之……”这里既表明了他的谦虚，又有着深刻的实践真理。他三十余岁在四川作画时，又以“用最大的功力打进去”“用最大的勇气打出来”二语自励。他真是这样认认真真地在数十年画坛辛勤耕耘，在山水画方面创造性的实践取得了辉煌成就。他在艺术上勇于探索、孜孜以求的毅力教育并启迪着后人。几年前承他赠我一幅以寄怀白石老人勤奋惜阴精神的题词，令我难忘。他当时和颜悦色讲解词意的情景，他说：“老师齐白石作画往往忘记时间，但又感到一天的时间太短，真想用一条绳子系住太阳，不让它西落……”他讲得认真，我也听得高兴。

李可染对祖国的壮丽山河充满了惊叹与爱恋，频频写出了“杏花春雨江南”“万山重叠夕阳中”“岩壑深处白云起”……数以万计的珍品。1974 年“四人帮”对美术家发难，大批“黑画”，画家日子难过，他首当其冲。一天我去看望他，他却关心着别人，抢先问我：“上海画家可好？你被批得怎样?”又说：“我画的画是比别人多了点墨，怎么就成了黑画?”用语不多，然而却充满着对“四人帮”的无知与肆虐的蔑视与愤慨。

画家重视实地观察，到大自然、到生活中去，他把写生视为创造的生命。当他 76 岁高龄的时候，为了再度登高山，不怕艰苦求医开刀切去了障步的半个足趾。当日本著名画家东山魁夷在黄山之巅发现正在战战兢兢对景写生的那位老人就是他心目中慕名久仰的大师李可染时，肃然起敬躬身相迎。就在那年，李可染交给我一方石头，请唐云篆刻“白发老童”一章，此石坚硬，唐老深谙李用印甚严，求艺甚高，苦心费工，李喜得精篆之印，真是英雄识宝剑，在他后来的作品上屡钤此章。

李可染治学严，家教也严。现在日本研究美学的中国水墨画家李庚，是他最小的爱子。李庚从艺颇得家风又脱颖而出。我每次访日与他相会时，都可看到他造诣日深的许多新作。我曾动员他在国内举办展览，可他总记着其父叮嘱，在艺术上要获得实在的真功夫，如达不到高超的境界，切莫轻举。两个月前我代表上海美协出席第七届全国美展的授奖大会，我三次上台都轮着华君武颁发给我，当我最后一次接过奖品时，对华老一躬一笑，并说：“我们三生有幸呀！”不想惊动了坐在华老一旁的李可染，他见我只穿了件短袖衫，随即也风趣地回答我：“你这个上海人赤了膊来领奖。”隆重的仪式完毕，我急切地走到他身边，作了近乎不恭的解释：“北京22摄氏度，上海还是27摄氏度，所以我只穿一件短袖，去看你时要借件衣服。”我们边谈边走离开了会场。这一别竟成了永诀，为此我万分抱憾！我将永远怀念他创造的无数艺术珍品和为人的崇高情操。

《解放日报》1989年12月19日

这篇记人的散文是画家徐昌酩所作。

誉满中外的国画大师李可染与世长辞了，作为生者，作为同行，要以文颂人，以文寄托对辞世者的哀思与怀念，可记叙的内容很多，怎样在有限的篇幅里把人写活，引起读者的共鸣呢？精选角度，精选材料，至为重要。

这篇散文在角度的选择上有独到之处。写人，尤其以追思追忆的方式来写，往往总要花一定的笔墨展现人的音容笑貌，或又绘形，又写神，使形神兼备，或二者结合，刻貌以求神。作者追思李可染却未局囿于此，而是大胆舍弃容貌的描绘，集中笔力刻画精神世界。

材料的选择也有特色。一是有个性，所选材料均与“画”紧密相连。虽全是日常生活中的小事，但件件拴在“画”这根总线上，以画品带动人品，故而能较为贴切地突出国画大师严谨治艺和刻意创新的精神。二是多角度。文中选用了十个材料，有个别接触的，有群众场合的；有辞世者本人的言行，有从子女身上反映的；有对人的，有对画的；有对老师的，有对同行的；有对朋友的，有对敌人的，从不同角度揭示李可染的内心世界，给人以厚实的感觉。在众多材料中对画意的勇于探索、执着追求是核心，从这个核心出发，折射出李可染谦虚的品德，对友爱对敌憎和倾心于祖国山河的感情。

由于选择材料有上述特点，尽管作者未花点滴笔墨勾画辞世者的肖像，但人物依然栩栩如生，思想精神跃然纸上。

文章开头引述的李可染作画的名言——“可贵者胆”“所要者魂”，既起总拎全文的作用，又是画品、人品的点睛之笔，寓意深厚。

本文有两个明显不足。一是有的句子不规范，如“他真是这样认认真真地在数十年画坛辛勤耕耘，在山水画方面创造性的实践取得了辉煌成就”。二是授奖大会上的材料角度还可选得更好一点，寓意更明确一点。

阅读这类记人的散文，要十分注意人物形象的刻画，抓住个性化的语言深入探讨人物的思想精神。而探讨思想精神时，力戒平面，力戒贴标签，要多角度、多方位地理解，把人物语言、行为动作、心理活动乃至外貌特征综合起来推敲。写人，离不开事的叙述，阅读时不能被众多的事所淹没，要透过事看到人，研究人，“事”是用来表现人、刻画人的。

吾父之爱

我父亲年轻时当过兵打过仗，脸颊上留条弹片划破的伤疤。他有张发黄的旧照，那时他一身戎装，抽着烟，有点沉思，是个英俊潇洒的年轻军官。在我的童年时代，这张照片成为我最大的骄傲，连我亲密的女伴都万分珍惜它。直到今天，我仍感觉穿军服的男子最富有气概，因为那能寻到我父亲当年的某种风采。

然而，父亲现在已经老得白发苍苍了，而且瘦瘦的，丝毫找不见昔日的辉煌。节假日全家团聚，看见父亲突然从谈话圈退出去了，他只当听众，偶然在空隙中和弟弟互相把烟扔来扔去。有时，我往家拨电话，接电话的总是父亲，但说上三两句话，他总会讷讷地说：让你妈妈听。接下去，是母女俩喋喋不休亲亲密密地说些琐碎的体己话，父亲则静静地、极有耐心地等在一边。

父亲的爱是有些特别的，母亲常说他从未给子女洗过尿布，从未参加过家长会……在众多的“从未”中，父亲黯然失色。他总是默认这一切，从无二话。但有一次，他突然提起，我出生的那天，他激动无比，跑到外面买了个鲜红的闹钟，后来再听到那些“从未”，我眼前就会顽强地冒出那只红闹钟，它像父亲的爱心一般炽烈。

我成年后，偶尔晚上归家迟了，会发现父亲站在黑暗的弄口等待。日深年久，直到如今，有时夜归，走在黝黑的暗道上，我仍会产生一种被人担心的温暖感，尽管我早已离开了父亲的庇护，有了自己的小巢。

记得临出嫁时，父亲叮咛我说：“不要去责备你喜欢的人。”我体会到，那话里明明白白地包含了父亲的信念。父亲正是用这种方式爱的，充分给别人以自由。我刚进小学时，不喜欢有规律的生活，常常逃学，母亲让父亲押送我去学校，父亲则不。他让我申诉逃学的理由，我断断续续地说，在家好，下雨天能收集雨水，平时能喂养小鸟，能用面粉团捏有趣的小丑。父亲说，那你就天天在家吧。但是，一个星期后，我在家待腻了，逃也似的飞奔学校而去，很快就成为发奋的学生。至今，我常常会后怕，假如父亲当年强拽我去学校，我也许会永远厌倦读书的。

父亲已经离休，并且从未想过再出去干一番事业。他就是那种淡泊的人，不强求别人，也不强求自己，似乎从没有心急火燎追求的东西。父亲爱好文学，很能欣赏，评价也在行，但他从不

> 投入，保持着对爱好的神秘感。在我最彷徨的时候，父亲淡淡地说，你可以试着把想法写下来。我采纳了，后来那些想法纷纷印成铅字了。父亲收藏我的小说，有时看到杂志广告，他会候准杂志出版的日期去购买。他一遍二遍读，熟悉我写的每一个字。有一次我告诉父亲，我已写了一百多万字，他沉默了一会，说，别拼命写。

这是篇感人的抒情散文，发表在 1990 年 4 月 30 日的《新民晚报》“十日谈”专栏内，作者秦文君。

文章情铸成。《庄子・渔父》中说：“不精不诚，不能动人。故强哭者虽悲不哀，强怒者虽严不威。”情要真，要诚。这篇散文最明显的特点是感情真挚，从心底里流出，无丝毫矫揉造作之势。文中表现的父亲对女儿的爱不是架空的，没有用许多抒情的语句，而是附着在一件件日常细小的事上，而这些细小的平常事，感情不细腻的人往往捕捉不住，在眼皮下流逝。作者不仅捕捉住这些细琐小事，而且娓娓动听地道出了小事中包孕的极其深沉、极其炽烈的父爱的奥秘。

父亲跑到外面买了个鲜红的闹钟，这是文中父爱表露的“高潮”。父亲是个沉默寡言的人，感情含而不露可以说是他性格的基调，女儿出生之日，竟然一反常态，可见喜出望外到何种程度，对女儿的爱心又是多么炽热。文中结尾对父爱的深沉、执着刻画得入木三分。看杂志广告，候出版之日购买，一遍两遍读，满以为对女儿创作上丰收喜悦万分，一定会言表于外，喜上眉梢，鼓励女儿再接再厉，继续奋斗，没想到竟然说了一句“别拼命写”，笔锋急转，对女儿的爱怜之心跃然纸上，真是匠心别具。

文章着力写父亲对女儿的爱心，其实暗地里无处不在表露女儿对父亲深深的爱。写父亲的肖像，笔墨不多，但栩栩如生，“辉煌”一词是点睛之笔，倾吐了女儿对父亲的无比敬爱。刻画父亲善良、沉默寡言，不强求别人，也不强求自己的性格，不仅惟妙惟肖，更表露出女儿对父亲由衷的赞美。“顽强地冒出”就是一例。在众多的“从末”中，父亲黯然失色，即使有过可赞扬的买闹钟事，他也从不辩解，倒是女儿不服气，以红闹钟喻父亲爱心的炽烈。这样，从女儿心灵震撼的角度刻画，情更真更浓。作者叙述对父爱的感受、体验，既表现了父亲的爱心，也表达了女儿的感恩之情，时至今日，“走在黝黑的暗道上，我仍会产生一种被人担心的温暖感”，父女之间情意绵绵。

阅读这类抒情散文重要的是把握作者抒发的感情。要深入理解文中的词句，仔细琢磨文中所写的人和事，透过字面领悟作者的感情，推敲记人、叙事中所蕴含的感情。忌笼统，忌浮光掠影，要具体入微地体会。有的散文直抒胸臆，有的散文情意在字里行间潜动，前者理清思路，把握重点词句和段落，对感情的内容、浓度、线索、发展易掌握，后者更须多加咀嚼，贴切地进行归纳。

我精彩的糟糕诗作

八九岁时我写的第一首诗，母亲读后哭了起来：“巴迪，你真的写出了这么好、这么精彩的诗吗?”我既腼腆又得意扬扬，喃喃地说：“是的。”母亲赞不绝口，说这首诗简直有天才呢。

我欣喜万分，问道：“爸爸什么时候回来?”我迫不及待地要把自己完成的诗作给他看。母亲说七点钟左右。那天下午我花了很多时间为父亲的到来做准备。我用最漂亮的花字体把小诗重誊一遍，然后在诗的周围描上五彩斑斓的花边，并充满信心地把它敬放在餐桌上父亲的餐具旁。

到了七点，父亲还没回来。七点一刻。七点半。我实在等不及了。我敬仰父亲。他是好莱坞派拉蒙影片公司的总裁，但他是从一个剧作家开始电影生涯的。他会比母亲更加欣赏这首精彩的诗作。

将近八点钟父亲推门而入，他似乎怒气冲冲地拿着一杯酒绕餐桌走动，责骂着手下的雇员。

“想想看，本来我们今晚就可以拍完影片，”父亲咆哮着，“可是那个美人突然傻掉了，演不好最后一场戏。整个摄制组不得不以每分钟一千美元的代价等在那里。更令人恼火的是那个傻美人竟走出镜头，不肯演了。我现在还得求她回来。”

他转了个身，停下来，注视着他的餐具。一阵令人不安的沉默。“这是什么？”他伸手去拿我的小诗。

“本，奇迹发生了，”妈妈说，“巴迪写了一首诗！好极了，绝对地……”

“对不起，我自己会判断的。”父亲开始读诗。

我的头低得几乎要碰到餐具。诗只有十行，可我觉得他读了几小时。我听到父亲把诗扔回到桌上。评判的时刻到了。

“一塌糊涂！”父亲说。我抬不起头来，我的双眼湿润了。

“本，有时我对你不能理解，”母亲说，“他还只是个孩子，你现在不是在你的影片公司。这是他写的第一首诗，他需要鼓励。”

“我不懂，”父亲不退让，“难道这世界上糟糕的诗还不够多吗？哪条法律说巴迪要成为诗人？”

我再也受不了了。我冲出餐厅，跑回自己的卧室，倒在床上蒙头大哭。当我哭尽自己的委屈和失望之后，仍听到父母在餐桌上为我的诗争吵。

这则逸事到此结束了，但它对我的影响却没有结束。几年后，我重读了这首诗，我不得不同意父亲的判断。它确实很糟糕。后来，我鼓起勇气给父亲看了一篇我新写的短篇小说，父亲说写得有些冗繁但并非毫无希望。我学着进行改写，那时我未满十二岁。

现在，我的著作、剧本、电影一部部出版、发行，我越来越清楚地认识到当初是多么幸运。我有这样一个母亲，她会说：“巴迪，这是你写的吗？精彩极了。”我还有这样一个父亲，他会说：“一塌糊涂。”一个作家——应该说是生活中的每个人——需要来自母亲的力量，爱的力量，它是灵感和创作的源泉，但仅有这点是不全面的，可能会把人引入歧途。它还需要有警告的力量相平衡，观察、倾听、总结、提高。

这些年来，童年时代这两种相反相成的声音一直回响在我的耳际——好极了……一塌糊涂——它们像两股风猛击着我。在生活的海洋里，我谨慎驾驶着自己的小船不让任何一股风掀翻。在这两种充满着爱的赞美和批评声中，我将努力行驶。

《解放日报》1990 年 2 月 6 日

这篇回忆性散文是美国作家巴德·舒尔伯格所作。

文章标题是文章的眼睛，这篇散文的标题很独特，一下子撞击读者的眼帘，吸引读者的兴趣。“诗作”既然“糟糕”，又怎么“精彩”？既然“精彩”，又怎么“糟糕”？文章就是围绕这样的“诗作”而展开回忆的。

文中事简单明了，人物形象却栩栩如生，颇富于戏剧性。母亲读到八九岁儿子写的第一首诗时，不是“笑”，而是“哭”，这一反常态的表情十分逼真地刻画出母亲内心的喜悦和激动，达到了何等感人的地步。母亲对儿子的赞扬不知怎么说才好，先冠以“这么好、这么精彩”的赞语，又冠以“有天才”的桂冠，还向巴迪的父亲极力推荐，誉为“奇迹发生”，誉为“好极了，绝对地……”。父亲的评判却截然相反，“一塌糊涂”，等于给诗作判了死刑。父母二人对比着写，争论中毫不相让，充分表现了父严母慈，从不同角度对孩子的爱。

巴迪在作诗以后的种种表现既充满了童趣，又有戏剧性。孩子受到称赞“得意扬扬”，这是司空见惯的。有趣在盼父亲归来，精心为“诗作”装扮，期望值比母亲的夸奖还高；有趣在听父亲的“宣判”，“头低得几乎要碰到餐具”，时间拉长了，十行诗“读了几小时”。孩子的希望、信心、期待等心理活动描绘得惟妙惟肖。等待父亲夸奖的心情越急切，委屈、失望的情绪就越厉害。巴迪由“欣喜万分”一下子变为“蒙头大哭”，犹如沸点陡然降到冰点，简直是戏剧性的变化。

文章下半部分简述巴迪对自己诗作的再认识、父亲对小说的评价和日后创作上的硕果，要言不烦。

该文如果只停留在事情及其影响的叙述，就会失之肤浅。思想是散文的灵魂，文章的“意”没有一定的高度，就站立不起来。这篇散文的深意在于从一件趣事中提炼出对生活征程中的与众不同的见解——爱的力量和警告的力量相平衡，让自己的小船不给任何一股风掀翻。这种见解给人以启迪。

阅读这类叙事散文，最为重要的是体会事中蕴含的深意。这类散文写法上常常是小中见大，卒章露底。把握这个特点，找准集中表达主题的句和段，就可较为顺当地析事、剖意，理解作者的写作意图。

风景区

札兰屯[①]真无愧是塞上的一颗珍珠。多么幽美呀！它不像苏杭那么明媚，也没有天山万古积雪的气势，可是它独具风格，幽美得迷人。它几乎

① 即扎兰屯，市名。在内蒙古自治区东北部、大兴安岭东南麓、雅鲁河畔。呼伦贝尔市代管。

没有什么人工的雕饰，只是纯系自然的那么一些山川草木。谁也指不出哪里是一“景”，可是谁也不能否认它处处美丽。它没有什么石碑，刻着什么什么烟树，或什么什么奇观。它只是那么纯朴的，大方的，静静的，等待着游人。没有游人呢，也没大关系。它并不有意地装饰起来，向游人索要诗词。它自己便充满了最纯朴的诗情词韵。

四面都有小山，既无奇峰，也没有古寺，只是那么静静地在青天下绣成一个翠环。环中间有一条河，河岸上这里多些，那里少些，随便地长着绿柳白杨。几头黄牛，一小群白羊，在有阳光的地方低着头吃草，并看不见牧童。也许有，恐怕是藏在柳荫下钓鱼呢。河岸是绿的。高坡也是绿的。绿色一直接上了远远的青山。这种绿色使人在梦里也忘不了，好像细致地染在心灵里。

绿草中有多少花呀。石竹，桔梗，还有许多说不上名儿的，都那么毫不矜持地开着各色的花，吐着各种香味，招来无数的风蝶，闲散而又忙碌地飞来飞去。既不必找小亭，也不必找石墩，就随便坐在绿地上吧。风儿多么清凉，日光可又那么和暖，使人在凉暖之间，想闭上眼睡去，所谓“陶醉”，也许就是这样吧？

夕阳在山，该回去了。路上到处还是那么绿，还有那么多的草木，可是总看不厌。这里有一片荞麦，开着密密的白花；那里有一片高粱，在微风里摇动着红穗。也必须立定看一看，平常的东西放在这里仿佛就与众不同。正是因为有些荞麦与高粱，我们才越觉得全部风景的自自然然，幽美而亲切。看，那间小屋上的金黄的大瓜哟！也得看好大半天，仿佛向来也没看见过！

是不是因为札兰屯在内蒙古，所以才把五分美说成十分呢？一点也不是！我们不便拿它和苏杭或桂林山水作比较，但是假若非比一比不可的话，最公平的说法便是各有千秋。“天苍苍，野茫茫”在这里就越发显得不恰当了。我并非在这里单纯地宣传美景，我是要指出，并希望矫正以往对内蒙古的那种不正确的看法。知道了一点实际情况，像札兰屯的美丽，或者就不至于再一听到“口外”“关外”等名词，便想起八月飞雪，万里流沙，望而生畏了。

节选自《内蒙风光》，《人民日报》1961 年 10 月 13 日

这篇散文节选自作家老舍的《内蒙风光》，节选部分可独立成篇。

一提到内蒙古风光，人们会情不自禁地口吟“天苍苍，野茫茫，风吹草低见牛羊”的名句，脑中浮现八月飞雪、万里流沙的图景。而《风景区》描绘的全然不是这种景色，读后给人以耳目一新之感。

刻画出风景区“独具风格”的美是本文的一大特色。先以比喻显示特征，说札兰屯是“塞上的一颗珍珠”，既道出背景广阔，又颂其幽美。接着用比较的手法，与苏杭的明媚、天山积雪的气势加以区别，突出其风格独具。然后紧扣“独具”，展现一幅幅优美的画面。画面描绘一抓纯系自然的特点，无人工雕饰，充满纯朴。二抓动静的配置，以静景为主，伴以牛羊吃草，风蝶飞舞，高粱穗在微风里摇动，增添画面的勃勃生机。三抓色彩的和谐，底色是绿，满目绿色，河岸是绿，高坡是绿，“绿”一直染到人的心灵里。在葱茏的绿色里，点缀着黄色的牛、白色的羊，红色的高粱穗，白色的荞麦花，金黄色的大瓜，各种颜色的花，疏疏密密，美不胜收。四抓感受的传送，“河岸上这里多些，那里少些，随便地长着绿柳白杨”，看不见牧童，“也许有，恐怕是藏在柳荫下钓鱼呢”。“风儿多么清凉，日光

可又那么和暖，使人在凉暖之间，想闭上眼睡去，所谓‘陶醉’，也许就是这样吧”，等等，从人的感受来写景，情注其中，虚实相衬，开拓了更丰富的画面。由于文中纯熟而巧妙地运用了上述种种手法，札兰屯独具风格的幽美就极其形象地跃入读者的眼帘。

语言的清新淳厚是这篇散文的又一特色。老舍是语言大师，且不说他剧作、小说中的语言如何使人倾倒，就是这短短一篇散文，也会使你深感字字珠玑，味道分外甘醇。语言不是蜜，但可以粘东西。一个“染”字就把札兰屯的“绿”粘上读者眼帘，粘到读者心里。这个词以一当十，比用许多词句形容草地多么宽阔，绿色多么浓郁更有表现力，更能拨动读者的心弦。风蝶“闲散而又忙碌地飞来飞去”，“闲散”与“忙碌”词义相反，并列起来形容“飞”岂不矛盾？不然。这样运用，给画意增添了相当的浓度。“闲散”反映画面的基调，与“静”，与山川草木的“纯系自然”协调一致，而“忙碌”既以动托静，又透露盎然生意。至于“它并不有意地装饰起来，向游人索要诗词……”“只是那么静静地在青天下绣成一个翠环”等拟人、比喻手法的运用，更是信手拈来，贴切，形象。凡此种种，不胜枚举。语言悦耳、上口、入心，很值得咀嚼吸收。

阅读这类写景散文，十分重要的是体会作者如何捕捉景物的特征，如何把情意蕴含于景物之中。如果只囿于赏景，而不注意体察情意，就难以真正进入文中的画境、意境，更难以领会作者的写作意图。阅读这类散文，还须弄清作者描绘景物的观察点和立足点，如定点观察、定景换点、移步换景等，准确把握就能分清画面，洞悉篇章结构。写景散文常注意多种修辞手法的运用、遣词造句讲究生动、优美，阅读时也应多加推敲。

历史

一

历史是什么？

它看不见摸不着没有固定的形态，然而它涵

盖所有流逝的岁月，没有人能够躲避它的剖视。就像一个人在海里游泳无法摆脱海水的拥抱，你跃出海面潜入海底，海水还是要淹没你，哪怕你变成一条飞鱼展翅在天空滑翔，最后免不了仍会落进海里。没有人能够超越历史。

那么，历史是什么呢？

二

一片土地的沧桑变迁可以是一部历史。

一个民族的盛衰兴亡可以是一部历史。

一个家庭的悲欢离合可以是一部历史。

一个人的生活旅程可以是一部历史。

一场战争可以是一部历史。

一场球赛可以是一部历史。

……

历史可以很长很长，长如黄河扬子江。生命的旅程有多么漫长它就有多么漫长，人类的年龄有多么古老它就有多么古老。

历史可以很大很大，大如东海太平洋，世界有多么辽阔它就有多么辽阔，宇宙有多么浩瀚它就有多么浩瀚。

历史可以很短很短，只是一个冬天或者一个夏天，只是抽一支烟的片刻，甚至只是眨眼的瞬间。

历史可以很小很小，小到一个庭院，一孔窑洞，甚至小到一个蚁穴。

过去的一切，都是历史。

三

历史不是一张白纸，你想涂成什么颜色就可

以是什么颜色。

历史不是一块橡皮泥，你想捏成什么模样就可以是什么模样。

历史不是一块绸缎，任你随心所欲剪裁成时髦的衣裳装饰自己。

历史不是一把吉他，任你舞动手指在弦上弹出你爱听的曲子。

历史是出窑的瓷器，它已经在烈火的煎熬中定型。你可以将它打碎，然而还原起来，它仍然是出炉时的形象。

历史是汹涌的潮汐，它呼啸着冲上沙滩时人人都为之惊叹。它悄然退落时，许多人竟会忘却它的磅礴，忘却它曾经汹涌过，呼啸过，然而海滩忠实地记录着它的足迹，没有什么力量能将这足迹擦去。

白蚁可以将史书蛀得千孔百疮，但历史却不会因此而走样。装潢精致堂皇的典籍未必是历史。墨，可以书写真理，也可以编织谎言。谎言被重复一千次依然是谎言，真理被否定一万次终究是真理。

四

是的，历史是起伏的潮汐。涨潮，未必是历史的峰巅；落潮，也不是历史的中断，更不是历史的倒退，落潮之后，必定会有新的潮汐。

在历史的潮汐中，个人只能是其中的一簇浪花。有人一生都想做一个冲浪者，脚踏着冲浪板，在迭起的浪峰上做种种令人惊叹的表演。然而他们不可能永远凌驾于浪峰之上，潮头总要把他们打入水中。而那些企图逆流而行的弄潮者，在历史前进的惊天动地的涛声中，他们的呼喊留不下一丝回声。

历史将前进，这是必然。

这篇散文是作家赵丽宏的近作，发表在《解放日报》“朝花”副刊上。

《历史》乍看很像诗，分行分节，其实是散文。作者自己在《历史》和另一篇《光阴》短文前冠以《散文二篇》的总标题，界定了文章的体裁；再说，散文诗不能只看分行分节的形式，它以抒情为自己的主要职能，具有诗的意境，诗的美，有的散文诗也不分行分节，更不受诗歌格律的限制，但注意语言的节奏。

文章题材极大，探索的是人类历史的长河，探索的是时间的长流。这样大的题材怎样在短短一篇文章里表现？又意图表达怎样的思想呢？作者采用了通篇设喻的方法，使抽象的理论具体化、形象化。作者用喻时十分注意特征的显现，如以“一个人在海里游泳无法摆脱海水的拥抱”比喻没有人能够躲避历史的剖视，并深一层地强调，即使“你跃出海面潜入海底，海水还是要淹没你”。这样设喻，道理浅显明白，令人信服。用喻时注意对应，注意多角度的刻画，使读者对被比喻的对象有多方面的了解，形象更为丰富，更为鲜明。如“长”“短”，“大”“小”的对应，用两个比喻加以说明，就具有此特色。用喻时还注意正说、反说，不是“一张白纸”“一块橡皮泥”“一块绸缎”“一把吉他”，而是“出窑的瓷器”“汹涌的潮汐”，先反说，再正说，通过正反论说，剖析了历史发展的规律。

作者以设问手法入笔，“历史是什么”，把如此大的课题，如此深奥的问题，一下子推到读者眼前，有“骤响易彻”之效，深深吸引读者。作者提出问题后，没有直接回答，而是打比喻说明人不能够躲避历史的剖视，不能够超越历史，设喻后又不回答，却再次发问：“历史是什么呢？”设问句反复激荡，从内涵上来说，由于二者之间已有用喻说明的内容，故不是简单的重复。第二部分针对第一部分的设问进行解答。妙在不从总体上抽象地论述，而是用列举一个个局部的办法。这样论述，具体、实在。在列举的基础上，对历史的范畴进行了生动的概括，然后斩钉截铁地下判断——“过去的一切，都是历史”，回答了问题。概念阐明以后，第三部分就深入一步，以大量的比喻揭示历史发展的规律，强调历史是不以人的意志为转移的，任何力量都擦不去它的足迹。第四部分进一步阐述历史发展的规律，以及如何正确认识和把握历史发展的规律。“历史将前进，这是必然”，点出了全文的主旨，是上文论述逻辑发展的必然结论。四个部分层层推进，结构清晰。

文章的重点在第三部分后半段和第四部分。论述问题寓含哲理，闪现辩证思维的光辉。作者抓住潮汐起伏的特点，形象而深刻地启迪人们如何正确地认识历史，认识个人在历史中的作用，激励人们在历史的潮汐中要坚定“历史将前进”的信念。文章的主旨明确、积极。“墨，可以书写真理，也可以编织谎言。谎言被重复一千次依然是谎言，真理被否定一万次终究是真理。”言简意赅，言简意深，耐人寻味。

阅读这类寓含哲理的散文，既要探讨语言和写法的艺术性，又要挖掘其中闪光的思想。要善于把握关键的词句，关键的段落，不仅要读懂它们字面的含义，还要探究字的背后蕴藏的思想。要理清文章的结构，思想的倾泻如江河一般有其特定的轨道，洞悉其主干、支流，思想的脉搏就清晰可辨。要推敲作者的艺术手法，形式为内容服务，不管运用什么艺术手法，都是为了更准确、更生动地表达思想，剖析艺术手法的运用，有助于对文章主旨的深入理解。

作家探讨人生，也常探讨“历史”。伟大作家列夫·托尔斯泰在其不朽名著《战争与和平》结尾，用一百多页的篇幅，在理论上对“历史”作了论述，这是很有意思的。

山水如画

中国在世界美术史上发明了独特绘画艺术形式，即只用墨这种单一的颜色作画。绘画是一种用颜色来表现的艺术，这本是世界美术史上的一致概念。可是不知怎的，中国却发展了不用色彩的绘画。似乎也可以说，在发明了墨，创造了书法之美的中国，产生水墨画是有其必然性的，书画一致的说法，至今尚在继续。但我看绘画和书法也不见得从一开始就是一致的。

据说墨中有五彩，那么五彩缤纷总归墨的表现手法，就是在颜色感官的世界里，把墨当作表达精神的最高手段的吧。当然，我不曾研究水墨画的历史，这仅仅是我个人的想象而已。

第一次中国之行时，发生了一件对我来说几乎是不可思议的事情。我从北京饭店的窗口望着新绿丛中故宫的琉璃瓦屋脊和红色的城墙正打算写生。本来，按照我的习惯是应当用画具作彩色写生的，何况展现在我眼前的，又正是绿、红、黄，富于色彩的风景。可是突然，我感到一种冲动，一种想要把这明快娇嫩的绿荫和金光四射的屋脊全都用墨表达出来的渴望！于是，作为我漫长的画家生涯中的第一幅水墨写生，就这样产生了。从那以后，在中国各地旅行时的写生，我也几乎都是用墨。最后到了桂林，在沿漓江而下的船上，我着了迷似的一口气画了好多张水墨写生。这时我甚至感觉到，要表现这里的风景，竟是唯有墨才能胜任的。

目前正在着手中的唐招提寺隔扇画的第二部分中，我之所以决心要画鉴真和尚故乡——中国的风景，也是和这些水墨写生分不开的。在北京故宫博物院和上海博物馆，我还看了很多水墨画名作，这无疑也是一个很大的刺激。在各地旅行中，能与风景一起欣赏绘画名作，收获是极大的。第三次中国之行，在北京、南京、扬州、上海等地受到特别照顾，还得以见到了许多古代名画的珍品实在是太荣幸了。这三次旅行中给了我极大感受的中国风景之美和中国画，是浑然成为一体的。

在黄山游览时，我也不止一次地感叹，要描绘这里的山水，实在是非墨不可的。在中国画和中国风景的对照中我才真正悟出，世上竟真的存在着如此深远的画境，以至不抛弃色彩，你就无法表现它！

第一次旅行接近终了时，我从上海到无锡，下榻太湖饭店。清晨，我出了饭店，信步走上村边的林荫路。繁茂的芦苇中泊着几只渔船，早炊的清烟，缓缓升起。不久，所有的船都扬起帆，一只一只地离开岸边，驶向无际的天边，宛然行将消失在烟波浩渺之中。此情此景，若非用墨，恐怕也是难以描绘的。

从无锡回到上海，再飞往位于中国南部的广州。一下飞机，立刻感到强烈的湿气和闷热，好像进了蒸汽浴室。第二天，到白云山一游，然后便飞往桂林。

接近桂林时，透过云层，我看到了异样的地形，又细又尖的石峰好像是丛生的竹笋，密密麻麻地拔地而起。飞机就朝这些奇峰之中降落下去。

桂林是风光明媚、世间罕见的城市。桂林的“桂”字在日本是连香树，而在这里，却是桂花了。市里多桂树，据说等到初秋花开时节，整个城市都会沉浸在芳香之中。桂林是我此行中的最高潮，写生也是在这里的最多。这是以极其自然的形式在我的画风中导入水墨画的绝好机会。我感到，中国山水画中的风景——而且是它的精髓——活生生地展现在我的面前了。我这个平时很少激动的人，此时却惊叹不已。特别是那天早晨乘船从桂林市里到阳朔的六小时水路，真是难以想象的壮观。

船与岸若即若离，虽然同样是航行在奇峰怪石之间，但开始的这一段，却多是恬静的牧歌式风景。晨光里，清澈的江面上倒映着茂密的榕树，两岸是长帚般的竹林，僻静的村落，憩息的水牛。江中的船或逆水扬帆，或顺流荡漾。渔夫操着小竹排，上面有鱼篓和两只鱼鹰。

一会儿，水流渐急，两岸的山峰压过来，风景为之一变。完全是南宗画里的那种石山，从树木的遮蔽中裸露出岩壁，几乎是垂直地耸立着。这些高低不同奇形怪状的山峰，或交臂相依，或傲然独居，真是千变万化。

我们在南宗画般的山水中游览，这究竟是大自然在莫测的悠久岁月中创造出来的壮观，还是神仙悄悄地遗留在大地一隅的幻境？我着了迷似的挥动着画笔。本来，我是不善于作即兴速写的，可是此刻却好像换了一个人，飞快地用水墨描下了这每刻都在变幻着的风景。

“请您秋天再来吧，那时漓江水将更加清澈，是桂林最美的季节啊！”与桂林的人们告别时，听着他们这热情洋溢的话语，我不由得把他们的手握得更紧了。是啊！我多么渴望再来啊，那时，我一定要尽情地写生。

同样都适合于水墨画，但与柔和雅致的桂林所截然不同的，是黄山那严峻的山岳风光，两者是完全相反的两种风格，如果将桂林比作南宗画派的话，那么黄山就可以说是北宗画派了。

黄山是安徽省南部的名山，它不是一座山的名字，而是七十二座山峦的总称。从南京沿长江到芜湖，住了一宿，继续向南，行进在广阔的水田和麦田中的汽车渐渐驶上了山间公路，日暮时分到了溪流旁的温泉，住在黄山宾馆。

一早，先去看附近的瀑布，隐现在雾气中的飞流，别有一种梦幻般的雅趣。午后，开始冒雨登山，立陡的石阶，连绵不绝。有时，灰色的苍穹中突然显出高大险峻的石峰那淡墨般的姿影，这里正是所谓一失足便成千古恨的地方，我们紧盯着脚前，一步一步地攀登。

不知爬过了几千石阶，更不知再往上还要有几千层。有时心里甚至感到失去了信心。好不容易才到达了叫作一线天的一段最危险的地方，面对蓬莱三岛怪石和松树构成的奇景，我难以按捺心胸中的喜悦。不一会儿，有名的迎客松又向我们伸出了欢迎的臂膀。等我们到达玉屏楼时，暮色已经降临到周围的山峰之中了。

早上五点起来一看，眼下是滚滚的白云，群山昂首，漂浮在云海之中。就是这奇峰、怪石、云海，使黄山成为举世闻名的风景胜地。早饭后，将玉屏楼抛在身后，又继续攀登，仍然是无穷无尽的石阶。登上令人目眩的百步云梯，沿着山脊，欣赏那些奇峰怪石，最后进入了松林。在那令人透不过气儿来的石阶上休息了好几次后，终于到达了目的地——北海宾馆。

第二天一早，四点半就起床，登上房前的小丘观赏峰峦重叠的远方升起的红日，这真是庄严、肃穆而且充满了生气的眺望。站在始信峰、清凉台、排云亭上四下望去，那耸立的群峰与松树相伴，充满了宋代山水画里那种挺拔、峻利的精神。

在这两次旅行中，我觉得自己是用眼用心，找到了中国产生、发展水墨画的理由。

《美术丛刊》1979 年第 10 期

日本当代著名画家东山魁夷在这篇散文中对中国水墨画的产生与发展提出了独特的见解。《山水如画》，乍看这个标题，似乎是描绘及赞美山水的，读罢全文，才领悟到题意非同一般，一个“如”字，把山水的自然美和画的艺术美结合起来，表达中国风景之美和中国画浑然一体的见解。文章着力探讨的是中国画，而中国画的渊源又来自有深远画境的中国山水。

文中的这种见解不是从画论的角度进行理论上的阐述，而是通过到中国来三次旅游的纪实形象地加以表达。

作者把眼前实景和自身感受结合起来写，自然而亲切。第一幅水墨画写生竟然从绿、红、黄，富于色彩的风景方面突破，看来令人惊讶，而实际上匠心独运，以这样一种“几乎是不可思议的事情”来肯定“墨中有五彩”“五彩缤纷总归墨”的说法，突出了水墨画的高超。作者笔下的太湖晨景，烟波浩渺；漓江晨光，奇峰怪石，瞬息变幻；黄山云海、飞瀑、石峰、松林庄严肃穆，无不紧紧扣住画境、画意一一描绘。是绘景，也在作画。正因为“用眼”又“用心”，才真正悟出“世上竟真的存在着如此深远的画境”，悟出“不抛弃色彩，你就无法表现它”的道理，找到了中国产生和发展水墨画的理由。

作者三次中国之行中游历了许多风景名胜之地，为什么选择桂林和黄山重点写呢？前者是秀美，后者是壮美，反差很大。作者从柔和雅致的桂林山水感受到南宗画的意境，从黄山险峻的风光看到了北宗画的精神。无论秀美或壮美，都非用水墨来描绘不可。这样，就使主题表达得更为鲜明。

三次中国之行，第一次和第三次详写，第二次略而不写，这倒同中国画的表现手法一样，既有细笔，又有留白，突出重点，又留给人以想象余地。

散文可以潇潇洒洒，信手写来，但在篇章上还是要有所依归的。本文写三次旅行采用了重复写的方法，前面稍简，后面较详，前后重复写并无明显的层次，反给人拖沓的感觉。这不能不说是结构上的缺陷。

阅读散文，既要注意吸取，也要善于辨别。

一棵老树

我们搬到这里来时，所遇见的第一个人是一个放牛的老人。他坐在门前的一块石墩上，两眼模糊，望着一条水牛在山坡上吃草。他看见我们几个从城里来的人，我不知道他怎样想法，可是从他毫无表情的面上看来，他是不会有什么感想的。他好比一棵折断了的老树，树枝树叶，不知在多少年前被暴风雨折去了，化为泥土，只剩下这根秃树干，没有感觉地蹲在那里，在继续受着风雨的折磨；从远方望去，不知是一堆土，还是一块石，绝不会使人想到，它从前也曾生过嫩绿的枝叶。他听话也听不清楚，人类复杂的言语，到他耳里，都化为很简单的几个单音。

据林场的主人说，这片山林经营已经将近三十年，一开始时，这个老人就到这里来了。我想，当时他还是一个三四十岁的壮年，他必定也曾经背起斧头，参加过那艰难的披荆斩棘的工作。但是从什么时候起他的筋力渐渐衰减，官感渐渐迟钝，把那些需要强壮的筋力或灵敏的官感的工作一件件地放下来，归终只是从早到晚眼前守着一只笨拙的水牛呢？这个过程一定是缓缓的，漫长的，他若回忆到他的壮年（如果他有回忆的话），会比我们苦忆前生还要模糊吧。

时间对于他已经没有意义。气候的转变他也感觉不到，我只看见他春、夏、秋、冬，无论早晚，只是穿着一件破旧的衣裳。他步履所到的地方，只限于四周围的山坡，好像这山林外并没有世界；他参杂在林场里的鸡、犬、马、牛的中间，早已失却人的骄傲和夸张。他“生”在这里了；他没有营谋，没有积蓄，使人想到耶稣所说的“天上的飞鸟”和“野地里的百合花”。

水牛，好像不是属于这个生物纪的。庞大的身躯，缓缓地在草地上走着，像是古代的生物；原始的力还存留在它的身上。当它仰着头，卧在浅浅的泥水池子里，半个身子都没不下去，它那焦渴的样子使我们觉得这个水渐渐少了的世界，真有点对不住它。把它交在这个老人的手里，是十分和谐的。山坡上，树林间，老人无言，水牛也没有声音，蹒蹒跚跚，是一幅忧郁的画图。因为他们同样有一个忘却的久远在过去，同样拖着一个迟钝在这伶巧的时代。

老人的生活从未有过变动。若有，就算是水牛生小牛的那一天了。他每天放牛回来，有时附带着抱回一束柴，这天，却和看山的少年共同抱着一只小牛进来了。他的面貌仍然是那样呆滞，但是举动里略微露出来了几分敏捷。他把小牛放在棚外，在很短的时间内把那许久不曾打扫过的牛棚打扫得干干净净，铺上娇黄的干草，把小牛放在干草上。他不说话，但是这番工作无形中泄露出一些他久已消逝了的过去。他把小牛安插好了不久，在山坡上生过小牛的老牛也蹒蹒跚跚地走回来了。此后老牛的身后又多了一只小牛。他呢，经过一番所谓兴奋后，好像眼前并没有增加了什么。

一天下午，老牛不知为什么忽然不爱走动了，老人举起鞭子，它略微走几步，又停住了，他在它面前堆些青草，它只嗅一嗅，并不吃。旁的工人都说牛是病了，到处找万金油，他却一人坐在一边，把上衣脱下来晒太阳。他露不出一点慌张的神色，这类的事他似乎已经经验过好几次，反正老牛死了还有小牛。两盒万金油给牛舔下去后，牛显出来一度的活泼，随后更没有精神了。山上的人赶快趁着它未死的时候把它拉到山下的村庄里去。老人目送几个人想尽方法把这病牛牵走，并不带一点悲伤。他抽完了一袋烟，又赶着小牛出去了，他看这小牛和未生小牛以前的那只老牛一样。因为他自从开始放牛以来，已经更换过好几只牛，但在他看来，仿佛从头到了，只是一只，并无所谓更换。

可是这老人面前的不变终于起了变化。今年初夏的雨水分外少，山下村庄里种的秧苗都快老了，还是不能插，没有一个人不在盼望云。天天早晨虽然是阴云四布，但是一到中午云便散开了，这样继续了好些天，有些地方在禁屠求雨，因为离湖较远的地方，已经呈露出几分旱象。一天上午，连云也没有了，太阳照焦一切，这是在昆明少有的热天气。老人和平素一样，吃完午饭，就赶着牛出去了。——大家正在热得疲惫，尽在想着午睡的时候，寂静的林场的院子里吹来一阵凉风，同时天气从西北的方向上来了，转瞬间烟云布遍四山，大雨如注。雨，继续了三个钟头，山上的雨水到处顺着枯竭了许久的小沟往下流。人人都随着宇宙缓了一口气，一两个从村庄里走到山上来玩耍的农夫准备着雨一止了便跑下山去，赶快插秧，那怕是天晚了，也要能插多少就插多少。人们尽在雨声里乱谈乱讲，却没有一个人想起外边的大雨里还有两个生命。

雨止了，院子里明亮起来，被雨阻住的鸟儿渐渐离开它们避雨的地方飞回巢里去，这时那老人也牵着小牛回来了。人和牛都是一样湿淋淋的，神情沮丧，好像飓风掠过的海滨的渔村，全身都是零乱。老人把牛放在雨后的阳光里，自己走到厨房里去烘干他那只有一身的衣裤。人们乱忙忙的，仍然是没有人理会他们。等到老人把衣服烘干再走出来时，小牛伏在地上已经不能动转。这只有几个月的小生命，担不起这次宇宙的暴力，被骤雨激死了。

当晚工人们在林边掘了一个坑，把小牛埋在里边。埋葬后，老人还在漆黑的夜色里坑旁边坐了许久。最后，一步步地挪回来。——第二天，我看见他坐在门前的石墩上，手里仍然拿着放牛的鞭子，但是没有牛了。他好像变成一个盲人，眼前尽管是无边的绿色，对于他也许是一片白茫茫吧。几十年的岁月，没有一天没有水牛，他都实实在在地度过了，今天他却有如（我借用一个诗人所爱用的比喻）一个钟面上没有指针。

老牛病死，小牛淋死，主人有些凄然。考虑结果，暂时不买新牛，山上种菜不多，耕地时可以到附近佃户家里去借。所成问题的，是这老人如何安插。他现在什么事也不能作了，主人经过长时的踌躇，又感念他在这里工作了几十年，只好给他一些养老费，送他回家去。

家？不但旁人听了有些惊愕，就是老人自己也会觉得惊奇。他在这里有几十年，像是生了根，至于家，早已变成一个辽远，生疏，再也难以想象的处所了。他再也没有勇气去到那生疏的地方，那里有他的孙儿孙媳，但是他久已记不得他们是什么面貌，什么声音，什么样的人。人们叫他走，说是回家，在他看来，好比一个远征，他这样大的年纪，那里当得起一个远征呢。他一天挪过一天，怎样催他，他也不动，事实上他也不知应该往哪个方向走去。最后主人派了两个工人，替他夹着那条仅有的破被送他——他在后边没精打采，像个小孩子学步一般，一步一颠地离开了这座山，和这山上的鸡、犬、木、石。……

第二天，送他的工人回来了，说是已经把他安插在他的家里。人们仍旧在这山上度他们的长昼，谁也没有感到短少了什么。

又过了几天，门外的狗在叫，门前呆呆地站着一个年轻的农夫，他说：“祖父回到家里，不知为什么，也不说，也不笑，夜里也不睡，只是睁着眼坐着，——前晚糊里糊涂地死去了。”这如同一棵老树，被移植到另外一个地带，水土不宜，死了。

在山上两年的工夫，我没有同他谈过一句话，他也不知我是哪里来的人。我想，假如小牛不被冷雨淋死，他会还继续在这山上生长着，一年一年地下去，忘却了死亡。

《山水》

以写诗称著于世的冯至，散文也卓有特色。李广田先生是这样称赞的："他近年来写了若干散文，实在都是诗的，那么明净，那么含蓄，在平凡事物中见出崇高，在朴素文字中见出华美，实在是散文中的精品。"这篇《一棵老树》就是精品，明净而深沉。

尽管篇幅较长，但无蔓枝繁叶，线条清晰。只写一个看牛的老人，一人二牛。老牛生了小牛，老牛死了，接着小牛遭暴雨袭击也死了。林场的主人决定不再养牛，将这个默默工作几十年的老人遣送回乡。然而这老人"生"在林场了，只熟悉这寂寥的林园和不说话的牛，对自己的乡土和家人反倒生疏，因此，回家不久就糊里糊涂地死去了。作者截取了老人生活的一段叙述了一个悲惨的故事，读来催人泪下。

深沉的含义寓于鲜明的形象之中。老人的形象被作者的笔锋雕塑得出神入化，宛然就在眼前。文章一开始就以"一棵折断了的老树""这根秃树干"为喻，刻画老人的总体形象，再从"两眼模糊""不会有什么感想""毫无表情""没有感觉地""听话也听不清楚"等角度多方位地刻画其浑如土石，木然无一丝生气。既近看，又远望，既绘老人形，又写自己的猜度，如此集中笔力刻画，一个经受生活风雨长期折磨的凄苦形象活脱脱地展现纸上。

在充满沉闷、死气的生活中，只有一件事带来一丝活气。那就是当老牛生小牛的时候，尽管"他的面貌仍然是那样呆滞"，但是举动里毕竟"露出来了几分敏捷"。然而，这种可怜的兴奋也不过是瞬息消逝，更增添几分悲凉。

文中紧紧抓住人物特征刻画，笔笔加浓加深，入木三分。老人感官迟钝，记忆失灵，"时间对于他已经没有意义。气候的转变他也感觉不到"；病牛牵走，他"并不带一点悲伤"；小牛被骤雨激死，他好像"变成一个盲人，眼前尽管是无边的绿色，对于他也许是一片白茫茫吧"；送他回乡，他"在后边没精打采"，"一步一颠地"离开；回到家里，"也不说，也不笑，夜里也不睡，只是睁着眼坐着"，"糊里糊涂地死去了"。一棵被折断了的老树倒下了，活着的时候，"没有人理会"，离去，"谁也没有感到短少了什么"。一个人就这样自生自灭了，正如《新约圣经》中所说的"天上的飞鸟"，"也不种，也不收，也不积蓄在仓库里”；“野地里的百合花”，“也不劳苦，也不纺线”。

一个有生命的人，失去了人的骄傲和夸张，掺杂在鸡、犬、马、牛之中，默默地活着，无声地死去，留给人们无言的感动，深沉的思考：作者为何塑造这样的形象？寓意何在？给我们以怎样的启示？……

语言朴素无华，有些语句既有诗情，又寓哲理，分量沉甸甸，耐人寻味。

阅读这类散文，最为重要的是分析文中着力塑造的形象，咀嚼蕴含于形象之中的深意。

鸟

我爱鸟。

从前我常见提笼架鸟的人，清早在街上溜达（现在这样有闲的人少了）。我感觉兴味的不是那人的悠闲，却是那鸟的苦闷。胳膊上架着的鹰，有时头上蒙着一块皮子，羽翮不整地蜷伏着不动，哪里有半点儿瞵视昂藏的神气？笼子里的鸟更不用说，常年地关在栅栏里，饮啄倒是方便，冬天还有遮风的棉罩，十分地“优待”，但是如果想要“抟扶摇而直上”，便要撞头碰壁。鸟到了这种地步，我想它的苦闷，大概是仅次于粘在胶纸上的苍蝇；它的快乐，大概是仅优于在标本室里住着吧？

我开始欣赏鸟，是在四川。黎明时，窗外是一片鸟啭，不是吱吱喳喳的麻雀，不是呱呱噪啼的乌鸦，那一片声音是清脆的，是嘹亮的。有的一声长叫，包括着六七个音阶；有的只是一个声音，圆润而不觉其单调；有时是独奏，有时是合唱：简直是一派和谐的交响乐。不知有多少个春天的早晨，这样的鸟声把我从梦境唤起。等到旭日高升，市声鼎沸，鸟就沉默了，不知到哪里去了。一直等到夜晚，才又听到杜鹃叫，由远叫到近，由近叫到远，一声急似一声，竟是凄绝的哀乐。客夜闻此，说不出的酸楚！

在白昼，听不到鸟鸣，但是看得见鸟的形体。世界上的生物，没有比鸟更俊俏的。多少样不知名的小鸟，在枝头跳跃。有的曳着长长的尾巴，有的翘着尖尖的长喙，有的是胸襟上带着一块照眼的颜色，有的是飞起来的时候才闪露一下斑斓的花彩。几乎没有例外的，鸟的身躯都是玲珑饱满的，细瘦而不干瘪，丰腴而不臃肿，真是减一分则太瘦，增一分则太肥，那样的秾纤合度。跳荡得那样轻灵，脚上像是有弹簧。看它高踞枝头，临风顾盼——好锐利的喜悦刺上我的心头。不知是什么东西惊动它了，它倏地振翅飞去，它不回顾，它不悲哀，它像虹似的一下就消逝了，它留下的是无限的迷惘。有时候稻田里伫立着一只白鹭，拳着一条腿，缩着颈子；有时候“一行白鹭上青天”，背后还衬着黛青的山色和釉绿的梯田。就是抓小鸡的鸢鹰，啾啾地叫着，在天空盘旋，也有令人喜悦的一种雄姿。

我爱鸟的声音、鸟的形体，这爱好是很单纯的，我对鸟并不存任何幻想。有人初闻杜鹃，兴奋得一夜不能睡，一时想到“杜宇”“望帝”，一时又想到啼血，想到客愁，觉得有无限诗意。我曾告诉他事实上全不是这样的。杜鹃原是很健壮的一种鸟，比一般的鸟魁梧得多，扁嘴大口，并不特别美，而且自己不知构巢，依仗体壮力大，硬把卵下在别个的巢里。如果巢里已有了够多的卵，便不客气地给挤落下去，孵育的责任由别个代负了；孵出来之后，羽毛渐丰，就可把巢据为己有。那人听了我的话之后，对于这豪横无情的鸟，再也不能幻出什么诗意来了。我想，济慈的《夜莺》、雪莱的《云雀》，还不都是诗人自我的幻想，与鸟何干？

鸟并不永久地给人喜悦，有时也给人悲苦。诗人哈代在一首诗里说，他在圣诞的前夕，炉里燃着熊熊的火，满室生春，桌上摆着丰盛的筵席，准备着过一个普天同庆的夜晚。蓦然看见在窗外一片美丽的雪景当中，有一只小鸟踽踽缩缩地在寒枝的梢头踞立，正在啄食一颗残余的僵冻的果儿，禁不住那料峭的寒风，栽到地上死了，滚成一个雪团！诗人感喟曰：“鸟！你连这一个快乐的夜晚都不给我！”我也有过一次类似经验，在东北的一间双重玻璃窗的屋里，忽然看见枝头有一只麻雀，战栗地跳动抖擞着，在啄食一块干枯的叶子。但是我发现那麻雀的羽毛特别地长，而且是蓬松戟张着的，像是披着一件蓑衣，立刻使人联想到那垃圾堆上的大群褴褛而臃肿的人，那形容是一模一样的。那孤苦伶仃的麻雀，也就不暇令人哀了。

自从离开四川以后，不再容易看见那样多型类的鸟的跳荡，也不再容易听到那样悦耳的鸟鸣。只是清早遇到烟突冒烟的时候，一群麻雀挤在檐下的烟突旁边取暖，隔着窗纸有时还能看见伏在窗棂上的雀儿的映影。喜鹊不知逃到哪里去了，带哨子的鸽子也很少看见在天空打旋。黄昏时偶尔还听见寒鸦在古木上鼓噪，入夜也还能听见那像哭又像笑的鸱枭的怪叫。再令人触目的就是那些偶然一见的囚在笼里的小鸟儿了，但是我不忍看。

《梁实秋散文》第一集

笔端带情，字里行间脉脉含情，常是某些散文的特色，梁实秋的《鸟》即如此。

“我爱鸟”，文章一开笔就表“情”，直截了当，毫不含糊。然后顺势而下，写笼中鸟的苦闷，绘广阔天地里鸟的欢乐，为囚在笼里的鸟而生悲，为自由自在的鸟而生喜，为风雪中丧失生命的小鸟而致哀，爱注鸟中，鸟的命运牵动着作者的心。

对鸟的刻画细而不琐，声形并茂。绘鸟鸣的清脆、嘹亮，先排除“吱吱喳喳”“呱呱噪啼”，再刻画其长叫而音阶丰富，短叫圆润而不单调，似独奏，似合唱，似和谐的交响乐，细腻地创造了悦耳的效果。绘形，先用“世界上的生物，没有比鸟更俊俏的”作由衷的赞美，然后铺展开来刻画。有高踞枝头的美，有振翅飞翔的美；白鹭伫立，鸢鹰盘旋，忽静忽动，美不胜收。而刻画鸟身躯的玲珑饱满，简直是情满纸上，爱意流溢。“真是减一分则太瘦，增一分则太肥，那样的秾纤合度”，爱得不深，难以有这样深切的感受。

作者不仅以鸟鸣传喜，鸟形传爱，而且直接表露这种爱好是单纯的，不带任何幻想。为了证验这种感情的真实，特别讲述了曾带给人无限诗意的杜鹃的习性。目的不在贬诗人骚客，而在于抒发真情。

散文中的抒情切忌凌空，爱物，不把“物”的特征牢牢把握，不在观察上下精细的功夫，不积累有关的知识，笔下的“物”就活不起来，而“爱”之情就缺少坚实的附着物，游离飘忽。文中的“物”——鸟，写得十分传神，这不仅来自长期的观察，积累了多种鸟声音、形态及生活习性的知识，而且熟知国内外写鸟的诗文。英国诗人济慈的《夜莺》，英国诗人雪莱的《云雀》，英国小说家、诗人哈代“鸟！你连这一个快乐的夜晚都不给我”的诗句，杜甫《绝句》中的“一行白鹭上青天”，等等，信手拈来，用得十分贴切，无半点斧凿痕迹。

阅读这类文章，把握“物”的特点，理清“情”的脉络，就能较为妥帖地体察作者的写作意图。

我藏书的小楼

楼这个富于诗情画意的字是中国文学的专利品，尤其是专属于诗的。同一楼字在法文或英文中便只是建筑学上的名词，平凡庸俗，仅仅意味着平房或楼下的反面，不蕴含任何美感，而楼字在中国文学里是富于诗意的，会引起诸多美丽的、奇妙的联想。

楼是凌云的建筑，所以会引起空灵飘忽的感觉，如：“楼阁玲珑五云起”或“山外青山楼外楼”。

在昔日，女孩子们的闺房常常设在楼上，所以楼又是富于浪漫色彩的。它是名门闺秀的寓居：“闺中少妇不知愁，春日凝妆上翠楼。”它是歌妓们的寓居：“美人一笑搴珠箔，遥指红楼是妾家。”它也是宫女们的居所：“十二楼中尽晓妆，望仙楼上望君王。”

楼是高出地面的建筑，所以视野辽阔，宜于远眺。李后主在思乡的时候便攀登他谪居的小楼：“无言独上西楼，月如钩。”“小楼昨夜又东风，故国不堪回首月明中。”游子远征的时候，被遗留在家里的思妇便在楼头忧郁起来：“暝色入高楼，有人楼上愁。”“高楼当此夜，叹息未应闲。”

楼是触及重霄的建筑，所以气象万千。月明风静的夜间，楼提供一个空灵的境界：“小楼回音，明月自纤纤。”伤春时节，楼提供一个凄楚的意境：“子规啼月小楼西。”而在欲雨还晴的时刻楼上又是另一番景象："山雨欲来风满楼。"

楼是古典，楼是东方。假如我是一位音乐家，我要以楼为主题写出一套组曲表现楼的各种意境、景象和情调。我要以小提琴的幽雅奏出"十二楼中月自明"的静夜，我要以横笛吹出"子规啼月小楼西"的凄清，我要以喧哗的小鼓和喇叭响出"山雨欲来风满楼"的萧瑟，我要以肖邦式的夜曲在钢琴的键子上弹出"暝色入高楼，有人楼上愁"的幽怨。假如柴可夫斯基住过中国古典的小楼，他可能写出比"胡桃夹子"更空灵的作品；假如蒙内曾住过中国古典的小楼，他会留下更多印象派的画面。啊！楼这个字，太美了。

关于我的小楼，我能说什么呢，除了它曾给我留下一些美好的回忆？一年前，在此楼中，一切原也是寓于诗情画意的，如今只是一条幽暗的甬道的地方，去年原是一条富于浪漫色彩的楼廊。那时我的小楼确然是美丽的，我可以静静地伫立楼前，迷失在各种的意境中。凌晨的微风中有树枝的沙沙声，有自画眉鸟的喉头滑出的清脆的歌声。当朝霞满天，小立楼前观赏朝雾未泮的远山是艳丽而凄迷的。而那边，楼外楼的廊前是否也有人伫立如我？

在阴晦的日子，看迷迷蒙蒙的远山，真能体味到"数峰清苦，商略黄昏雨"的意境，而"山雨欲来风满楼"更是这小楼的写真，因为华岗原是风岗，而我的小楼也就是风楼了。

落日的楼头又是何其明艳！假如我是一位写生画家，我要把远山的紫、落日的胭脂、暮天的柔和与明丽变为静止的永恒的悦乐。

楼在山间，树在山间，楼在山山树树间，月

明星稀的晚上，我们总爱看那一片森林，很蓝，很朦胧。“我便是小王子，”他说，“来自那星，那最微小的一颗。”我听着，迷失在蓝蓝的夜里。

那仿佛是很久很久以前的事了。如今，那富于浪漫情调的楼廊变成了一条黑黝黝的甬道，甬道的那一边伸延出去便是一幢加筑的小楼，于是我清晨的廊外不再霞光满天，黄昏的窗外不再响起夜曲，也永远不会明月一楼了。

而且那些不知愁的女孩子们全迁来了，前窗外，不再有宁静，后窗外是一栋未完成的建筑，像一个黑色的巨人以庞然的阴影掩蔽一山美景。于是幽暗总停驻于室内，总是灰蒙蒙，冷冰冰的。永远抖不落冷湿和霉霉，纵令春山已是无处不飞花。

冬去，春来，而小楼无春，没有阳光惊醒昏睡的盆景，圣诞红都苍白，龙柏也萎死。

真不再留恋这失却了最重要的东西的小楼，也再不知道如何去形容它，给它命名。不再是栖霞楼，不再是夕照楼，也不再是待月楼。它被摒弃于一切美好之外，不再空灵，不再凄迷，不再罗曼蒂克，我也不再能静静地伫立楼头。剩下的只有书架上那些美丽的洋装书，竖立着，斜倚着，颜彩缤纷，像一些穿红着绿的小女孩。于是我只能懒懒地蜷伏于室内读露薏丝拉贝香艳的十四行，听小王子讲玫瑰和狐狸的故事，若此我只能把这所小楼命名为藏书的小楼，因为它不再古典，不再东方，不再宁静，不再典雅，而静静地小立楼头，看云，听鸟，望月都是很久很久以前的故事了。

《台湾散文选萃》（上）

辞藻修饰，意象营造，是写散文的重要技巧。胡品清女士这篇散文在这方面的技巧相当高超。

题目是“我藏书的小楼”，偏偏不从“小楼”着笔，而是宕开剖析“楼”字。剖析“楼”字又别开生面，进行中外比较，用“诗情画意”与“平凡庸俗”对比，形成强烈的反差，从而把笔墨定位在楼的诗意、由楼引起的诸多美丽、奇妙的联想上。

“楼是凌云的建筑，所以会引起空灵飘忽的感觉”；“楼是高出地面的建筑，所以视野辽阔，宜于远眺”；“楼是触及重霄的建筑，所以气象万千”。用相同的句式作为三个段落的首句，分别紧扣“楼”的某一特点，以一首首诗中的名句营造一个个动人的意象。名门闺秀“上翠楼”，歌妓美人“指红楼”，深居的宫女登上“望仙楼”，一幅幅色彩绚丽的画给“楼”涂抹了浪漫的气息。后主谪居思乡、思妇念征夫，“楼”蒙上了忧郁的色彩。月明风静之夜、伤春时节、欲雨还晴时刻，景象各异，气象万千。

由楼引起美妙的联想，表达得淋漓尽致。作者以诗写楼，已诗意盎然，又以乐曲表现，楼的意境、景象和情调更是入目入耳入心。小提琴、横笛、小鼓、喇叭、钢琴，一件件乐器吹出凄清，响出萧瑟，弹出幽怨，奏出静谧，乐中有诗，诗中有乐，诗与乐结合，把楼的意境、楼的情调这些看似虚无缥缈的东西表现得具体形象，扣人心弦。

记自己的小楼，笔法有所变化。如果说状“楼”的景象、意境相当程度依托诗句，那么写“小楼”更多的是直接描绘登楼观赏到的美景。晨辉夕照，阴晴雨晦，优美如画。作者用画笔调色彩，要把远山的紫、落日的胭脂、暮天的柔和与明丽尽入画中，变为“静止的永恒的悦乐”。画绘景，景添乐，同样充满了诗情。

极尽妙笔赞美小楼的诗情画意，目的在于诉说对它的无限眷念。朝霞满天、明月一楼已被灰蒙蒙、冷冰冰、黑黝黝所代替，能拽住作者心的只有楼里藏的书了。“若此我只能把这所小楼命名为藏书的小楼”，卒章才托出原委，点了题。

读这类写作技巧高超的散文，一是要反复体会词句的内涵。作者旁征博引，文采飞扬。如“楼阁玲珑五云起”引自唐代白居易的

《长恨歌》，“山外青山楼外楼”引自宋代林升的《题临安邸》，“闺中少妇不知愁”引自唐代王昌龄的《闺怨》，“美人一笑褰珠箔，遥指红楼是妾家”引自唐代李白的《陌上赠美人》，“十二楼中尽晓妆”引自唐代薛逢的《宫词》，“无言独上西楼”引自五代李煜的《相见欢》，“小楼昨夜又东风”引自五代李煜的《虞美人》，“暝色入高楼”引自唐代李白的《菩萨蛮》，“高楼当此夜”引自唐代李白的《关山月》，“子规啼月小楼西”引自五代李煜的《临江仙》，“山雨欲来风满楼”引自唐代许浑的《咸阳城东楼》，“十二楼中月自明”引自唐代温庭筠的《瑶瑟怨》，“数峰清苦，商略黄昏雨”引自宋代姜夔的《点绛唇》，等等。又如“楼”，英文无专门词，其建筑名词可译为“有层次的建筑”（storied building）。作者说其“平凡庸俗”，很有道理。二是要反复体会遣词造句的精确。作者用词十分考究，如“永远抖不落冷湿和霉霉，纵令春山已是无处不飞花”中的“抖不落”用得绝妙，把用力排除“室内幽暗”的心情见诸行动。“抖”，然而结果是“不落”，冷湿和阴霾依旧；“抖不落”前加“永远”，后补一句“纵令春山已是无处不飞花”，把对昔日小楼的依恋和无可奈何的心情刻画得鞭辟入里。又如“楼在山间，树在山间，楼在山山树树间”，真是一句一景，而前两句的造景又为后一景做铺垫。三是要反复体会语言的气势。如“我要以……”“我要以……”，用五个排比句倾注以组曲表现楼的内在气质的衷肠，情真真，意切切，感人至深。又如“不再是栖霞楼，不再是夕照楼，也不再是待月楼”，“不再空灵，不再凄迷，不再罗曼蒂克”，“它不再古典，不再东方，不再宁静，不再典雅”，都是感情浓烈，一泻千里，表达了对昔日小楼的怀念和深情，使楼的古典美、东方美、栖霞、夕照、待月美等集中地再现读者眼前。

古今中外
佳作精选
导读

《古今中外佳作精选》由语文出版社 1990 年 6 月出版，所写导读部分是该套书第三辑中的三章。

议论文

艰难的国运与雄健的国民

李守常[①]

历史的道路，不全是坦平的，有时走到艰难险阻的境界。这是全靠雄健的精神才能够冲过去的。

一条浩浩荡荡的长江大河，有时流到很宽阔的境界，平原无际，一泻万里。有时流到很逼狭的境界，两岸丛山叠岭，绝壁断崖，江河流于其间，曲折回环，极其险峻。民族生命的进展，其经历亦复如是。

人类在历史上的生活正如旅行一样。旅途上的征人所经过的地方，有时是坦荡平原，有时是崎岖险路。老于旅途的人，走到平坦的地方，固是高高兴兴的向前走，走到崎岖的境界，愈是奇趣横生，觉得在此奇绝壮绝的境界，愈能感得一种冒险的美趣。

中华民族现在所逢的史路，是一段崎岖险阻的道路。在这一段道路上，实在亦有一种奇绝壮绝的景致，使我们经过此段道路的人，感得一种壮美的趣味。但这种壮美的趣味，是非有雄健的精神的，不能够感觉到的。

选自《李大钊选集》（人民出版社 1959 年版）。原载于 1923 年 12 月 20 日《新民国》第一卷第二号。

我们的扬子江、黄河，可以代表我们的民族精神，扬子江及黄河遇见沙漠、遇见山峡都是浩浩荡荡的往前流过去，以成其浊流滚滚，一泻万里的魄势。目前的艰难境界，那能阻抑我们民族生命的前进。我们应该拿出雄健的精神，高唱着进行的曲调，在这悲壮歌声中，走过这崎岖险阻的道路。要知在艰难的国运中建造国家，亦是人生最有趣味的事……

【注释】

① 李守常——李大钊（1889—1927），字守常，河北乐亭人。中国最早的马克思主义者，中国共产党的主要创始人和早期领导人。1914 年入日本早稻田大学政治本科学习，曾参加反袁（世凯）斗争。1916 年回国，历任北京《晨钟报》总编辑、北京大学图书馆主任兼经济学教授、《新青年》杂志编辑。十月社会主义革命后，接受和传播马克思列宁主义，发表《庶民的胜利》《布尔什维主义的胜利》等著名论文，同陈独秀创办《每周评论》，积极领导“五四运动”。1920 年在北京组织共产主义小组。中国共产党成立后，负责北方区党的工作。在中国共产党第二次至第四次全国代表大会上均当选为中央委员。1924 年代表中国共产党参加共产国际第五次代表大会。1927 年 4 月 6 日被奉系军阀逮捕，28 日在北京英勇就义。主要著作收入《李大钊文集》。

【阅读价值和意义】

我们伟大祖国以历史悠久和文化源远流长著称于世。中华民族富于爱国主义传统，各族儿女为祖国的繁荣与富强进行了不屈不挠的斗争，对祖国母亲奉献出一片赤子之心。崇高的爱国主义精神代代相传，不断发扬光大，谱写出中华民族不畏艰险、奋勇前进的惊心动魄的伟大史诗。列宁说：“爱国主义就是千百年来巩固起来的对自己的祖国的一种最深厚的感情。”李大钊的这篇文章里正是洋溢着这种“最深厚的感情”，向祖国母亲奉献出了赤子之心。

文章发表于 1923 年年底，正是中国工人运动出现第一次高潮的时候。第二年1月，孙中山在广州主持召开了国民党第一次全国代表大会，共产党员李大钊、毛泽东等参加了大会的领导工作。那时一方面帝国主义反动派十分嚣张，一方面革命势力汹涌澎湃，打倒列强除军阀的革命风暴大有“山雨欲来风满楼”的气势。文章的题目点出了当时的形势，是“艰难的国运”，而面对着这艰难国运的是“雄健的国民”。

文章第1段明确摆出论点，接着用比喻的手法来论证。一以长江大河作比喻，再以人们的旅行作比喻，然后从历史角度指出“中华民族现在所逢的史路，是一段崎岖险阻的道路”。在作者看来，这种崎岖险阻是一种“奇绝壮绝”境界，只有具有“雄健的精神”的人，才能领略到“这种壮美的趣味”。作者深信目前的艰难的境界，根本不能“阻抑我们民族生命的前进”，中国人民是会拿出雄健的精神走过这崎岖险阻的道路的。

读了这篇文章，不仅可以受到爱国主义、革命乐观主义的教育与感染，而且可以学到论证简要严密和文笔带有丰富感情的写作技巧。

传记

大地的儿子

苏叔阳[①]

“为中华之崛起”

恩来在沈阳读书的时候，只是个十二三岁的少年。他学习非常勤奋、刻苦，常常和老师同学一起讨论自己在阅读书报时思考的问题。当时他们讨论得最多的是怎样救国和宣传救亡的问题。

恩来在课堂上认真听讲，认真完成课外作业，尊敬老师，团结同学，有礼貌，守纪律。他特别注意课外阅读，来弥补课堂上学习的不足。他所读的书报，范围也比较广泛，除了社会科学的书籍外，自然科学和军事科学的书籍也是他喜爱的读物。他还能把几本书的内容对照起来阅读，加以比较，探求最科学的内容和答案。

有一天，东关模范两等学堂[②]的魏校长把同学们召集起来，问大家：“读书为了什么？”

大家纷纷回答。

有的同学说：“为了给自己将来找条出路。”

有的同学说：“为了能发财致富。”

选自《大地的儿子——周恩来的故事》（中国少年儿童出版社 1982 年版）。

还有个同学说："为了帮助父母记账。"原来他的父亲是个商人。

魏校长问恩来："你呢？为什么读书？"

恩来站起来，大声地说："为中华之崛起而读书。"就是说为了中华民族的强大兴盛，像巨人一样挺立在世界而读书学习。

老师和同学们都敬佩地望着他。

恩来在小学三年，学习成绩始终名列前茅[3]，他的作文曾经被选送到省里，作为小学生的模范作文印行，这篇题目为《东关模范学校第二周年感言》的文章，后来还收入上海进步书局出版的《学校国文成绩》和上海大东书局出版的《中学国文成绩精集》这两本书里。这篇九百多字的文章写得非常精彩，其中对于老师、同学充满着热情的希望，希望师生一道以担负"国家将来艰巨之责任"。这对一个 13 岁的孩子来说是非常难能可贵的。

恩来中学毕业以后，赴日本留学前，曾经回到沈阳母校，看望诸位师友。他给一个要好的同学写了临别赠言："志在四方"，"愿相会中华腾飞世界时"。相约当中华民族独立、繁荣的时刻再相见言欢。这位同学一直把这个题字珍藏了 40 年。1957 年，又送给周恩来总理，两位老同学终于在解放了的新中国重逢，畅谈了祖国天翻地覆的变化。

"大江歌罢掉头东"

1917 年，是恩来在中学的最后一年。寒假期间，他到河北省开平县耿家营一位好友家做客。开平是开滦煤矿[4]的所在地，村里有许多矿工家属。恩来一方面看到了经济破产的北方农村，一方面又看到了在英国资本家奴役下的矿工悲惨的生活。这使他更加迫切地想寻求救国的道路。

恩来在上学期间，经常利用假期到农村、矿区参观游历，增长自己的知识，开阔自己的眼界。还在沈阳上小学的时候，他就在暑假期间访问过日俄战争[5]的遗址——魏家楼子，在断墙残壁面前立下了救国救民的誓言，感动了一位 60 多岁的老人。老人特意给 13 岁的恩来写了一首诗，对他寄予厚望。所有这些走访，都使恩来更加深了对祖国的认识，坚定了他爱国救国的志向。

那时候，列宁领导的俄国十月革命[6]还没有爆发，先进的中国人寻求救国的真理，总是面向西方。中国的近邻日本学习资本主义，改革封建社会，成了东方的强国。因此，也有不少中国青年到日本学习，想从那里获得解救祖国的理论和方法。

中学即将毕业，恩来为自己的道路而思虑，他下定了救国的决心，决定到日本去留学。可是那时候他家境贫寒，一个只有一件蓝布长衫的学生要渡海赴日，是不可能的。不过，这困难并不能阻止他。

他在六月底以品学兼优的成绩从南开学校[7]毕业，七八月间奔走于津京两地，向老师同学筹措旅费。很多老师、同学都尽力帮助他，旅费很快凑齐了。

他就要渡海而去，离开祖国。一个 19 岁的青年，在这样的时候怎么能不心情激动呢？他伫立在屋中，凭窗遥望，思潮起伏，俯身到桌前，写下了一首气势磅礴的诗篇：

大江歌罢掉头东，
邃密群科济世穷。
面壁十年图破壁[8]，
难酬蹈海亦英雄。

诗的大意是：

唱罢“大江东去”[9]的词章，我毅然掉头东渡远航。

我要深刻精细地探讨社会科学，来解救祖国的危亡。

我愿像古人一样刻苦钻研，达到“破壁而飞”的境地，以此精神来改造今天的社会。

即使壮志难酬，我要跳入东海，为理想献身也算英雄刚强。

19 岁的周恩来就怀着这样的激情，慷慨辞国。他先北上沈阳，告别伯父，又向沈阳的母校师生辞行。九月初，穿过鸭绿江[10]，从朝鲜的釜山[11]乘船，横越滔滔的东海，渡向一衣带水[12]的邻邦。

【注释】

① 苏叔阳——剧作家、小说家。1938 年生。河北保定人。1956 年开始业余创作，发表诗、散文和曲艺。1977 年开始写话剧、电影文学剧本、戏剧评论。1978 年调北京电影制片厂任编剧。同年发表《丹心谱》，获中华人民共和国成立 30 年文艺汇演创作二等奖。有电影剧本《春雨潇潇》、长篇小说《故土》等。

② 东关模范两等学堂——1910 年夏，周恩来到了东北，先在铁岭的银岗书院读书半年。1911 年，又转进沈阳（当时叫奉天）东关模范两等学堂，校址在县城大东门外万泉河畔。

③ 名列前茅——成绩优异，名次在前。“前茅”犹先头部队。古时行军前哨斥候以茅为旌，如遇敌人或敌情变化，举旌警告后军。

④ 开滦煤矿——中国近代较早用机器开采的大煤矿。位于河北唐山市境内。1876 年（光绪二年）清政府开始筹办，1881 年全面投产。1900 年，该矿实行中外合办，改名“开平矿务有限公司”，在英国注册，遂长期为英人霸占，所以下文提到周恩来“看到了在英国资本家奴役下的矿工悲惨的生活”。

⑤ 日俄战争——日本和沙皇俄国为争夺中国东北和朝鲜而进行的帝国主义战争。战争发生在 1904 年，战场主要在中国东北境内。战争以俄国失败而告终，1905 年两国签订《朴次茅斯和约》。这一战争促使日本进一步对中国东北的侵略。

⑥ 俄国十月革命——俄国无产阶级在布尔什维克党和列宁领导下的社会主义革命。1917 年俄历 10 月 24 日，彼得格勒工人和士兵起义，革命爆发，公历是 11 月 6 日。9 月初周恩来东行，文中说“那时候，列宁领导的俄国十月革命还没有爆发”就是这个意思。

⑦ 周恩来于 1913 年 8 月考入天津南开学校。

⑧ 面壁、破壁——面壁，佛教用语，指面对墙壁默坐静修。《五灯会元·菩提达磨大师》：“寓止于嵩山少林寺，面壁而坐，终日默然。人莫之测。”此处指刻苦学习。破壁指破壁飞去，“张僧繇尝于金陵安乐寺画四龙，不点目睛，谓点之则骧腾而去。人以为诞，固请点之，因为落墨，才及二龙，果雷电破壁，徐视，画已失矣”。旧

时以此传说“破壁飞去”比喻骤然飞黄腾达。此处指经艰苦学习而有成的升腾境界。

⑨“大江东去”——作者解“大江歌罢”为“唱罢‘大江东去’的词章”。苏轼《念奴娇·赤壁怀古》词开头即“大江东去”，气势昂扬。

⑩ 鸭绿江——中国、朝鲜两国界河。

⑪ 釜山——韩国南部重要海港。

⑫ 一衣带水——形容水面像衣带那般窄狭。《南史·陈后主纪》：“隋文帝谓仆射（官名）高熲（jiǒng）曰：‘我为百姓父母，岂可限一衣带水不拯之乎？’”隋文帝要平定长江以南的陈，统一中国，把长江比喻成一衣带水之隔，不足以限制交通。我们今日常说日本是一衣带水的邻邦。

【阅读价值和意义】

《大地的儿子——周恩来的故事》是中国少年儿童出版社 1982 年底出版的图书。此书深得人们喜爱，几年来一再重印。作者搜集了关于周恩来的 100 多个小故事，写出来让年幼的孩子们了解他，记住他，“把他光辉的品德、崇高的精神记下来，传下去，告诉我们的子孙后代，让一切中华民族的后裔，把他的精神作为一笔宝贵的财富继承下来，永远永远地为我们的历史上曾经产生过他这样的人物而自豪”。这本书是很好的革命教材，也是一本出色的爱国主义教科书。

此处选了该书的第九节和第十二节。这两节写周恩来从小即对祖国一片赤诚，立志“为中华之崛起”而奋斗。少年周恩来在学校里就是个杰出的学生，这是因为他的学习目的明确而崇高，他要“为了中华民族的强大兴盛，像巨人一样挺立在世界而读书学习”。魏校长把同学们召集起来，问大家：“读书为了什么？”这个问题很重要，因为读书首先要目的明确。我们今天学习就要认清是为了“四化”，为了建设伟大的社会主义祖国。

少年周恩来读书刻苦，而坚定的爱国救国志向又促使他迫切地寻求救国的道路。年仅 19 岁的青年就能排除万难渡海赴日学习，这种不畏艰险为理想而献身的雄健精神很值得我们青少年学习。第十二节里写了周恩来早期的诗。这是一首充满激情的气势磅礴的诗，它能激励我们奋发向上。

正如作者所说，“这本书不是他的传记，没有、也不可能记载下他全部的功业”，而只是一本以小故事形式写下的关于伟大人物周恩来的书。书写得十分亲切动人，作者笔下热情奔放，行文流畅，故事娓娓道来，引人入胜。这种以写小故事来显示伟大人物的崇高精神和光辉品德的写作方法，我们写作时也可以效法。

诗

一句话

闻一多[①]

有一句话说出就是祸，
有一句话能点得着火。
别看五千年没有说破，
你猜得透火山的缄默？
说不定是突然着了魔，
突然青天里一个霹雳
爆一声：
“咱们的中国！”

这话叫我今天怎么说？
你不信铁树开花[②]也可，
那么有一句话你听着：
等火山忍不住了缄默，
不要发抖，伸舌头，顿脚，
等到青天里一个霹雳

选自《闻一多全集》第3册（生活·读书·新知书店1982年版）。

爆一声：
“咱们的中国！”

【注释】

① 闻一多（1899—1946）——现代诗人、学者。本名家骅，湖北浠水人。1913 年考入清华学校，1922 年毕业后赴美留学，学美术、文学。早年参加“新月社”，先后在青岛大学、清华大学任教。著有诗集《红烛》《死水》，反映出对黑暗势力罪恶统治的憎恶，表现出深挚的爱国热情。后来主要从事大学中国文学教学和学术研究，取得不少创造性的成果。抗日战争期间，在昆明任西南联大文学院教授。1943 年后，拍案而起，参加反对独裁、夺取民主的斗争，深受青年学生爱戴。抗战结束后，积极参加反对内战的民主运动，1946 年 7 月在昆明被国民党特务暗杀。著述由朱自清等编成《闻一多全集》四册。《闻一多全集》前有《事略》一篇，简叙他的生平。长篇传记则有湖北人民出版社 1979 年出版的王康所著的《闻一多传》。

② 铁树开花——比喻事情极难办到。明王济《君子堂日询手镜》中说：“吴、浙间尝有俗谚云，见事难成，则云须铁树花开。”铁树，一说产于我国南方的多年才开一次花的植物，一说指铁做的树。

【阅读价值和意义】

《一句话》是一首响亮着中华民族庄严的最强音的诗，收在 1928 年出版的《死水》集中。闻一多在国外受到了歧视，而国内又是反动军阀的罪恶统治，胸怀满腔悲愤，燃烧着炽烈的爱国热情，正如他写给臧克家的信中所说，把自己比喻为“没有爆发的火山”。1925 年夏，他回到祖国，正是反帝运动高潮的时候。这时候他不仅看到了帝国主义反动派对人民血腥的统治与镇压，也看到了中国人民不折不挠的英勇斗争精神，看到了中国人民饱含着伟大的力量，爱国诗情流到了笔下。在《祈祷》一诗中，他写道：

请告诉我谁是中国人，
启示我，如何把记忆抱紧；
请告诉我这民族的伟大，
轻轻地告诉我，不要喧哗！

席卷全国汹涌澎湃的反帝怒潮，说明了“谁是中国人”，反映了我们“民族的伟大”，胸中的火山爆发了，他大声喊出了一句话：“咱们的中国！”诗人察觉到缄默的中国蕴藏着惊天动地的巨大力量，坚信一旦火山忍不住缄默，就会突然间青天里一个霹雳，到那时帝国主义反动派就要“发抖，伸舌头，顿脚”。多么深厚的爱国主义感情！正因为他对祖国命运满怀深情，这位成绩卓著的学者走过曲折的道路，后来成了民主战士，自觉接受党的领导，站在民主革命斗争的最前列，把自己一腔热血洒在为民主为新中国而战斗的前线。

这首诗写得激情奔放、语言凝练、格律整饬，是新诗中不可多得的一首爱国主义好诗。闻一多写诗很讲究，有人说他诗虽写得不多，但首首经得起推敲咀嚼。

诗

雪落在中国的土地上

艾青[①]

雪落在中国的土地上，
寒冷在封锁着中国呀……

风，
像一个太悲哀了的老妇，
紧紧地跟随着
伸出寒冷的指爪
拉扯着行人的衣襟，
用着像土地一样古老的话
一刻也不停地絮聒[②]着……

那丛林间出现的
赶着马车的
你中国的农夫

选自《北方》（文化生活出版社1942年版）。

戴着皮帽
冒着大雪
你要到哪儿去呢？

告诉你
我也是农人的后裔[③]——
由于你们的
刻满了痛苦的皱纹的脸
我能如此深深地
知道了
生活在草原上的人们的
岁月的艰辛。

而我
也并不比你们快乐啊
——躺在时间的河流上
苦难的浪涛
曾经几次把我吞没而又卷起——
流浪与监禁[④]
已经失去了我的青春的
最可贵的日子，
我的生命
也像你们的生命
一样的憔悴呀

雪落在中国的土地上，
寒冷在封锁着中国呀……

沿着雪夜的河流，
一盏小油灯在徐缓地移行，

那破烂的乌篷船里
映着灯光，垂着头
坐着的是谁呀？

——啊，你
蓬发垢面的少妇，
是不是
你的家
——那幸福与温暖的巢穴——
已被暴戾的敌人
烧毁了么？
是不是
也像这样的夜间，
失去了男人的保护，
在死亡的恐怖里
你已经受尽敌人刺刀的戏弄？

咳，就在如此寒冷的今夜，
无数的
我们的年老的母亲，
都蜷伏在不是自己的家里，
就像异邦人
不知明天的车轮
要滚上怎样的路程……
——而且
中国的路
是如此的崎岖
是如此的泥泞呀。

雪落在中国的土地上，

寒冷在封锁着中国呀……

透过雪夜的草原
那些被烽火⑤所啮啃着的地域，
无数的，土地的垦殖者
失去了他们所饲养的家畜
失去了他们肥沃的田地
拥挤在
生活的绝望的污巷里：
饥馑的大地
朝向阴暗的天
伸出乞援的
颤抖着的两臂。

中国的苦痛与灾难
像这雪夜一样广阔而又漫长呀！

雪落在中国的土地上，
寒冷在封锁着中国呀……

中国，
我的在没有灯光的晚上
所写的无力的诗句
能给你些许温暖么？

一九三七年十二月二十八日夜间

【注释】

① 艾青——著名诗人。原名蒋海澄，浙江金华人，生于1910年。1933年写《大堰河——我的保姆》开始用艾青这个笔名。1928

年考入杭州国立西湖艺术院绘画系，只上了一个学期，即到法国留学。1932 年 1 月底回国，在上海以写作维持生活。1937 年 7 月，离开上海，“从中国东部到中部，从中部到北部，从北部到南部，又从南部到西北部”，满怀热情地寻求光明，终于 1941 年到达革命圣地延安。后被选为陕甘宁边区参议会参议员、模范工作者。曾在鲁迅艺术学院文学系教书，还担任华北文艺工作团团长、华北联合大学文艺学院副院长。1949 年初北京解放，参与接管中央美术学院，后担任《人民文学》副主编。诗歌创作丰富，诗集有《大堰河》《北方》《他死在第二次》《向太阳》《献给乡村的诗》《反法西斯》《黎明的通知》等多部；选集有《艾青诗选》《春天》；论文集有《诗论》等。

② 絮聒——聒读 guō，喧扰。絮聒，形容说话唠唠叨叨。

③ 作者曾在一篇简短的《自传》中写道：“正如我在诗里所写，‘我是地主的儿子’，只因为算卦的说我的命是‘克父母的’，我从小就由一个名叫‘大堰河’的贫农妇女养育到五岁，才回到‘生我的父母家里’。”诗人早年优秀诗作《大堰河——我的保姆》，反映了对农村劳动人民深切的同情和热爱。

④ 诗人自法国返回祖国后不久，参加了“中国左翼美术家联盟”，与其他十几位青年美术工作者一起被捕入狱，囚禁三年多，“罪名”是“危害民国”“颠覆政府”。他在狱中写了不少诗。

⑤ 烽火——古时边疆在高台上烧起的报警的火，诗中比喻战争。本诗写于 1937 年年底，抗日烽火已燃遍中国。

【阅读价值和意义】

这首诗选自《北方》。《北方》是诗人的重要诗集，抗战初期的优秀诗作在这里可以读到。在《北方·我爱这土地》中，诗人写道：“为什么我的眼里常含泪水？因为我对这土地爱得深沉……”他深沉地爱着的这土地，正遭受着日本帝国主义的蹂躏，正如本诗一开头的两行所写的：“雪落在中国的土地上，寒冷在封锁着中国呀……”

在祖国的原野上，诗人看到了林间出现的赶着马车的中国的农夫，冒着大雪前进。诗人与他们同呼吸共命运，向他们诉说自己的“流浪与监禁”的生活经历。这共同命运扩展到祖国大地各处：在破烂的乌篷船里映着灯光，垂着头、蓬发垢面的少妇；无数的我们的年老的母亲；失去了家畜、田地的无数土地垦殖者。他收结时说：

> 中国的苦痛与灾难
> 像这雪夜一样广阔而又漫长呀！

在这人民遭受苦难奋起斗争的伟大时代，作者与这祖国土地上的人民有着共同的命运。诗人为祖国的土地遭蹂躏而悲伤，我们从中深切感受到诗人对祖国对人民深沉的爱。

诗的写作技巧也是十分高明的。诗写得好像是“絮絮叨叨”，而正因为这般深情的倾诉，我们的爱国思绪才油然而生，一读到“雪落在中国的土地上，寒冷在封锁着中国呀……”我们的心就不由得揪紧。诗情很真很深，着实感动人。我们读这首长诗，仿佛脑际音乐之声来回飘荡。主旋律在开头就出现—音乐展开—主旋律再出现—又展开—又出现。因此这首诗好似“音诗”。这首诗在我们眼前展现了一幅风雪交加、灾难深重的辽阔的祖国原野图。这些都把读者的心深深摄入诗的意境里去了。

诗

游子吟（外一首）[1]

郭曰方

傍晚，我常常站在落基山[2]上，
凝望着落日，和那天边的彩云，
我仿佛看见了祖国母亲的面颊，
和那送别时缓缓摇动的纱巾……

黎明，我常常走向洛杉矶[3]海滨，
寻觅着螺号，和那忽远忽近的涛声[4]，
我仿佛听到了祖国母亲的呼唤，
和那团聚时溢满码头的欢欣……

母亲啊，总有一天我会扑向您的怀抱，
让故乡的晚霞擦干我的泪痕；
总有一天我会躺在您的身边，
让黄河的浪花溅湿我的梦境……

选自《诗刊》1981年11期。

我回来了

我回来了，
踏着太平洋的涛声；
我回来了，
披着祖国的春风。

我失落了，
一个沉沉的噩梦；
我得到了，
一个金色的黎明。

我播下了，
一片炽热的恋情；
我捡起了，
一个自由的生命。

1979 年 2 月 4 日初稿于洛杉矶
1981 年 6 月 22 日改于北京

【注释】

① 游子吟——游子，离家在外或久居外乡的人。亦常用作诗题，脍炙人口的有孟郊的《游子吟》：“慈母手中线，游子身上衣。临行密密缝，意恐迟迟归。谁言寸草心，报得三春晖。”海外赤子思念祖国母亲，用常见的“游子吟”为诗题，一下点出了诗的深情。

外一首——写几首诗，以其中一首诗题为总题，其他诗视其数标为“外一首”“外二章”……各诗内容往往有所关联，但也不一定。此处“外一章”即《我回来了》；从内容看，两诗可谓珠联璧合。

② 落基山——落基山脉在美国西部，一般海拔 2 000 米至 3 000 米，是北美洲的主要分水岭。落基山高峻，可登高望远。中国在美国

西面，落日方向的天边是祖国。“悲歌可以当泣，远望可以当归”（《乐府诗集》），是千百年来游子的情怀。

③ 洛杉矶——美国西海岸大城和海港，西部工商业第一大城。

④ 涛声——“那忽远忽近的涛声”，即下一首诗作者踏着的“太平洋的涛声”。

【阅读价值和意义】

第一首诗表达了海外赤子对祖国母亲思念之殷，第二首诗写投入母亲怀抱的欢乐心情，这种深情跃然纸上，几乎触手可及。诗的格律整饬，用反复、对照手法托出了对祖国无比的情意。这里要特别讲讲它们的格律。

诗的一段也可叫一章，各段行数相等，最普通的是四句一段或八句一段。本诗即四句一段，共三段。诗行有长短，汉语诗句长短以字数为准，本诗基本上是十二音。诗讲押韵，最普通的是每段的二、四句最末一字押韵。本诗的“云”“巾”，“声”“欣”，“痕”“境”，以新诗大致要押韵而言，全诗可算一韵到底。第二首第一段用反复手法，第二、第三段用对照手法，写得匀称而均齐。

诗歌

爱国歌（选二首）

梁启超[①]

其一

泱泱哉我中华[②]！

最大洲中最大国，廿二行省[③]为一家。

物产腴沃[④]甲大地，天府[⑤]雄国言非夸。

君不见英日区区三岛[⑥]尚崛起，况乃堂矞[⑦]吾中华！

结我团体，振我精神，二十世纪新世界，雄飞宇内畴与伦[⑧]！

可爱哉我国民！

可爱哉我国民！

其二

彬彬[⑨]哉我文明！

选自《饮冰室合集》（中华书局 1989 年版）。

五千余岁历史古，光焰相续何绳绳[10]。
圣作贤述[11]代继起，浸濯沈黑扬光晶[12]。
君不见朅来[13]欧北天骄[14]骤进化，宁容久扃[15]吾文明！
结我团体，振我精神，二十世纪新世界，雄飞宇内畴与伦！
可爱哉我国民！
可爱哉我国民！

【注释】

① 梁启超（1873—1929）——字卓如，号任公，又号饮冰室主人。广东新会人。与其师康有为一起，倡导变法维新，世称“康梁”。戊戌变法失败后流亡日本，初编《清议报》，继编《新民丛报》，坚持立宪保皇改良主义立场。辛亥革命后，以立宪党为基础组成进步党，拥护袁世凯。后又组织研究系，与段祺瑞合作。以后脱离政界，晚年在清华学校讲学。曾倡导文体改良的“诗界革命”和“小说界革命”，开白话文风气之先。他笔锋恒带感情，文笔流利畅达，其新文体风靡一时。梁任公学识渊博，著作宏富，后人编为《饮冰室合集》。他还写有《饮冰室诗话》，宣传其诗界革命主张，并写诗加以实践，诗作虽不多，但能突破传统，从所选《爱国歌》可见一斑。

② 中华——古代称黄河流域一带为中华，后来指中国。

③ 行省——我国元代除京师附近地区直隶中书省外，地方设十个行中书省，简称“十行省”。行省由此得名，一般说成“省”。清初增为十八行省，后又增为二十二行省。

④ 腴沃——腴 yú，肥美；沃 wò，肥厚。此句谓我国物产丰美，在大地上居于首位。

⑤ 天府——自然条件优越、物产富饶的地方。

⑥ 英、日区区三岛——讲到英国，书上常说“英伦三岛”；日本则为四大岛。此处不宜从数字上死抠，而是区区几岛的意思。

⑦ 堂矞——矞 yù，美盛。堂矞，堂皇。

⑧ 畴与伦——哪个能相比。

⑨ 彬彬——《论语·雍也》：“文质彬彬，然后君子。”文，文采；质，实质；文质彬彬，指既有文采又有实质。文明，犹言文化。全句指我国文化灿烂辉煌，丰富多彩。

⑩ 绳绳——绵延不绝。

⑪ 圣作贤述——《论语·述而》：“述而不作……”阐述而不创作，故“述”与“作”是有所分别的。圣人创作，贤人阐述，文化不断发扬光大。

⑫ 全句意思是荡涤黑暗，发扬光明。

⑬ 朅来——朅 qiè，离去。朅来，即去来。常偏义使用，此处偏来义，即“近来”。

⑭ 天骄——天之骄子的略语。《汉书·匈奴传》：“胡者，天之骄子也。”“欧北天骄”似指沙皇俄国。

⑮ 扃——音 jiōng，闭锁。

【阅读价值和意义】

《爱国歌》原四首，这里选两首。其一，歌颂祖国地大物博，腴沃甲天下；其二，歌颂祖国历史悠久，文化源远流长。预言只要“结我团体，振我精神”，在 20 世纪新世界祖国定能腾飞。这种自豪自信奋发图强的爱国主义精神，给人以鼓舞。今天我们全国上下团结一致振兴中华，爱国主义精神给了我们十分宝贵的巨大力量。诗虽是旧体诗，但形式自由，语言平易流畅，豪情壮志洋溢，旧形式融进了新思想新内容，不仅直接触动当时人们的爱国心，而且在写作上令人耳目一新。

散文诗

好的故事

鲁迅[①]

灯火渐渐地缩小了，在预告石油[②]的已经不多；石油又不是老牌，早熏得灯罩很昏暗。鞭爆的繁响在四近，烟草的烟雾在身边：是昏沉的夜。

我闭了眼睛，向后一仰，靠在椅背上；捏着《初学记》[③]的手搁在膝髁[④]上。

我在蒙胧中，看见一个好的故事。

这故事很美丽，幽雅，有趣。许多美的人和美的事，错综起来像一天云锦，而且万颗奔星似的飞动着，同时又展开去，以至于无穷。

我仿佛记得曾坐小船经过山阴道[⑤]，两岸边的乌柏[⑥]，新禾，野花，鸡，狗，丛树和枯树，茅屋，塔，伽蓝[⑦]，农夫和村妇，村女，晒着的衣裳，和尚，蓑笠，天，云，竹，……都倒影在澄碧的小河中，随着每一打桨，各各夹带了闪烁的日光，并水里的萍藻游鱼，一同荡漾。诸影诸物，无不解散，而且摇动，扩大，互相融和；刚一融和，却又退缩，复近于原形。边缘都参差[⑧]如夏云头，镶着日光，发出水银色焰。凡是我所经过的河，都是如此。

选自《鲁迅全集》第二卷（人民文学出版社 2005 年版）。

现在我所见的故事也如此。水中的青天的底子，一切事物统在上面交错，织成一篇，永是生动，永是展开，我看不见这一篇的结束。

河边枯柳树下的几株瘦削的一丈红[⑨]，该是村女种的罢。大红花和斑红花，都在水里面浮动，忽而碎散，拉长了，如缕缕的胭脂水，然而没有晕。茅屋，狗，塔，村女，云，……也都浮动着。大红花一朵朵全被拉长了，这时是泼剌奔迸的红锦带[⑩]。带织入狗中，狗织入白云中，白云织入村女中……。在一瞬间，他们又将退缩了。但斑红花影也已碎散，伸长，就要织进塔，村女，狗，茅屋，云里去。

现在我所见的故事清楚起来了，美丽，幽雅，有趣，而且分明。青天上面，有无数美的人和美的事，我一一看见，一一知道。

我就要凝视他们……。

我正要凝视他们时，骤然一惊，睁开眼，云锦也已皱蹙，凌乱，仿佛有谁掷一块大石下河水中，水波陡然起立，将整篇的影子撕成片片了。我无意识地赶忙捏住几乎坠地的《初学记》，眼前还剩着几点虹霓色的碎影。

我真爱这一篇好的故事，趁碎影还在，我要追回他，完成他，留下他。我抛了书，欠身伸手去取笔，——何尝有一丝碎影，只见昏暗的灯光，我不在小船里了。

但我总记得见过这一篇好的故事，在昏沉的夜……。

一九二五年二月二十四日。

【注释】

① 鲁迅（1881—1936）——中国现代伟大的文学家、思想家和革命家。本名周树人，字豫才，浙江绍兴人。一生著作极丰富，除小说、杂文、散文、诗歌创作外，还有《中国小说史略》等学术专著。

② 石油——点灯用的煤油。

③《初学记》——唐代徐坚等辑。我国古代“类书”之一。

④ 膝髁（kē）——膝盖骨。

⑤ 山阴道——绍兴县城西南一带风景优美的地方。《世说新

语·言语》:“王子敬云:从山阴道上行,山川自相映发,使人应接不暇。”

⑥ 乌桕(jiù)——树名。

⑦ 伽蓝——寺庙。

⑧ 参差(cēn cī)——不整齐。

⑨ 一丈红——植物名。夏秋开花,有红、紫、白、粉等颜色。

⑩ 泼剌奔迸的红锦带——大红花映水中,被涟漪水波拉长成红色锦绣带,随水摇曳,仿佛泼剌奔迸出声。

【阅读价值和意义】

作者在“昏沉的夜”里“看见一个好故事”。他在梦中回忆坐小船经过山阴道,山川自相映发,使人应接不暇的情景。他看到许多美的人和美的事都倒映在澄碧的河中,诸影诸物解散、摇动、互相融和、退缩、复近于原形。风景由静而动,由动而静,千变万化,美不胜收。

过去所见如此,现在所见的故事也是如此。一切事物交织成一篇,永是生动,永是展开。接着具体描绘大红花一朵朵被拉长成红锦带,“带织入狗中,狗织入白云中,白云织入村女中……。在一瞬间,他们又将退缩了。但斑红花影也已碎散,伸长,就要织进塔,村女,狗,茅屋,云里去”。奇思妙想,绚烂多彩,令人神往。

这个故事的确“很美丽,幽雅,有趣”。他是多么想抓住它,可是骤然一惊醒来,包围在周围的仍是“昏沉的夜”。

作者向往的是“美的人和美的事”,现实却是“昏沉的夜”,哪来美的人和事,它们只能梦中朦胧见到,但醒来又“何尝有一丝碎影”呢!在这篇散文诗里寓有作者的寄托与感慨。

散文诗

笑

冰心[1]

雨声渐渐的住了，窗帘后隐隐的透进清光来。推开窗户一看，呀！凉云散了，树叶上的残滴，映着月儿，好似萤光千点，闪闪烁烁的动着。——真没想到苦雨孤灯之后，会有这么一幅清美的图画！

凭窗站了一会儿，微微的觉得凉意侵人。转过身来，忽然眼花缭乱，屋子里的别的东西都隐在光云里；一片幽辉，只浸着墙上画中的安琪儿[2]。——这白衣的安琪儿，抱着花儿，扬着翅儿，向着我微微的笑。

“这笑容仿佛在那儿看见过似的，什么时候，我曾……”我不知不觉的便坐在窗口下想，——默默的想。

严闭的心幕，慢慢的拉开了，涌出五年前的一个印象。——一条很长的古道。驴脚下的泥，兀自滑滑的。田沟里的水，潺潺的流着。近村的绿树，都笼在湿烟里。弓儿似的新月，挂在树梢。一边走着，似乎道旁有一个孩子，抱着一堆灿白的东西。驴儿过去了，无意中回头一看。——他抱着花儿，赤着脚儿，向着我微微的笑。

选自《中国散文诗选》（广西人民出版社 1983 年版）。

“这笑容又仿佛是那儿看见过似的!”我仍是想——默默的想。

又现出一重心幕来，也慢慢的拉开了，涌出十年前的一个印象。——茅檐下的雨水，一滴一滴的落到衣上来。土阶边的水泡儿，泛来泛去的乱转。门前的麦陇和葡萄架子，都濯得新黄嫩绿的非常鲜丽。——一会儿好容易雨晴了，连忙走下坡儿去。迎头看见月儿从海面上来了，猛然记得有件东西忘下了，站住了，回过头来。这茅屋里的老妇人——她倚着门儿，抱着花儿，向着我微微的笑。

这同样微妙的神情，好似游丝一般，飘飘漾漾的合了拢来，绾[③]在一起。

这时心下光明澄静，如登仙界，如归故乡。眼前浮现的三个笑容，一时融化在爱的调和里看不分明了。

【注释】

① 冰心（1900—1999）——原名谢婉莹。福建长乐人。著名散文家、诗人、翻译家。

② 安琪儿——英译词，意为天使。

③ 绾（wǎn）——盘绕成结。

【阅读价值和意义】

雨后的夜晚自然界呈现“一幅清美的图画”。在这清幽的环境里，由于墙上幽辉浸润的画中安琪儿的微笑触发，五年前、十年前的往事像一幅幅图画涌现。安琪儿的微笑、村童的微笑、老妇人的微笑——“笑”把三幅美丽的画中境界绾结在一起，眼前的情景和往事中的情景一时融化在爱的调和里，作者心中一片光明澄净。南宋词人张孝祥过洞庭湖，写过一首《念奴娇》，前半是这样：“洞庭青草，近中秋，更无一点风色。玉界琼田三万顷，著我扁舟一叶。素月分辉，明河共影，表里俱澄澈。悠然心会，妙处难与君说。”作者在幽深月夜洞庭湖上，悠然心会到“表里俱澄澈”的境界。本散文诗与此词在情景交融上实有异曲同工之妙。

作者遣词造句也颇见功夫。开头短短三行就刻画出一幅雨后夜晚的清美图画。写五年前、十年前的印象，着笔不多，美丽如画，有景有情，令人倍感亲切。“这白衣的安琪儿，抱着花儿，扬着翅儿，向着我微微的笑”，“他抱着花儿，赤着脚儿，向着我微微的笑”，“她倚着门儿，抱着花儿，向着我微微的笑”，三幅画同中有异，异中有同，用反复的手法展现形象美。

散文诗

蔚蓝的王国

［俄］屠格涅夫[①]

蔚蓝的王国呀！充满着蔚蓝、光明、青春、幸福的王国呀！我看见过你……在梦中。

我们几个人坐在一条精美华丽的小船上。白色的风帆鼓了起来，宛似天鹅的胸膛，帆的上面挂着几面随风轻扬的小旗。

我不知道我的伙伴是些什么人；然而我的整个身心感觉到，他们像我一样年轻、快乐、幸福！

况且我也没有对他们多加注意。——我只看到四周是一片无边无际的蔚蓝的海，海面上闪烁着金鳞似的细浪，头顶上是同样无边无际的、同样蔚蓝的海——在那儿，和煦的太阳愉悦地露着笑脸。

我们有时发出爽朗、愉快的笑声，仿佛天堂里神仙的笑声！

或者，突然会有人吟诵精美绝伦、感人肺腑的诗句……似乎天空本身也在和我们酬唱，四周的海洋也情不自禁地战栗起来……接着又是一片宁静。

我们轻快的小船在微波中飘荡，时起时伏。并不是风在推动它前进；驾驶它的是我们自己无忧无虑的心灵——我们心中稍一动念，想

选自《俄苏名家散文选》（上海外语教育出版社 1984 年版）。

到哪里去，小船就飘到哪里去，它像是有生命的东西，完全听从我们使唤。

我们看到一些岛屿，晶莹明澈的仙岛，岛上的璧玉宝石光艳夺目。——仙岛隆起的岸上飘来醉人的芳香；一些岛像下雨似的朝我们身上飘洒白玫瑰花和铃兰花；另一些岛上忽然飞起一群五彩缤纷的长翼的鸟儿。

鸟儿在我们头顶上回翔，铃兰花和玫瑰花同沿着平滑的船舷翻滚的珍珠似的浪花融合在一起，分辨不清了。

随同花儿和鸟儿一起飘来一阵甜滋滋的声音……其中仿佛有女人的声音……周围的一切：天空、海洋、微微飘动的风帆、船尾潺潺的水流——一切都在倾诉着爱情，倾诉着无比幸福的爱情！

她，我们每一个人都爱着的那个人——她就在这儿……虽然看不见，但近在咫[2]尺。不消片刻，她的眼睛就会闪出亮光，她的脸上就会现出笑容……她的手就会拉着你的手——拉着你一起进入永不衰败的天堂！

蔚蓝的王国呀！我看见过你……在梦中。

【注释】

① 屠格涅夫（1818—1883）——俄国著名作家。一生勤奋写作，写下大量小说、诗歌、散文、剧本。最有名的著作有《猎人笔记》《父与子》《罗亭》《贵族之家》《前夜》《处女地》等。他的晚年名作《散文诗》是俄罗斯优秀文学中的精品。

② 咫（zhǐ）——我国古代长度名，周制八寸，合今制市尺六寸二分二厘。

【阅读价值和意义】

“蔚蓝的王国”是作者理想的天堂。这里充满着蔚蓝、光明、青春、幸福。

人们航行在无边无际蔚蓝的海上。

他们年轻、快乐、幸福。

和煦的太阳愉悦地露着笑脸，一片光明。

人们无比自由，有着无忧无虑的心灵。

仙岛上花儿、鸟儿，五彩缤纷。

作者总结一句点出，天空、海洋、风帆、水流—— 一切都在倾诉着无比幸福的爱情。

最后，那一切人都爱着的女性会拉着你进入理想的天堂。

可是这幸福的天堂、理想的王国在现实生活中不存在，作者只在梦中见到过。

把《蔚蓝的王国》与《好的故事》对照起来看很有意思。作者所憧憬的都在现实生活中不存在，只在梦中见到。

在表现手法上两篇散文诗在起与结上正好相反。《蔚蓝的王国》从正面说，开头说只在梦中见到，结尾重说只在梦中见到。《好的故事》则从反面写，开头提到“昏沉的夜”，结尾重又提到“昏沉的夜”。

中间大量描绘，《好的故事》写得绚烂多彩，《蔚蓝的王国》则是清新飘逸。

再一点，女性引人进天堂，是西方传统的手法。歌德的《浮士德》中，浮士德被引进了天堂，引他的是“永恒的女性”。伟大诗剧最后两行是：

永恒的女性，
引导我们上升！

散文诗

云与波

[印] 泰戈尔[1]

妈妈，住在云端的人对我唤道——

“我们从醒的时候游戏到白日终止。

“我们与黄金色的曙光游戏，我们与银白色的月亮游戏。”

我问道：“但是，我怎么能够上你那里去呢？”

他们答道：“你到地球的边上来，举手向天，就可以被接到云端里来了。”

“我妈妈在家里等我呢，”我说，“我怎么能离开她而来呢？”

于是他们微笑着浮游而去。

但是我知道一件比这个更好的游戏，妈妈。

我做云，你做月亮。

我用两只手遮盖你，我们的屋顶就是青碧的天空。

住在波浪上的人对我唤道——

“我们从早晨唱歌到晚上；我们前进前进的旅行，也不知我们所经过的是什么地方。”

选自《新月集》（人民文学出版社 1954 年版）。

我问道："但是，我怎么能加入你们队伍里去呢?"

他们告诉我说："来到岸边，站在那里，紧闭你的两眼，你就被带到波浪上来了。"

我说："傍晚的时候，我妈妈常要我在家里——我怎么能离开她而去呢?"

于是他们微笑着，跳舞着奔流过去。

但是我知道一件比这个更好的游戏。

我是波浪，你是陌生的岸。

我奔流而进，进，进，笑哈哈地撞碎在你的膝上。

世界上就没有一个人会知道我们俩在什么地方。

【注释】

① 泰戈尔（1861—1941）——印度近代著名诗人，作家。作品有诗歌、戏剧、小说，共有 50 多部诗集，12 部长篇、中篇小说，100 余篇短篇小说，20 余种戏剧。抒情诗集有《吉檀迦利》《飞鸟集》等。1886 年，出版儿童幻想诗集《新月集》，本篇即选自该诗集。

【阅读价值和意义】

这里有美丽的自然、温馨的母子之爱、儿童的天真、孩子的丰富想象，这一切编织成两幅诗意的画——"云"与"波"。

孩子最富于想象。泰戈尔在《新月集》的其他地方写道，"只要孩子愿意，他此刻便可飞上天去"（见《孩童之道》），"我知道有星星同他说话，天空也在他面前垂下，用它傻傻的云朵和彩虹来娱悦他"（见《孩子的世界》）。本文里孩子想象到云端里的人、波浪上的人，想象到自己做云、妈妈做月亮，自己是波浪，妈妈是陌生的海岸，想象到母子间的更好的游戏。孩子的想象是永远天真美丽的。《云与波》这首诗想象的运用达到极致。

从这首诗可见《新月集》一斑。《新月集》，正如译者郑振铎在译序中所说："我们只要一翻开它来，便立刻如得到两只有魔术的翼翅，可以使自己飞翔到美静天真的儿童国里去。而这个儿童的天国便是作者的一个理想国。”

亲爱的读者，读了这首诗，你们是否想到“秀嫩天真的儿童的新月之国”里去遨游?

词

渔家傲

［南宋］李清照[①]

天接云涛连晓雾，星河欲转千帆舞[②]。仿佛梦魂归帝所[③]，闻天语，殷勤问我归何处。　　我报路长嗟日暮，学诗谩有惊人句[④]。九万里风鹏正举[⑤]。风休住，蓬舟[⑥]吹取三山[⑦]去。

【注释】

① 李清照（1084—约 1151）——宋代著名女词人。号易安居士。齐州章丘（今山东济南市章丘区西北）人。有《易安居士文集》《易安词》，已散佚。后人有《漱玉词》辑本。

② 两句，夜色将曙，满天云雾，天河在流转着，成千帆船在天河里飞舞。

③ 帝所——天帝所住的宫殿。

④ 告天帝自己虽有才学，写出惊人诗句，但现在日暮途穷，没有出路。

⑤《庄子·逍遥游》：“鹏之徙于南冥也，水击三千里，抟扶摇而上者九万里。”意谓：“鹏飞向南海时，两翼拍击水面，激起浪花，

选自《李清照集校注》（人民文学出版社 1979 年版）。

高达三千里，拍击着暴风飞向九万里高空。”

⑥ 蓬舟——像蓬草一般的小舟。

⑦ 三山——传说中蓬莱、方丈、瀛洲三仙山。

【阅读价值和意义】

这首词在黄昇《花庵词选》中题作“记梦”。作者所写梦境很壮观，航天河，归帝所，与天帝倾谈，表示自己要像大鹏高飞远举。奇思妙想显示出女词人的豪迈气概。

本词写作方法上继承了《离骚》的优秀传统。伟大诗人屈原在《离骚》中写到自己的理想不能实现，无可奈何，幻想驾鸾乘风上天向天帝倾诉。屈原在上天下地求索时，月神、风神、鸾皇、雷师等一大群神物伴随，声势何等煊赫，想象多么丰富！

小说

君子国

［清］李汝珍[1]

话说唐、多[2]二人把匾看了，随即进城。只见人烟辏[3]集，作买作卖，接连不断。衣冠言谈，都与天朝一样。唐敖见言语可通，因向一位老翁问其何以“好让不争”之故。谁知老翁听了，一毫不懂。又问国以“君子”为名是何缘故，老翁也回不知。一连问了几个，都是如此。多九公道：“据老夫看来：他这国名以及‘好让不争’四字，大约都是邻邦替他取的，所以他们都回不知。刚才我们一路看来，那些‘耕者让畔，行者让路’光景，已是不争之意。而且士庶人等，无论富贵贫贱，举止言谈，莫不恭而有礼，也不愧‘君子’二字。”唐敖道：“话虽如此，仍须慢慢观玩，方能得其详细。”

说话间，来到闹市。只见有一隶卒在那里买物，手中拿著货物道：“老兄如此高货，却讨恁般贱价，教小弟买去，如何能安！务求将价加增，方好遵教。若再过谦，那是有意不肯赏光交易了。”唐敖听了，因暗暗说道：“九公，凡买物，只有卖者讨价，买者还价。今卖者虽讨过价，那买者并不还价，却要添价。此等言谈，倒也罕闻。据此看来，那‘好让不争’四字，竟有几分意思了。”只听卖货人答

选自《镜花缘》第十一回（人民文学出版社1955年版）。

道："既承照顾，敢不仰体！但适才妄讨大价，已觉厚颜；不意老兄反说货高价贱，岂不更教小弟惭愧？况敝货并非'言无二价'，其中颇有虚头。俗云：'漫天要价，就地还钱。'今老兄不但不减，反要加增，如此克己，只好请到别家交易，小弟实难遵命。"唐敖道："'漫天要价，就地还钱'，原是买物之人向来俗谈；至'并非言无二价，其中颇有虚头'，亦是买者之话。不意今皆出于卖者之口，倒也有趣。"只听隶卒又说道："老兄以高货讨贱价，反说小弟克己，岂不失了'忠恕之道'？凡事总要彼此无欺，方为公允。试问那个腹中无算盘，小人又安能受人之愚哩。"谈之许久，卖货人执意不增。隶卒赌气，照数付价，拿了一半货物。刚要举步，卖货人那里肯依，只说"价多货少"，拦住不放。路旁走过两个老翁，作好作歹，从公评定，令隶卒照价拿了八折货物，这才交易而去。唐、多二人不觉暗暗点头。

走未数步，市中有个小军，也在那里买物。小军道："刚才请教贵价若干，老兄执意吝教[④]，命我酌量付给。及至遵命付价，老兄又怪过多。其实小弟所付业已刻减。若说过多，不独太偏，竟是'违心之论'了。"卖货人道："小弟不敢言价，听兄自付者，因敝货既欠新鲜，而且平常，不如别家之美。若论价值，只照老兄所付减半，已属过分，何敢谬领大价。"唐敖道："'货色平常'，原是买者之话；'付价刻减'，本系卖者之话：那知此处却句句相反，另是一种风气。"只听小军又道："老兄说那里话来！小弟于买卖虽系外行，至货之好丑，安有不知。以丑为好，亦愚不至此。第[⑤]以高货只取半价，不但欺人过甚，亦失公平交易之道了。"卖货人道："老兄如真心照顾，只照前价减半，最为公平。若说价少，小弟也不敢辩，惟有请向别处再把价钱谈谈，才知我家并非相欺哩。"小军说之至再，见他执意不卖，只得照前减半付价，将货略略选择，拿了就走。卖货人忙拦住道："老兄为何只将下等货物选去？难道留下好的给小弟自用么？我看老兄如此讨巧，就是走遍天下，也难交易成功的。"小军发急道："小弟因老兄定要减价，只得委曲从命，略将次等货物拿去，于心庶可稍安。不意老兄又要责备。且小弟所买之物，必须次等，方能合用；至于上等，虽承美意，其实倒不适用了。”卖货人道：“老兄既要低货方能合用，这也不妨。但低货自有低价，何能付大价而买丑货呢？”小军听了，也不答言，拿了货物，只管要走。那过路人看见，都说小军欺人不公。小军难违众论，只得将上等货物、下等货物，各携一半而去。

二人看罢，又朝前进，只见那边又有一个农人买物。原来物已买妥，将银付过，携了货物要去。那卖货的接过银子仔细一看，用戥⑥秤了一秤，连忙上前道：“老兄慢走。银子平水⑦都错了。此地向来买卖都是大市中等银色，今老兄既将上等银子付我，自应将色⑧扣去。刚才小弟秤了一秤，不但银水⑨未扣，而且戥头过高。此等平色小事，老兄有余之家，原不在此；但小弟受之无因。请照例扣去。”农人道：“些须银色小事，何必锱铢⑩较量。既有多余，容小弟他日奉买宝货，再来扣除，也是一样。”说罢，又要走。卖货人拦住道：“这如何使得！去岁有位老兄照顾小弟，也将多余银子存在我处，曾言后来买货再算。谁知至今不见。各处寻他，无从归还。岂非欠了来生债么？今老兄又要如此。倘一去不来，到了来生，小弟变驴变马归还先前那位老兄，业已尽够一忙，那里还有工夫再还老兄。岂非下一世又要变驴变马归结老兄？据小弟愚见：与其日后买物再算，何不就在今日？况多余若干，日子久了，倒恐难记。”彼此推让许久，农人只得将货拿了两样，作抵此银而去。卖货人仍口口声声只说“银多货少，过于偏枯⑪”。奈农人业已去远，无可如何。忽见有个乞丐走过，卖货人自言自语道：“这个花子只怕就是讨人便宜的后身，所以今生有这报应。”一面说著，即将多余平色，用戥秤出，尽付乞丐而去。

唐敖道：“如此看来，这几个交易光景，岂非‘好让不争’一幅行乐图⑫么？我们还打听甚么！且到前面再去畅游。如此美地，领略领略风景，广广识见，也是好的。”

【注释】

① 李汝珍（约 1763—约 1830）——清小说家。大兴（今北

京）人。晚年写成长篇小说《镜花缘》。书中着重赞扬女子才学，对男尊女卑观念有所不满，对封建社会某些社会现象有所暴露。

② 即书中人物唐敖、多九公。

③ 辏（còu）——车轮的辐集中于毂上。引申为聚集的意思。

④ 吝教——不愿多讲。

⑤ 第——但是。

⑥ 戥（děng）——戥子。称量金银、药材等的小秤。

⑦ 平水——此处指银子的标准成色。

⑧ 色——指成色。

⑨ 银水——即银色。

⑩ 锱铢（zī zhū）——锱、铢，极小的重量单位。比喻极微小的数量。

⑪ 偏枯——不均。

⑫ 行乐图——本指所画人物小像。此指欢乐场面写照。

【阅读价值和意义】

小说中出现的君子国是作者的奇思妙想。君子国人不知“君子”为名是情理中事，岂有国人自标榜为君子的君子国？君子国的特点是“好让不争”，这四字君子国人不懂也是情理中事。“君子国”“好让不争”大约是邻邦所取才合乎逻辑。在别国人看来，君子国人言谈举止，都不愧“君子”二字，其国名之曰“君子国”似乎也当之无愧。

君子国人行事一反他国人所为，这鲜明地反映在买卖交易上。世上一般是卖方“漫天要价”，买方“就地还钱”，因此争得面红耳赤。君子国人正相反，买卖交易双方都一味让，连隶卒也一让再让，这种人在别国是最会欺压老百姓的。

然而这一下矛盾来了，双方都一味让，推来推去，反而引起争执。你一再让，他亦一再让，岂能不因此而争，这样就成了“好让而争”了。难怪鲁迅评论说：“其于社会制度，亦有不平，每设事端，以寓理想；惜为时势所限，仍多迂拘，例如君子国民情，甚受作者叹羡，然因让而争，矫伪已甚，生息此土，则亦劳矣，不如作诙谐观，反有启颜之效也。”君子国人的好让当真，而他们“因让而争”，实在只能读读当作笑料而已。

写作方法上倒也生动，采取的是边叙边议。作者借君子国人买卖两方对话来叙，议则通过旁观者唐敖的言语来体现。君子国人讲话似乎也有“君子风”，咬文嚼字，文绉绉的。

小说

小人国

［英］斯威夫特[①]

十一月五日，那一带正是初夏时节，天气沉霾多雾，水手们在离船不到五十寻（三百英尺）的地方发现了礁石；但是风势那么猛烈，我们的船向礁石对直撞去，船身立刻触礁裂开。六个船员，连我在内，把救生艇放下海去，想尽办法脱离大船和礁石。据我估计，我们大约划出了三里格[②]远，就再也划不动了，因为我们在大船上时，就已经筋疲力尽了。我们只得听任波涛摆布，过了半个多钟头，突然又从北方刮来一阵狂风，这就把小艇刮翻了。小艇上的同伴，以及那些脱险在礁石上或者留在大船上的人们后来怎样了，我说不上来，但是可以断定他们全完了。我自己呢，却听天由命地泅着，被风浪推向前方。……我在草地上躺了下来，草很短，软绵绵的，一觉睡去，从来没睡得这样酣甜。据我估计，我睡了约莫九个钟头；因为我醒来时，恰好天亮。我打算起来，却动弹不得，我仰天躺着，这时才发现胳膊、腿都紧紧地被缚在地上；我的头发又长又密，也被缚在地上。我觉得从腋窝到大腿，身上横绑着几根细绳。我只能向上看，太阳渐渐热起来，阳光刺痛了眼睛。我听到周围人声嘈杂，可是我那样躺着，

选自《格列佛游记》（人民文学出版社 1979 年版）。

除了天空以外，什么也看不见。过了一会儿，只觉得有个活东西在我左腿上蠕动，它越过我的胸脯，慢慢地走上前来，几乎来到我的下颌[③]前了。我尽可能用眼睛朝下望，却原来是一个身长不到六英寸、手里拿着弓箭、背着一个箭袋的活人。同时，我觉得至少还有四十来个一模一样的人（我猜想）跟在他的后面。我非常吃惊，大吼了起来，吓得他们回头就跑。后来有人告诉我，他们中间有几个人因为从我的腰部往地下跳，竟跌伤了。但是他们不久又走了回来。有一个人竟敢走到他能看到我整个面孔的地方，他举起两手抬眼仰视，表示惊讶，用尖锐而清晰的声音高喊："海琴那·带古尔[④]"；其余的人也把这句话喊了几遍，但是那时我还不懂他们的意思。读者们可以相信，我一直这样躺着是非常不舒服的，最后终于挣扎起来，想挣脱绑缚。我很侥幸，一下子就挣断了绳索，并且拔出了地上那些缚住我左臂的木钉。我把左臂举到面前，才发现了他们捆缚我的方法。这时我用力猛扯了一下，虽然十分疼痛，却把左边绑我头发的绳索挣松了一点，这样才稍稍能够把头转动两英寸光景。但是我还没来得及捉住他们，他们就跑掉了；他们齐声尖锐刺耳地大喊，喊声过后，我听到一个人高声喊道："陶尔哥·奉纳克"；一眨眼工夫，我觉得百来支箭射中了我的左手，像针一样刺痛了我；接着他们又向天空射了一阵，就像我们欧洲人丢炸弹似的，我想有不少支箭落在我身上（虽然我不觉得），有的还落在我脸上，我就赶忙用左手遮住了脸。这一阵箭雨过去以后，我不胜悲痛地呻吟起来，过了一会儿我又挣扎着要脱身，他们又放了一阵比刚才放的那些还长的箭，有些人还想用矛刺我的腰部；幸亏我穿着一件牛皮背心，他们刺不进去。那时我想最聪明的办法还是安安稳稳地躺着，我的打算是：如果这样挨到夜晚，我的左手既然已经松绑，是很容易就能够恢复自由的。至于那些当地居民，如果他们的身材全跟我看到的那人一样，我自信还可以跟他们调来作战的最强大的军队拼一下。但是命运却对我另有安排。这些人看到我静了下来，就不再放箭。但是就我听到的闹声来判断，我晓得人数又增多了。我听到正冲着我的右耳，离开我约有四码的地方，敲敲打打地足足闹了一个钟头，仿佛有人在干活。在木钉绳索允许的情况下我尽量把头转过去，这才看见新建成了一座大约一英尺半高的台子，刚好容得下四个小人，台旁还竖起两三条梯子以便攀登。台上有个人似乎是一位显要，正在对我发表长篇演说，可是我一个字也听不懂。说到这里我早该提一下，这位显要发表演说以前，喊了三声："浪格罗·德胡尔·桑。"（这句话跟前面提到的那些话后来他们都重新说给我听过，并且作了解释）他一喊完，马上就有五十来个人走了上来，把我头左边的绳索割断，这样我就能把头转向右方，看到了要说话的人的风采和表情。看上去他是个中年人，身材比跟随他的另外三个人都高，其中一个人像是跟班，身材比我的中指略长些，正在替他牵着拖在身后的衣裳；还有两个人分站在他的两旁扶持着他。他十足表现了演说家的气派，可以看得出他用了许多威胁词句，同时又许下不少诺言，以表示怜悯和宽厚。我回答了几句，但是态度极为恭顺，我向太阳举起左手并举目注视，请它给我作证。我离开大船以后，已经十几个钟头没有吃一点东西，快要饿坏了；我感觉这种生理要求太强烈，实在没法再忍耐了（也许这不尽合乎礼仪），就不住把手指放在嘴上，表示我要东西吃。那位"赫够"（后来我才懂得，他们都这样称呼一位大老爷）很领会我的意思。他走下台来，命令在我两胁左右竖上几条梯子，一百多个小人就走了上来，把满盛着肉的篮子送到我嘴边；这都是国王一听到我到来的消息之后，就下令准备好，送了来的。我看见里面盛的是好几种动物的肉，不过从味道上却辨别不出是什么肉来。其中有样子像羊的前肘、后肘和腰肉，烹调得很可口，但是大小比百灵鸟的翅膀还小。我一口要吃两三块；还有像枪弹那么大的面包，我一口也吃得下三个。他们尽快地供应，对我的身躯和食量表现了万分惊讶。我又做手势表示要水喝。他们从我吃东西的情形看出，知道给我一点点是不够的。他们是最聪明的人，非常敏捷地把一个头号大桶吊起来，然后把它滚到我的手边，并敲开桶盖。我一口气喝了下去，本来这是很容易的，因为一桶酒还不到半品脱[⑤]，酒的味道很像勃艮地[⑥]的淡味酒，不过更香些。他们又送给我一桶，我又一口气喝了，并且做手势表示还要喝，但是他们却无法供应了。我表演了这几件奇迹以后，他们欢呼起来，在我胸脯上手舞足蹈，又跟起初一样，叫了几声“海琴那·带古尔”，他们向我做了一个手势，要我把两只酒桶丢下去，但是他们先警告下面的人躲开，高声喊着：“色拉赫·米渥拉。”当他们看见酒桶飞在半空时，就一齐大喊：“海琴那·带古尔。”老实说，当他们在我身上走来走去的时候，我不止一次想一手抓住首先走近我手边的四五十个人，把他们摔在地上。但是想起我刚才吃到的苦头，也许那还不是他们对付我的最厉害的手段，同时我也曾慨然答应顺从他们（我这样解释我那卑躬屈节的态度），所以马上就打消了这种念头。同时我想这些人既然这样豪华地招待我，破费了很多，我自然也应该以客礼相待。然而，私下里我又不由惊奇这般小家伙竟如此大胆，在我一只手已经松缚以后，竟敢爬上来在我身上走来走去，在他们眼中我一定是一个庞然大物，可是他们一点也没有战栗。过了一些时候，他们看我不再要肉吃了，我面前就出现了一位皇帝派来的大官。钦差大人带着十二三位随员，从我右小腿那里走上来，一直走到我的脸前。他拿出盖着国玺的圣旨，递到我眼前，大约讲了十分钟话，虽然没有发怒的表示，但是说话时样子却很坚决；他不时用手指着前方，后来我才知道他指的是离开这里大约有半英里的京城，皇帝已经在御前会议上决定，要把我运到那儿去。

【注释】

① 斯威夫特（1667—1745）——英国著名讽刺小说家。生于爱尔兰贫苦家庭。代表作长篇小说《格列佛游记》1726年在伦敦第一次出版。此书揭露英国社会的种种不合理现象，讽刺英国统治集团的腐败。

② 里格——长度名。

③ 下颌——这里指靠得很近的意思。

④ 海琴那·带古尔——作者在书中造了一些小人国的语言、称谓，此其一。如本篇后面的“浪格罗·德胡尔·桑”“赫够”“色拉赫·米渥拉”等。

⑤ 品脱——英、美计量体积或容积的单位。

⑥ 勃艮地——法国东部的一个省，盛产红葡萄酒。

【阅读价值和意义】

《格列佛游记》是斯威夫特最负盛名的讽刺小说。书的主角格列佛是一位随船医生。他自 1699 年开始，历时 16 年 7 个月，先后游历了多个国家，在这些地方遇到种种稀奇古怪的事，他把这种奇闻逸事记录了下来，成了一部游记。小说分为四卷：第一卷为利立浦特游记，第二卷为布罗卜丁奈格游记，第三卷为勒皮他、巴尔尼巴比、拉格奈格、格勒大锥、日本游记，第四卷为慧骃国游记。

本篇选自第一卷利立浦特（小人国）游记。这一卷主要讽刺当时英国统治阶级的腐败和各个统治集团之间的矛盾。所选只是书的开端，写的是格列佛怎样流落到小人国，并被小人国人押送到京城的经过。单就所选短短的一篇，就不难看出斯威夫特不愧为讽刺大师。

人们看到庞大的东西，往往产生庄严伟大的感觉，如进入大寺庙的大佛殿，气氛肃穆，高大无比的大佛简直令人不能仰视；相反，人们看到小模小样的东西，往往觉得有趣可爱或可笑。在格列佛眼中，这些玩具般大小的人的确有趣可爱，其行动举止又不免可笑。在小人国人眼中，格列佛无疑是庞然大物，然而他们在这巨人面前表现得勇敢得很，简直显出了大无畏精神。那大官则更是神气十足，大摆其官架子，官腔十足，气派非凡，恩威并施，这在格列佛眼中、在读者眼中就益发可笑了。试看：

> 台上有个人似乎是一位显要，正在对我发表长篇演说……看上去他是个中年人，身材比跟随他的另外三个人都高，其中一个人像是跟班，身材比我的中指略长些，正在替他牵着拖在身后的衣裳；还有两个人分站在他的两旁扶持着他。他十足表现了演说家的气派，可以看得出他用了许多威胁词句，同时又许下不少诺言，以表示怜悯和宽厚。

多么神气活现，写得又是多么活灵活现，在现实生活中，这种达官显贵何尝没有！由此可见作者所写是从生活中来，写得如此触手可及是有其现实范本的。对于“我”，作者也自我解嘲地加以讽刺，格列佛为了活命不能不妥协，他的态度极为恭顺，甚至于“向太阳举起左手并举目注视，请它给我作证”。

小人国人制服格列佛这位巨人，后来又喂养他，采取的办法也是十分出色的。他们很勇敢，很有组织，运用的手段也充分反映了他们的科学水平。作者有声有色的描写一下就把读者吸引住了。

然而这不过是故事的开端而已，好戏还在后面。格列佛进京后，或多或少会参与小人国的事务，奇闻逸事就纷至沓来了。如利立浦特和另一小人国不来夫斯古之间的战争，其爆发的原因只是人们吃鸡蛋时应该先打破大的一头还是先打破小的一头的纷争。格列佛的生活供应实在太大，他们怕“我的伙食费用太大，可能引起饥荒。他们一度曾决定把我饿死或者用毒箭射我的脸和手，马上就可以把我处死。但是他们又考虑到这样一具庞大的尸体会发散臭气，在京城造成瘟疫，说不定还会传染到王国各地。”这样，格列佛活了下来，并也曾为利立浦特效劳，后又因不愿意做人家的工具，失去了皇帝的恩宠。国务会议甚至讨论决定采取比较“宽大公正”的刑罚：刺瞎双眼，慢慢把他饿死。格列佛事先得到消息，才逃往不来夫斯古。这些都是后话。

散文

秦俑漫笔

和谷

依傍绛雾氤氲的骊山，岿然屹立于临潼县东约十里处的山丘，便是秦始皇帝陵。据明都穆[①]《骊山记》载，“始皇陵内城周五里，旧有四门，外城周十二里”，可以想见始皇陵园如何亭阁起伏，庑深廊回。今春三月，我们陪北京几位作家驱车至此，只见得陵巅桃花嫣红，且登临远眺，烟树中有明腻如带的渭水蜿蜒东去。

其实，我们是冲着闻名遐迩的秦俑来的。固然，司马迁[②]在他的《史记·秦始皇本纪》里记载过：“始皇初即位，穿治骊山，及并天下，天下徒[③]送诣七十余万人，穿三泉，下铜而致椁[④]，宫观百官奇器珍怪徙臧满之。令匠作机弩矢，有所穿近者辄射之。以水银为百川江河大海，机相灌输，上具天文，下具地理。以人鱼[⑤]膏为烛，度不灭者久之。”可后来呢？据曰“项羽[⑥]入关，发之，以三十万人三十日运物不能穷。关东盗贼，销椁取铜，牧人寻羊烧之，火延九十日不能灭。”（郦道元[⑦]《水经注》）如此赢得了古今中外学者及文人骚客浓重兴趣的帝王陵墓，经“楚掘牧焚”之后，还残留下什么？陵内的秘密何在？皆属众说纷纭，成千古之哑谜。庆幸的是 1974 年在

选自《艺术世界》1982 年第 4 期。

陵东侧发现的规模巨大的兵马俑坑，倒是可以窥其陵内构造之一斑；不仅如此，它为研究中国古代政治、文化、军事、冶金术及秦代历史提供了最真实的资料，同时对于研究秦代美术史，尤其是雕塑艺术的价值更堪珍贵。秦俑的发掘，是以 20 世纪最壮观的考古发现而震撼了世界的。

驱车至始皇陵东侧约三里处，便是建筑宏伟的秦始皇兵马俑博物馆。记得几年前初闻传奇时，我夹杂在“先睹为快”的人群中，踏着漫道荒草光顾过发掘现场，那还是一片开满野花的柿树林子。可此时扑入视帘的，竟是巍然的现代化钢结构展厅和仿古的楼阁庭院。也许春游季候的缘故，不同肤色的游客竟然成千上万，不是络绎不绝，而确是摩肩接踵[⑧]了。

步入展厅，伫立于东端土台上，可纵览兵马俑坑全貌。尽管大部坑道还尚待挖掘，仅眼前已清理出的数千件兵马俑，也足以使心灵为之震颤不已，而叹为观止[⑨]！

据说，此位于秦陵东侧的兵马俑坑，象征着秦始皇生前驻扎在京城外的宿卫军，用来拱卫陵墓之阴间世界。它按照战国至秦时期的临战队形而布置，观赏者稍抖动想象之翼羽，似见秦国兵强马壮，横扫六合[⑩]，北却匈奴，南平百越[⑪]，海内为一之威武壮景。俯视庞大军阵，武士俑或作前锋横队面东，或作侧翼各面南北，或作后卫面西，或为主体战车与步兵相间排列，皆呈肃整队列，堪称组织严密。武士俑身穿战袍，或披铠甲，手执青铜兵器；战马则昂首嘶鸣，蹬蹄欲行，军容凛然，大有待发之雄势。

细观武士俑雕塑，其造型粗拙而细腻，且明快逼真之至。其身高一米八至一米九七，数千件则体形、容貌、姿态、表情各异，透露出性格、心理特征及职责的差别。有的免盔束发，有的戴长冠或软帽。穿战褐者多挽弓挟箭，披铠甲者则执矛秉戈。腿扎引縢[⑫]或护以胫缴[⑬]，足登勾履或合鞮[⑭]。观其发髻细致入微，铠甲则坚硬，战袍则轻软，皮带则柔韧，衣折则飘逸，浅履上的带扣也皆惟妙惟肖。给人以雕塑的审美之喜悦的，是“在移动视线的时候，发现这座雕像的各部分就是先后连续的时间内的姿态”（《罗丹艺术论》[⑮]），使人从静态的雕像上仿佛看到了它的运动。且看，陶俑有的肃然劲立，目视前方，辫发短须飘逸着一种昂然意气；有的则凝神沉思，眉宇间蕴藏着智慧和力量；也或是神态自若，面带笑容，寓坦然的必胜信念而临敌；也或是横眉冷对，风度凛凛；也或是络腮[16]起翘，双颧[17]突出，显得爽朗豪放；也或是目清眉秀，拘谨羞怯；也或是体态端庄、沉静刚毅、雄姿英发，机警敏捷，而神情各异则不胜尽述。跪射俑，右腿跪地，左腿弯曲，双手在右侧作持弓弩状，身稍侧转，直视前方，疑似弓弦震颤，一支羽箭[18]嗖然飞向敌营。骑士俑，则着窄袖战袍，齐腰短甲，头戴皮帽，足穿长靴，右手牵马，左手提弓，十分机警地挺立于鞍马左侧，似乎一瞬间，即跨上战骑，奔驰疆场，顿时杀声鼎沸，血溅烟尘[19]。我国古代雕塑艺术匠师将高超的造诣，赋予了这些雕塑艺术精品，堪称中国艺术宝库之明珠，世界艺术史之壮丽一页。

欣赏剥开坍土而露出真容的兵马俑固然感叹，当我们绕过陶俑林立的坑道，观瞻正在挖掘中的“初露头角”的陶俑时，却更是驰思不已，顿生雄沉悲郁之慨。俑坑原系一座地下坑道的木结构建筑，底部铺有青砖，上有粗大梁柱等构成屋架。此可能为项羽所焚塌陷，有严重火灾痕迹的炭灰布满坑内，陶俑有的呈红色，其支离破碎之状，令人顿发思古之幽情。有的倒伏，有的仰卧，有的三五相依，有的双双为伴，断臂的、破头的、少腿的、胸部开裂的形态各异，愤然的、悲怨的、忧悒的、壮烈的兼而有之，催人心灵震撼，眼湿肉跳。这除了古代雕塑大师的杰作之外，还有历史的沉淀和祸事给予的似无意的自然的加工，才使人倍觉其悲壮气氛。此刻，春日艳阳透过高处透明的屋顶，正穿织在空旷的厅内，投抹在这块“古战场”废墟之上，残破的陶俑武士与马，黄褐色的坍土，黑色的炭灰，作为了环境的自然景物，取得了协调的效果，使艺术美和自然美如此地相映成趣！这倒使雕塑变换了情调，增添了意境之美。这生动奇特的景致，使人似有一些艺术的发现和审美的愉悦，伫立凝视久久，盘绕留连，简直让我们有些不愿离去了。

踏进陈列室，却是另一番情形。玻璃箱中，陈列着兵马俑坑内出土的青铜兵器，计有吴钩[20]、矛、剑、戟、戈、弩机[21]、铜镞[22]等。

这些青铜兵器，据说经电子探针及质子爱克司荧光分析，其中剑表经过铬化处理，既带毒而且还有抗蚀防锈之功能，埋藏在地下两千多年之久，仍寒光凛然。其工艺技术，堪为世界冶金史上的奇迹。陈列的陶马，高一米七，身长两米余，昂首耸耳，剽悍潇洒，无不剪鬃缚尾，衔镳[23]张口。据说系今甘肃河曲马仿塑，腿短个小，虽不能长跑，却很能爬坡，属良种战马。且看蹼蹄嘶鸣，神骏欲驰之态，显示了我国古代雕塑艺术的独特风格。未能看到陵西发掘的两组秦代铜人、铜马、铜车等稀世罕见的珍贵文物，甚是遗憾。听说它是我国考古史上发现的时代最早、体形最大、保存最完整的铜质车马，可能是属于秦始皇的后妃所乘的车，车子的门、盖均为薄铜板，绘有流云和几何形彩色花纹。

挤出拥簇的人流，我们驱车往华清池。回望秦俑馆，异常赏心悦目。秦俑的美的雕塑，使人难以忘怀，更有多少艺术的发现和审美的感触。据说，法国前总统希拉克曾光临此地，称赞秦俑为世界第八奇迹[24]；美国前国务卿基辛格则赞叹秦俑的神奇，说是世界上独一无二的。秦陵，固然以秦始皇的“续六世之余烈，振长策而御宇内”[25]的前无古人之功业，与他的天字第一号“暴君”而毁誉不一、引人关注，其秦俑之精美的雕塑艺术，却更使得多少人向往不已，以至在全世界旅游业中似兴起“秦俑热”，而风靡一时。

傍晚，归古长安慈恩寺侧陋室，余兴未消，且整理手记于灯下，为秦俑漫笔作记。

【注释】

① 都穆——明人，《明史·艺文志》载有他《游名山记》六卷。

② 司马迁（约前 145 或前 135—?）——西汉史学家、文学家和思想家。不朽著作《太史公书》，后称《史记》。

③ 徒——被处徒刑的人。后文的“臧”，指奴仆。

④ 椁（guǒ）——棺外的套棺。

⑤ 人鱼——一种鱼名。

⑥ 项羽（前 232—前 202）——名籍，下相（今江苏宿迁西南）

人。秦亡后，自立为“西楚霸王”。

⑦ 郦道元（约470—527）——北魏地理学家，有《水经注》四十卷，是我国古代地理名著。

⑧ 摩肩接踵——肩碰肩，脚碰脚。踵，脚跟。

⑨ 叹为观止——赞美事物好到了极点。

⑩ 六合——指上下和东南西北，泛指天下。

⑪ 百越——公元前222年，秦降百越之君，建会稽郡。许多越族部落，各有君长，称百越。

⑫ 引縢（téng）——绑腿布。原作羸縢。

⑬ 胫缴（jiǎo）——护小腿的布。

⑭ 履、鞮（dī）——均为鞋，后者用兽皮缝合。勾履，可扣结；合鞮，乃兽皮缝合。

⑮《罗丹艺术论》——法国雕塑家罗丹著。

⑯ 络腮——长着连面胡须的下颊。

⑰ 颧（quán）——颧骨。

⑱ 羽箭——箭尾羽使箭射直，故称羽箭。

⑲ 烟尘——烟，烽烟（白日举烟，夜间举火）；尘，沙场尘土。指战争。

⑳ 吴钩——古代吴地所造弯形刀。

㉑ 弩机——兵器。发弩矢器械。

㉒ 镞（zú）——箭头。

㉓ 衔镳（biāo）——马具。衔，在口中；镳，在口外。

㉔ 前此所谓七大奇迹是：埃及的金字塔、巴比伦的空中花园、以弗所的阿苔密斯神殿、奥林匹亚的宙斯像、哈利卡纳苏的摩索拉斯陵墓、地中海罗得岛上的太阳神巨像、亚历山大城的灯塔。

㉕ 贾谊《过秦论》中语。六世指秦孝公、惠文王、武王、昭王、孝文王、庄襄王。烈，功绩。

【阅读价值和意义】

这是一篇情文并茂的参观记。

情来自对祖国文化的热爱，为祖国人民在两千多年前就创造出“世界上独一无二”的奇迹而感到无比骄傲；“情”倾注入笔，挥笔洋洋洒洒直泻下去，文章就飞动起来了。

作者充分发挥了想象，他说“观赏者稍抖动想象之翼羽，似见秦国兵强马壮，横扫六合，北却匈奴，南平百越，海内为一之威武壮景”。但他并未天马行空空想一通，而是有所凭借——那就是眼前所见成群的秦俑。这种与生人等身的俑罕见，数量又多得惊人，塑造得明快逼真，惟妙惟肖，肃整队列，军容凛然，难怪作者一见“心灵为之震颤不已”。它们在作者眼前动起来了，且看：有的肃然劲立，目视前方，辫发短须飘逸着一种昂然意气；有的则凝神沉思，眉宇间蕴藏着智慧和力量；也或是神态自若，面带笑容，寓坦然的必胜信念而临敌；也或是……体态端庄、沉静刚毅、雄姿英发，机警敏捷，而神情各异不胜尽述。作者眼中的跪射俑，“疑似弓弦震颤，一支羽箭嗖然飞向敌营”。作者的笔飞腾了起来，眼前的秦俑动起来了。

写挖掘中“初露头角”的陶俑更为出色。现场使作者“心灵震撼，眼湿肉跳”，这是因为这里“除了古代雕塑大师的杰作之外，还有历史的沉淀和祸事给予的似无意的自然的加工，才使人倍觉其悲壮气氛”。在这里，“艺术美和自然美如此地相映成趣”！

眼前所见的是壮阔雄浑的场面，但只有腾骧恣肆的文笔方足以将它表现出来。

说明文

云冈石窟

黎国荣

云冈石窟位于山西省大同[1]市西北约十六公里处，开凿至今已有一千五百多年历史，是我国最早和最大的石窟群之一。现存洞窟五十三个，窟内有石雕像约五万一千多个，东西连绵约一公里。

云冈石窟开凿于公元五世纪。当时的大同是北魏[2]王朝的都城，将近一百年内，这里曾是我国北方的政治、文化中心。北魏王朝崇尚佛教，选择由细砂岩组成的武周山、石岩山，大规模地开凿了石窟群。石窟内雕刻有佛像、佛龛和绚丽多彩的艺术装饰，素有“山堂水殿，烟寺相望”“雕饰奇伟，冠于一世”之称。充分体现了我国古代劳动人民的智慧与创造才能，也是研究我国古代建筑、雕刻、服饰与音乐等方面的宝贵资料。

解放前，云冈石窟遭受自然侵蚀和人为破坏，特别是帝国主义和反动统治阶级相互勾结，对云冈石窟进行肆意摧残，据不完全统计，被盗窃和破坏的佛像竟达一千四百多个，斧凿遗痕，至今犹在！

解放后，党和政府十分重视文物古迹的保护，云冈石窟被列为全国重点文物保护单位，进行了多次修葺，绿化环境，使古老的艺术宝

选自《祖国名城》（湖南教育出版社 1982 年版）。

库面貌一新。

云冈石窟被两道山麓分成东、中、西三个区，主要洞窟有二十一个。其中第一、二窟位于石窟群东端，布局大致相同，中央雕一方形楼阁式塔柱，直通窟顶；第三窟为云冈最大的洞窟，分前后两室；第五窟中央有一坐佛，高达十七米，为云冈最大的雕像之一，顶部浮雕飞天[3]线条优美，窟前有清顺治[4]八年所建的五间四层木构大楼，琉璃瓦顶，颇为壮观。第六窟规模宏伟，雕刻富丽，技法精炼，是云冈石窟中的代表作；第七窟分前后两室，窟前有三层木构窟檐，窟内菩萨形象优美，浮雕飞天，生动活泼，飞舞盘翔；第十三窟有高近十三米的交脚弥勒[5]佛坐像；第十五窟有万余小坐佛像，故名万佛洞；第十九窟亦有一巨佛坐像，为云冈最大佛像之一。此外，还有许多浮雕故事，如第一窟的本生故事[6]、第六窟的释迦牟尼[7]从诞生到成佛的故事等。

【注释】

① 大同——在山西省北部。北魏天兴初曾建都于此，太和中迁都洛阳。

② 北魏——朝代名。鲜卑领袖拓跋珪于 386 年重建代国，称王，旋改国号为“魏”，史称“北魏”，也叫“后魏”“拓跋魏”“元魏”。534 年，分裂为东魏、西魏。

③ 飞天——佛教壁画或石刻中飞舞空中之神，梵语提婆，意译为天。

④ 顺治——清世祖的年号。顺治八年为 1651 年。

⑤ 弥勒——佛教菩萨之一。中国汉族地区佛寺山门所供奉大肚弥勒，是五代僧人布袋和尚的造像。

⑥ 本生故事——释迦牟尼世中行菩萨道，利生受苦的故事。

⑦ 释迦牟尼——佛教创始人。姓乔答摩，名悉达多，释迦族人。后佛教徒尊称为释迦牟尼，意思是“释迦族的圣人”。

【阅读价值和意义】

北魏郦道元在《水经注·瀔水》中描绘了当时“凿石开山，因岩结构，真容巨壮，世法所希。山堂水殿，烟寺相望”的壮观景象。云冈石窟气象雄伟，内容丰富多彩，若多介绍，可写成一本书。因此介绍说明得简明扼要，下笔就颇费斟酌。本文开头作总的介绍；再说明历史价值和艺术价值；写解放前后，作对比；最后将主要洞窟分别介绍说明。层次分明，内容充实，说得简要不烦，全文仅几百字。这是一篇关于云冈石窟的简要明白的说明文，可作旅游说明书看。

散文诗

吸引心灵的石头

徐刚

我们的心被一些石头吸引了。

何止是我们呢？就连曹雪芹这样的一代文豪，也是以一块“通灵宝玉”为《红楼梦》的基石的。

我们兴冲冲地从张家口赶往大同。

云冈石窟位于大同西郊武周山北崖，石窟依山开凿，东西绵延一公里，有五十三洞，五万一千多造像，可谓今古奇观。

石雕的设计宗旨或许就是寻找顽石的美吧？

花是美的，叶是美的，海水是美的，云彩是美的，这一切大概是不会有争论的了。那么，顽石又哪来的美呢？

矗立于群山之间，这蔚为大观便是一种美。

借助着天光之影，这自然环境便是一种美。

久经风雨而不衰，这坚固久远便是一种美。

罗丹的《思想者》[①]假如不以顽石为料，没有嶙峋峰岩的余迹，又岂能使人感受到思想者的艰难与伟大？

选自《艺术世界》1986年第5期。

但，这些石窟所给我们的启示是更为丰富的——它们是和佛教联系在一起的——或者可以说，在云冈石窟中，宗教和艺术是相映生辉的。

这多少也说明了作为文化的宗教，在起源、传播之初是何等的艰难。

那些传播者必须是经过艰难得多的努力，宣传佛门的慈悲、可爱。于是，他们选择了这些顽石，他们最终希望的是：这些石头——当然是雕刻后的石头，能吸引更多的人走向佛门。

那一位北魏和平年间的和尚昙曜[②]，是很懂得艺术的力量的。

艺术的力量主要是借助于形象——从文学到雕刻无一能例外。

我看这些佛像时，一个突出的感觉是：它们和蔼可亲。

在人的心灵里，可亲与可恨是最为泾渭分明的。

它使我忘记了石头的冰冷。

这是由石头组成的一个理想国，一个桃花源[③]，一个没有污染、没有噪音、没有野兽的世界。这个世界，是虚幻的，或者说终究是个神话世界，但，它却也或多或少地反映了那些善良人们的一点善良的愿望。

艺术，这是何等巨大而又艰险的艺术。

没有任何史料记载这石窟的开掘、雕刻之初的壮举、盛况。

那些匠人们是从山顶上用绳子吊下来的吗？或者是站在山脚下搭起的高高的脚手架上的吗？无论是前者还是后者，都足以叫人惊心动魄的了。

肯定是一斧一凿雕出的。

肯定是成年累月地苦心经营成的。

他们是多少个罗丹。

他们没有留下名字。

对于我这个无神论者来说，这些石像本身与其说是闪烁着佛教的光彩，还不如说是那些能工巧匠的丰碑更恰当些。

石雕的艺术更不是粗糙的艺术。

那面貌的圆润，肌肉的丰满，花冠的精细，衣纹的疏畅，使人叹为观止。

那普望众生的眸子，仿佛真有灵气吐露出来。

枝叶繁茂的菩提树下，两佛相对而坐。

飞天的浮雕，是会使人飘飘欲仙的。

此时此刻，佛门的教义——就连唐三藏[④]取得的真经都无足轻重了——人们光是因为这艺术的石头，便足以陶醉其中了。

相信艺术吧。

爱护艺术吧。

创造艺术吧。

感情与想象把石头熔化了，使石头变形了。

当匠人们从感情的烈火中，凝视这些石头时，石头便开始经受了“火”的冶炼。

想象使它有了各种形态。

感情和想象汇聚于斧凿之端时，石头便有了生命，有了艺术的生命。

云冈石窟的美，说到底还是感情和想象的美。

也有很高的石像剥落了。

可见，任何一类艺术，其生命力总是无法达到万古不朽的。

也正因为如此，才能出现后来的探索者、创造者、思想者，才能出现新的艺术。

后人曾企图挽救过这些剥落的雕像——或添手加足，或涂上油彩，也有换上了更接近现人的黑眼珠的，但，这样的挽救却使这些雕像失态了——不三不四，不伦不类，不像佛门子弟了。

艺术，是真诚而又执拗的。

云冈石窟，这是山野中的艺术的宝库。

我去时，已值秋深时节，夏天里的青枝绿叶都已纷纷凋零了，有几片落叶甚至被卷到了石窟的洞口。

但，石窟是岿然屹立的。

它已经历了无数个变换的季节；它骄傲地面对着春天，也面对着冬天。

它是以大山和旷野为基石的。

它是坚固的艺术！

【注释】

①《思想者》——法国大雕塑家罗丹（1840—1917）的著名作品之一。罗丹雕刻《地狱之门》，欲雕 186 个各式人物，但最后未完成。《思想者》是他雕成的作品，处于门中央的上部。

② 昙曜——昙曜原来在凉州修习禅业，后到平城，请于平城西武周山开凿石窟，镌建佛像，遗迹即今云冈石窟。

③ 希腊哲学家柏拉图有《理想国》一书，东晋大诗人陶渊明有《桃花源记》一书，二名称由此而来。

④ 唐三藏——即玄奘（602 或 600—664）。“三藏”是佛教经典的总称，分为“经”“律”“论”三个部分。通晓“三藏”的僧人，被尊称为“三藏法师”。

【阅读价值和意义】

本篇是用另一手法写云冈石窟的。作者赞美它、歌颂它，写成了云冈石窟赞美诗。

诗中写道：“感情和想象汇聚于斧凿之端时，石头便有了生命，有了艺术的生命。云冈石窟的美，说到底还是感情和想象的美。”石头有了生命，有了艺术的生命，就成了“吸引心灵的石头”。我们一旦与它们见面，一下子，“我们的心被一些石头吸引了”——这是全文第一句，劈空而来，扣人心弦，豁人耳目。

诚然，艺术美、山川美等很吸引人，我们观赏时，往往如行山阴道上，感到美景应接不暇；但是欣赏者之所以沉湎其中，也往往带着自己丰富的感情与想象。作者带着丰富的感情充分发挥自己的想象，就会产生出美好的作品来。诗人的妙笔能赋予自然以生命，试看：“青山欲共高人语”（辛弃疾《菩萨蛮》），青山要说话了；“两山排闼送青来”（王安石诗句），两座山“砰”的把你的大门推开了；“相看两不厌，只有敬亭山”（李白诗句），不仅诗人看山，山还看诗人呢！如此等等，文学上可以信手拈来许多。

再说石头，也可举一些。如“生公说法，顽石点头”，东晋高僧竺道生宣扬佛法，说得那么引人入胜，使得顽石也连连点头了。更如那无材可补天的顽石，混迹红尘多年后，不是留下了一惊天动地的《石头记》吗？现在我们的诗人面对这一群“石头”，深沉的感情油然而生，丰富的想象在这云冈石窟赞美诗中驰骋奔腾。

序言

发展城市雕塑，建设精神文明

钱海源

历史上各个时代、各个民族、各个国家的著名城市的宫殿房舍、园林胜地，以及陵墓等建筑，大多具有一些不同艺术风格的雕刻杰作。像埃及金字塔前的史芬克斯雕像①，我国汉代霍去病②墓的石雕马踏匈奴，南京郊外南朝③的石狮，希腊雅典④卫城巴底隆神殿的《命运三女神》雕像，古罗马⑤环绕奥林匹克运动场的、气派非凡而巨大的石雕和铜像，意大利著名雕塑家贝尼尼⑥创作的、屹立在梵蒂冈圣彼得大教堂广场列柱顶上的162座3米高的圣徒石雕，巴黎歌剧院正门的卡尔波⑦的名作《舞蹈》，以及凯旋门上吕德⑧的杰作《马赛曲》，美国纽约长岛上的《自由神》⑨，丹麦哥本哈根的《美人鱼》等，都成为一个时代、一代文化、一个国家或者一个城市的象征。它们潜移默化地、长效应地向人民群众进行审美教育。这种教育作用，如同建筑物一样，既具有永久性，又带有一定的强制性特点。历代统治者都深深懂得这个道理，因此，在生产力低下的古代，统治者可以耗费巨资，花几代人的精力去开凿一座石窟，有些巨大的雕刻工程由

节选自《美术之友》1984年第2期。

皇帝亲自主管，工程可以延续几十年甚至上百年，其目的无非是要利用雕塑艺术来为宣扬自己的威严神圣或者宣传宗教意识服务，借以收到巩固统治的效果。雕塑艺术的这种巨大的社会功能，也为历史上进步的贤明人士和领袖人物所认识。所以，在十月革命胜利后的 1918 年春，列宁就亲自签署了发展城市雕塑的纪念碑宣传法令。据说，从那时至今的 60 多年中，在苏联各地兴建了各种类型的室外雕塑超过万座，产生了像列宁格勒和斯大林格勒保卫战那样的高达 100 多米的纪念碑雕塑作品。在波兰，从 1944 年至 1971 年的 27 年之中，在各地兴建的小型纪念碑雕像近 5 000 座，大型建筑雕塑综合体 60 多座。朝鲜在解放后 35 年中所建立起来的纪念性和装饰性雕塑，不但比我国同时期所建立的多，而且规模宏大，单是万景台，就有百余人物的巨大铜像，首都平壤的千里马铜像，已成为朝鲜社会主义建设一日千里的象征。

具有优秀雕塑传统的中国，在近百年来，雕塑艺术却走着一条衰落之路。因为历代大型雕塑完全依存于封建皇权和神权。近些年来在反封建反神权砸烂庙宇菩萨的过程中，自然也就同时将雕塑家的饭碗砸掉了。在这境况之中，刘开渠[10]等几位新文化的勇士，改弦易辙，远渡重洋去西方学习西洋雕塑技艺，要把西方的雕塑艺术移植到中国来，但始终没有得到应有的重视，所以雕塑艺术一直处于不景气的状态。

全国解放后，由于党和国家的重视，雕塑艺术开始有了苏醒的迹象，在毛主席和周总理的关怀下，兴建了北京天安门广场人民英雄纪念碑，50 年代和 60 年代初期，先后产生了像广州的《五羊像》[11]和《孙中山纪念像》，北京农展馆雕塑等一些优秀的城市雕塑作品。但是，由于“左”的思想干扰，我国城市雕塑发展的速度是缓慢的。

三中全会以后，我们迎来了城市园林雕塑发展的春天，在短短的几年中，产生了《南京雨花台烈士纪念碑》《广州解放纪念像》、广东特区珠海市的《珠海渔女》、重庆的《渣滓洞白公馆烈士纪念碑》、四川眉山的《苏东坡像》、北京大学的《蔡元培》和《李大钊》铜像、杭州孤山的《秋瑾烈士纪念碑》等受到人们喜爱和好评的优秀作品。城市雕塑发展的前景，确实令人鼓舞。……这是我们在发展城市园林雕塑中要十分注意的一个具有方向性的问题。在数千年的中国历史上，产生了无数伟大的政治家、杰出的军事家、著名的科学家、文学家和艺术家；近百年来，特别是在中国共产党领导的中国人民所经历的艰苦卓绝的革命历程中，曾经涌现出了成千上万的可歌可泣的先烈和他们壮美的业绩，我们应当运用城市雕塑来为他们树碑立传，让人们永远牢记光辉的历史，学习和继承先辈们的爱国主义精神和为人民利益而英勇献身的崇高的共产主义思想品质，激发和振奋人民群众为开创中国式的社会主义，实现四个现代化而奋斗的精神。与此同时，还要随着一些大型公共建筑，如体育活动中心、科技中心、文化娱乐中心、新火车站、风景区和公园以及街头的绿化，发展那些能够装点美化环境、陶冶人们性情的题材丰富、形式多样、生动活泼的中小型园林雕塑，以满足人们多种的审美要求。因此，我们完全可以预言，在不久的将来，在社会主义中国的土地上，城市雕塑将会以其前所未有的巨大规模、崭新的内容和完美的艺术形式，出现在世界人民面前。

【注释】

① 史芬克斯雕像——即狮身人面像。

② 霍去病（前 140—前 117）——西汉名将。河南平阳（今山西临汾西南）人。官至骠骑将军，封冠军侯。大败匈奴有功，汉武帝为他建造府第，他拒绝说："匈奴不灭，无以家为。"霍去病墓在今陕西兴平茂陵东，墓饰有马踏匈奴、跃马、石人等十余件，石刻生动逼真。

③ 南朝——南北朝时南方宋、齐、梁、陈四朝的总称。420 年刘裕建宋，至 589 年，隋灭陈。

④ 雅典——古希腊奴隶制城邦。卫城于公元前 484 年开始建，由四种建筑组成，最重要之一即建于卫城最高处的巴底隆神殿，供奉雅典城的保护神雅典娜。

⑤ 罗马——古意大利一城邦，后发展成为地中海地区的奴隶制

大国。罗马的奥林匹克运动场是一座借助雕塑来动员、号召和颂扬体育运动和健与美的运动场。林立运动场四周的，是六十多个三米多高的白色大理石运动员的雕像。

⑥ 贝尼尼（1598—1680）——意大利画家、雕塑家兼建筑家。

⑦ 卡尔波（1827—1875）——法国雕塑家。代表作为《舞蹈》《花神》。

⑧ 吕德（1784—1855）——法国雕塑家。著名的巴黎凯旋门上《马赛曲》石雕的作者。

⑨《自由神》——作者是法国雕塑家巴托尔蒂（1834—1904）。铜像本身高 46 米。1886 年在美国举行揭幕仪式。

⑩ 刘开渠——我国当代著名雕塑家。

⑪ 相传五仙人乘五色羊，持六穗秬至今广州市之地。故广州称“五羊城”，亦简称“穗”。

【阅读价值和意义】

作者编著了《中外城市园林雕塑图选》一书，书中收集了西欧、东欧、亚洲、非洲、南北美洲一些国家的古代和现代，以及中国古代和 1949 年后 30 多年来所产生的纪念碑雕塑作品多件。《发展城市雕塑，建设精神文明》一文就是对此书的简介，我们节选它，为的是让读者今后能打开一个艺术欣赏的新领域——城市雕塑。

文中在介绍了一些中外城市雕塑名作之后，接着说，这些伟大作品“都成为一个时代、一代文化、一个国家或者一个城市的象征。它们潜移默化地、长效应地向人民群众进行审美教育。这种教育作用，如同建筑物一样，既具有永久性，又带有一定的强制性特点”。这话是很有道理的。我们祖国辽阔广大，无处不有名胜古迹。这好像是一部内容丰富生动的、形象的中国历史教科书，平铺在祖国美丽的大地山河上。它们永远哺育人民，教育人民，增强我们的民族自豪感。我们登上雄壮的古长城，壮志豪情就会油然而生，为我们祖先的伟大业绩而惊叹，而自豪；登临黄鹤楼，不由得想起崔颢、李白，原来那才气横溢的李太白竟也那么谦逊，不敢题诗；岳阳楼喊出范仲淹的千古名句，教育人们要“先天下之忧而忧，后天下之乐而乐”；在岳飞像前，你能不壮怀激烈，正气填膺?！……

著名雕塑家刘开渠说：“人们常说，‘画龙点睛’，在城市和风景区建立雕塑品，就是使这些地方有动人心魄的焦点，让游览者永不忘怀。”如果我们去四川眉山，一定会访问“苏东坡故居”，而故居中起点睛作用的，就是这座城市雕塑——《苏东坡像》。

序言

米开朗基罗

孙法理

米开朗基罗是人类历史上罕见的艺术大师之一。他从十三岁起作艺徒，十五岁开始艺术创作，直到九十岁的高龄仍然孜孜不倦地工作。他的艺术生涯前后长达七十七年之久，是他的同时代的艺术大师拉斐尔[①]的三十七岁的生命的两倍。他是伟大的雕刻家、画家、建筑家，而且还是个诗人。他的雕刻、绘画和建筑作品至今仍然是人类历史上珍贵的艺术瑰宝。

不过，米开朗基罗在他的整个艺术生涯中所遭受的磨难也恐怕是艺术史上所罕见的。在他的生活中充满了巨大的挫折和严重的干扰，但他永远顽强地、一丝不苟地进行着艺术创作。他的确有屈原的“亦余心之所善兮，虽九死其犹未悔”[②]的精神。为了艺术，他放弃了家庭生活，放弃了唾手可得的富贵尊荣。他藐视财富，藐视权贵，藐视一切的打击、诬蔑和诽谤。在他的一生中，可以说除了沥血呕心的艺术创造之外，剩下的差不多便只是磨难了。

斯通的这本书所探索的正是这个艺术巨匠的“苦痛与狂欢”[③]——他的时代和社会带给他的种种苦痛和他的艺术创作所带给

节选自《米开朗基罗》（重庆出版社1983年版）。

他的狂欢。

但是米开朗基罗并非是一个艺术至上主义者。在他的艺术创作生涯中贯串着一根主线——他的人文主义思想的形成和发展。

统治欧洲中世纪一千余年的宗教思想总是强调人是渺小的、卑微的，人是带着“原罪”[④]到世上来的。这是一道紧箍咒，天主教教会利用这道紧箍咒来控制人们，要他们俯首帖耳，听任教会摆布。米开朗基罗用他的作品冲击着这样的观点，驳斥着这样的观点。

米开朗基罗在构思他的巨作《大卫》[⑤]的时候，决心要让大卫成为阿波罗[⑥]，但是还要超过他；要他成为海丘力士[⑦]，但是还要超过他；要他成为亚当[⑧]，但是也要超过他。因为他心目中的大卫是最高的青春美的形象，是最英勇的战斗者的形象，同时也是上帝的创造物的形象（米开朗基罗的上帝是真、善、美的象征）。他的大卫丝毫也不渺小，不丑恶，不卑微，他美，他创造，他前进。

米开朗基罗很佩服古希腊雕像艺术形式的完美，但是他并不完全满意，认为那些形象缺少思想和灵魂。他佩服意大利艺术家的雕刻和绘画的艺术魅力，但是他也不完全满意，他敏锐地觉察到这些雕刻和绘画所表现的思想的平庸或空虚。他憧憬的是刻画出人的全部的美、全部的伟大和人的光明的未来。贯串他的全部艺术创作的基本思想是对人的价值的重新认识。正如米开朗基罗所体验到的，人文主义的精髓是：把世界归还给人，把人归还给他自己。

【注释】

① 拉斐尔（1483—1520）——意大利文艺复兴时期著名画家、建筑师。仅活 37 岁。米开朗基罗（1475—1564），是个高寿的艺术家。

② 两句见伟大诗人屈原的《离骚》。

③ 斯通写了一部关于米开朗基罗的传记小说，书名《苦痛与狂欢》，孙法理译，中译本改书名为《米开朗基罗》。伊尔文·斯通，美国当代著名传记文学家，1903 年生于美国旧金山。《苦痛与狂欢》1961 年在美国出版。

④“原罪”——基督教的一种教义。称人类始祖亚当和夏娃因

违背上帝命令，偷吃禁果而犯下的罪，世世代代传给子孙，故称“原罪”。

⑤《大卫》——见本篇所附录选文。

⑥ 阿波罗——希腊神话中的太阳神，主神宙斯的儿子。

⑦ 海丘力士——亦译赫拉克勒斯。希腊神话中神勇无敌的大英雄。

⑧ 亚当——基督教《圣经》中所说的人类的始祖。

【阅读价值和意义】

孙法理为他自己翻译的《米开朗基罗》一书写了一篇译序，其中有一小部分，大约 1 000 字，对米开朗基罗其人作了介绍。文章要言不烦，但多少把这位罕见的艺术大师的精神风貌、艺术成就刻画出来了。

文章前一半讲大师的生活和高尚品格。他一生磨难，但始终艰苦卓绝地英勇奋斗，孜孜不倦地进行艺术创作，其中充满了他的“苦痛与狂欢”。后一半讲大师的艺术成就和思想，最后点出“贯串他的全部艺术创作的基本思想是对人的价值的重新认识”。说得多么清楚明白。

最后两段写得很精彩。一是大师构思巨作《大卫》：决心要让大卫成为阿波罗，但是还要超过他；要他成为海丘力士，但是还要超过他；要他成为亚当，但是也要超过他。这三个“超过他”，可见大师后来创造出来的大卫的形象何等高大。再就是，大师认为古希腊雕像艺术形式虽完美，但那些形象缺少思想和灵魂；意大利艺术家的作品虽富于魅力，但表现的思想不是平庸就是空虚。概括出来的这种见解真是一针见血，入木三分！

这篇选文内容精辟，深入浅出；之所以能做到这一点，首先是作者知之深的缘故。

为使读者对米开朗基罗的雕塑艺术有比较具体、形象的认识，下面附录两篇介绍作品的短文。

《大卫》

《大卫》像是米开朗基罗二十九岁时的成名之作。大卫本是一个少年，但他却表现成一个巨人，他并不忠实表现大卫的客观真实，正因为这一点，就成全了他的艺术气质，开创了他一生的艺术格调。当时意大利正面临民族存亡的时候，凡是有正义感的艺术家，他们都不会无动于衷，他更不会单纯表现一个神话中的少年大卫。作者借题发挥要表现的是一个能够统一和强大自己国家的民族英雄，表现一个悲愤时势抵御外侮的自由独立的佛罗伦萨的市民，以此来表达意大利人民的共同意愿。

米开朗基罗的《大卫》像在佛罗伦萨一共有三个。《大卫》原作本来是竖立在贵族广场上的，后来意大利政府把原作搬到学院画廊的圆厅中央加以保护，然后另以大理石仿一座竖立原地以此代替。铸铜的《大卫》像则放在城外山岗上，命名为米开朗基罗广场，广场辽阔，风景秀丽，可俯瞰全城。庞大的圣玛利亚教堂，乔托塔和佛契奥宫，都一一在目。《大卫》像兀立于广场中央，可以说是全市的最高点，基座的四个角，安放着《昼》《夜》《暮》《晨》四个铜像，组成了一座米开朗基罗本人生前未曾想过的纪念碑。现在这个广场已成为旅游胜地，每天都热闹非凡，充满了节日气氛。

《昼》《暮》《夜》《晨》

《昼》《暮》《夜》《晨》石雕原作都放在美第

奇礼拜堂内的朱理亚诺和罗伦索的石棺上，一边是《夜》与《昼》，一边是《晨》与《暮》。《昼》与《暮》是男裸体，《晨》与《夜》是女裸体，不管男的或是女的都像巨人一样躺着，与其说是哀悼死者，不如说巨人在痛苦、绝望、愤怒、沉睡，它们寄托着作者对现实的态度。据说作者有一首诗，是为《夜》这雕像而作的：“睡眠是甜蜜的，成为顽石更是幸福，只要世上还有罪恶与耻辱的时候，不见不闻，无知无觉，于我是最大的欢乐，不要惊醒我，啊！讲得轻些吧。”1529年西班牙王曾带领着被他征服的罗马教皇联合进攻佛罗伦萨，米开朗基罗曾直接参加保卫佛罗伦萨共和国的战斗，并被任命为该城的防城卫戍总督，领导人民反抗侵略者，次年城被攻陷后，教皇强迫他继续承担建筑装饰美第奇教堂克雷门提七世的坟墓工程，才能免罪。这组像就是在亡国的悲痛、失望、屈辱的情绪下完成的，因而这组像反映了被蹂躏的意大利像沉睡的巨人，巨人每块肌肉都反映了失望、忧郁、痛苦和愤怒。

（选自《雕林漫步》，两文作者潘鹤）

语录

遗嘱

[法] 罗丹

青年们，想做“美”的歌颂者的青年们，在这里你们找到一个长期经验的撮要，这也许对于你们是高兴的事。

生在你们以前的大师，你们要虔诚地爱他们。

在菲狄亚斯[①]和米开朗基罗的面前，你们要躬身致敬。崇仰前者神明的静穆和后者犷放的忧思吧。对于高贵的人，崇仰是一种醇酒。

可是要小心，不要模仿你们的前辈。尊重传统，把传统所包含永远富有生命力的东西区别出来——对“自然”的爱好和真挚，这是天才作家的两种强烈的渴望。他们都崇拜自然，从没有说过谎。所以传统把钥匙交给你们，而靠了这把钥匙，你们会躲开陈旧的因袭。也就是传统本身，告诫你们要不断地探求真实，和阻止你们盲从任何一位大师。

但愿“自然”成为你们唯一的女神。

选自《罗丹艺术论》（人民美术出版社 1978 年版）。

对于自然，你们要绝对信仰。你们要确信，“自然”是永远不会丑恶的；要一心一意地忠于自然。

在艺术家看来，一切都是美的，因为在任何人与任何事物上，他锐利的眼光能够发现“性格”，换句话说，能够发现在外形下透露出的内在真理；而这个真理就是美的本身。虔诚地研究罢：你们不会找不着美的，因为你们将要遇见真理。奋发地工作罢。

诸位雕塑家，你们心里要加强领会深度的意义。心灵是不易和这个概念融洽起来的，这个概念明显地表现的，无非是些平面；从厚度来想象形体，这件事会使心灵感到困难，但这正是你们的任务。

首先，要明确地安排你们要雕刻的形象的大的“面”，要鲜明地强调你对人体每个部分，头、两肩、盘骨、腿所支配的方向。艺术要有决断。由于线条的显然的来龙去脉，你们才能够深入空间而获得物体的深度。当你们把面处理好以后，一切也就找着了；你们的雕像已经有了生命——其他细节自己会来，而且自会安排。

塑造的时候，千万不要在平面上，而是要在起伏上思考。

希望你们领悟到，所有面积，好像是正在它后边推动的体积的最外露的一面。你们要设想形象正迎着你们，向你们突出。一切生命皆从一个中心上迸生出来，然后由内到外，滋长发芽，灿烂开花。同样，在美好的雕刻中，人们常常猜得出是有一种强烈的内在冲动。这就是古代艺术的秘密。

而你们，画家们，也要从深度上去观察现实。譬如说，你们瞧拉斐尔的一幅肖像画吧。当这位大师表现一个人物的正面像的时候，他使胸部斜侧，因此给我们深度的幻觉。

一切大画家都是探测空间的，他们的力量就在这一厚度的概念中。

你们要记住这句话：没有线，只有体积。当你们勾描的时候，千万不要只着眼于轮廓，而要注意形体的起伏。是起伏在支配轮廓。

你们要毫不松懈地锻炼，必须专心致志。

艺术就是感情。如果没有体积、比例、色彩的学问，没有灵敏的手，最强烈的感情也是瘫痪的。最伟大的诗人，如果他在国外，不通其语言，他能做什么呢？不幸在新一代的艺术家里面，有不少拒绝学习怎样说话的诗人，所以他们只能含糊其词了。

要有耐心！不要依靠灵感。灵感是不存在的。艺术家的优良品质，无非是智慧、专心、真挚、意志。像诚实的工人一样完成你们的工作吧。

你们要真实，青年们；但这并不是说，要平板地精确。世间有一种低级的精确，那就是照相和翻模的精确。有了内在的真理，才开始有艺术。希望你们用所有的形体、所有的颜色来表达种种情感吧。

只满足于形似到乱真，拘泥于无足道的细节表现的画家，将永远不能成为大师。要是参观过意大利境内的墓地的话，无疑地你们会注意到那些负责装饰墓地的艺术家，多么幼稚地，在他们的雕像上，专以模仿刺绣、花边、发辫为能事。也许这些做得精确，但既然不是出于自己的心灵，也就不会真实。

几乎我们所有的雕塑家，都使人联想起意大利墓地的雕塑。在我们公共广场的雕像上，所能识别的只是些衣服、桌子、椅子、机器、氢气球、电报机，没有一点内在的真理，也就没有一点艺术。你们要厌恶这些旧货铺里的东西。

你们要有非常深刻的、粗犷的真情，千万不要迟疑，把亲自感觉到的表达出来，即使和存在着的思想是相反的。也许最初你们不被人了解，但你们的孤寂是暂时的，许多朋友不久会走向你们——因为对一人非常真实的东西，对众人也非常真实。

可是不要扮鬼脸、做怪样来吸引群众。要朴素、率真!

最美的题材摆在你们面前:那就是你们最熟悉的人物。

不幸早逝的我的亲爱的、伟大的欧仁·加利哀[②],就是以画他的妻子和他的子女而显示出他的天才的。歌颂母爱,足以使他崇高。所谓大师,就是这样的人:他们用自己的眼睛去看别人见过的东西,在别人司空见惯[③]的东西上能够发现出美来。

拙劣的艺术家永远戴别人的眼镜。

要点是感动,是爱,是希望、战栗、生活。在做艺术家之前,先要做一个人!巴斯加尔[④]说过,真正的雄辩是看不出雄辩的;同样,真正的艺术是忽视艺术的。这里,我再举加利哀为例:在每次展览会里,大部分的画幅不过是画而已;至于他的画幅,在别人的作品之中,好像开向生命的窗子!

你们要欢迎正确的批评,这是你们容易识别的。当你们被围在疑难之中,使你们不再犹豫的就是这些批评。可是不要被自己的良心不能接受的批评伤害了你们。

不要怕不公平的批评,这种批评会激起你们的朋友的反感,会逼得他们在对于你们的同情上加以思考;而当他们明白并觑破这些批评的动机以后,他们对你们的同情更会明显地表露出来。

如果你们的才艺是新颖的,那么最初志同道合的只能很少,而敌人很多。但你们不要失望,前者将会得到胜利,因为他们知道为什么爱你们;而你们的敌人不知道为什么你们使他们讨厌。前者热爱真理,时时替真理吸收新的信仰者;后者对于自己的谬见,不会有经久的热诚。前者坚忍不拔,后者随风而转。真理的胜利是决然的。

你们不要浪费时间,在交际场中或政治圈里去拉关系。你们会看到许多同行,钩心斗角,谋求富贵——这些不是真正的艺术家;可是其中不乏聪明的人。如果在他们的地盘上打算和他们争名逐利,你们将和他们同样浪费时间,就是说耗尽你们的一生——那就再不剩一分钟的时间给你们去做一个艺术家了。

你们要热爱你们的使命——没有比这个使命更美好的了。它比世俗所想的高尚得多。

艺术家留下伟大的榜样。

他尊重自己的事业：他最珍贵的酬报是做好工作的喜悦。现在，唉！有人劝工人——为了他们的祸患——去憎恨自己的工作，破坏自己的工作。当一切人都有艺术家的灵魂，就是说人人都快乐地从事他们的职业，那时候，世界才会幸福。

艺术又是一门学会真诚的功课。

真正的艺术家总是冒着危险去推倒一切既存的偏见，而表现他自己所想到的东西。

因此他教同道们要率直坦白。

试想多么神奇的进步立刻就能够实现，如果人类都是绝对爱好真理的话！

啊！我们的社会将要多么快地把过去存在的错误与丑恶除掉，而且我们的世界将会何等迅速地变成乐园！

【注释】

① 菲狄亚斯（约前490—约前430）——古希腊雕塑家。雕刻作风是崇高而恬静，手法纯熟而自然，把古希腊雕塑艺术送上了最崇高、最充实、最典型的高度。文中罗丹说他“神明的静穆”。

② 欧仁·加利哀（1849—1905）——法国画家。

③ 司空见惯——指事物常见，不足为奇。唐代诗人刘禹锡在李绅席上作诗：“高髻云鬟宫样妆，春风一曲杜韦娘。司空见惯浑闲事，断尽苏州刺史肠。”司空，指李绅；苏州刺史，刘自称。

④ 巴斯加尔（1623—1662）——法国著名数学家、哲学家。

【阅读价值和意义】

法国雕塑家罗丹（1840—1917），是近代最负盛名的艺术大师。早在 20 世纪 30 年代初期，我国就出现了罗丹的《美术论》译本。此书是经罗丹口述、葛赛尔记录而成。书成于罗丹晚年，比较简要而集中地反映了大师的艺术思想。1978 年，人民美术出版社出版了沈琪根据法文重译的新译本，书名改为《罗丹艺术论》。

这篇题为《遗嘱》的文章就印在《罗丹艺术论》的前面。我们如若要较快地了解一下罗丹的艺术思想，此文是很有用的。

《遗嘱》全文大致可分以下层次：

> 要虔诚地爱过去的大师；但不要盲从任何一位大师。
>
> 要忠于自然；深入探索和发现一切事物的内在真理，这真理就是美的本身。
>
> 艺术家要加强自身心灵领会的深度。从事创作则要先把“面”处理好；但不能停留在平面上。要从深度上去观察现实，探测空间。
>
> 艺术是感情，但无技艺感情不能表达出来。要刻苦有耐心；不期望并依靠所谓灵感；要专心致志。
>
> 不只求平板的精确；不徒求形似到乱真；不做鬼脸吸引群众。
>
> 做一个艺术家，先要做人。
>
> 要欢迎正确的批评；热爱真理终将获得朋友。
>
> 艺术家要有使命感；要尊重自己的事业；艺术是一门学会真诚的功课。

此《遗嘱》写成一段一段的，合则成整体，分则成独立个体。并非“如七宝楼台”“拆碎下来，不成片段”。因此它的一句句可当作艺术、为人的格言来读或引用。

当然，我们若要较多地了解罗丹的人格与艺术思想，这篇《遗嘱》是远远不够的，还得仔细去读一读《罗丹艺术论》。比如，《遗嘱》第3段说到菲狄亚斯“神明的静穆”、米开朗基罗“犷放的忧思”，如果我们进一步读了《罗丹艺术论》的第十章《菲狄亚斯和米开朗基罗》，我们才真正了解以上的字眼写得实在好。

《遗嘱》几乎字字闪耀着智慧的光芒！

就写作言，此篇是语录体文章。过去有许多有名的语录体文章和书，观此文可见一斑。最典范的语录体书是孔子弟子及其再传弟子关于孔子言行记录的《论语》。

读写双效
提升

《一道测试题》读写双效提升

一道测试题

刘燕敏

前不久，美国一家网站贴出这么一道测试题：

假如你明天就要离开这个世界，请问：

1. 你打算给你儿子留下一句什么样的忠告？

2. 在最后一天，你最想做的一件事情是什么？

3. 你想带一件什么东西离去？

该网站说，1902 年，弗洛伊德为了寻找人们最本质的向往，设计了这道题。今天正好是一百周年，我们受海伦·凯勒慈善基金会的委托，把它重新公布于众。假若您有兴趣对此作出回答，并留下信箱，您将会收到一件意想不到的礼物。

在网上我没有回答测试题的习惯，也不喜欢读来自这个虚拟世界的访客留言，更不需要什么礼物。然而当我看到海伦·凯勒这个名字时，我还是在这道测试题面前停了下来。我想，也许我的点击就是一次慈善行为，因为我知道，在互联网上，有许多网站，你给它一次点击，广告商就

本文发表于《语文报·中考版》第 102 期。

会多付它一分钱。

我打开测试题，发现已有 14 358 名访客来过这儿。为表达对这位世界上最伟大的盲人的敬意，我规规矩矩按要求作了如下回答：

你留给儿子的忠告：做你喜欢做的事。

你最后想做的一件事情：全家所有的人，坐在草地或花园里边野餐边唱歌。

你想带走的一件东西：没有。

最后我填上自己的“伊妹儿”信箱，发了出去。

我的点击是否可以给海伦·凯勒慈善基金会多带来一份收入，不得而知。但是，当我回答完这三个问题后，我心里突然有一种庄严的紧迫感。是的，假如我明天就要死了，我现在会怎样呢？我还会为追求生命之外的东西，而不顾生命本身吗？我还会只顾使用和透支生命，而不知品味和享受生命吗？我还会认为，一个人的身份和价值，取决于他赚钱多少吗？我还会对孩子犯的一个小小的错误喋喋不休吗？我还会对是工作还是辞职犹豫不决吗？

正当我陷入这种沉思时，儿子敲门了。他放学回来了，我迅速起身，帮他打开房门，并摸了一下他的脸蛋，儿子用异样的眼光看着我，问我怎么了。我没有回答，因为当时我的心被那道测试题洗得像雨后的天空一样净。

前不久，我在整理我的“伊妹儿”信箱时，发现里面有一份贺卡。打开之后，一段彩色的文字出现在屏幕上：亲爱的朋友！对这个测试不在于你作出怎样的回答，而在于你是否能用它时时提醒自己。

《熟悉的地方没有风景》

说清来龙去脉

同学们对数学、外语、语文等学科的测试题可谓熟悉极了，然而，这《一道测试题》文中的测试题大概没有人碰到过，它太奇特了，令人难以想象。

为了得到读者的认同，在心中引起共鸣，作者用娓娓道来的笔调，把这道测试题的来龙去脉说得一清二楚。先交代这道题是在美国一家网站上贴出的，由弗洛伊德设计于 1902 年。弗洛伊德是奥地利心理学家，他把人的心理分为意识和潜意识两个对立部分。他为了寻找人们最本质的向往，设计了这道题。这是事情的缘起。为什么现在要贴出这道题？那是因为这道题的提出正好 100 周年，受海伦·凯勒慈善基金会委托贴出。“我”对回答网上测试题并无兴趣，只是因为对海伦·凯勒这个世界上最伟大的盲人怀有敬意（海伦·凯勒是美国著名女作家和演说家，她的《假如给我三天光明》给无数人以心灵的震撼），想对慈善基金会做点好事，才答了题。而答题以后升腾起庄严的紧迫感和心底的纯净是“我”始料未及的。文章以屏幕上的一段彩色文字结尾，更是意味隽永。叙事清晰，过程委婉曲折，激发人的阅读兴趣。

心中掀起波澜

点击答题，作者原本想到只是自己的一次慈善行为，以行动来表达对海伦·凯勒的深深敬意，怎么也没想到心中会掀起波澜。五个问句一个紧接着一个逼问自己，敲打心灵。如果明天生命终结，“我现在会怎样呢？”由此引出一连串严肃的无可回避的思考：生命是什么？意义何在？如何品味和享受生命？如何认识个人的身份和价值？如何对待工作？如何对待钱财？如何对待对身外之物的追求？如何宽容别人？……如投石入水，溅起浪花，掀起波涛，生活的态度、生命的价值、人的最本质的追求与向往，这些极其严肃的问题在脑海中翻腾。

由一次慈善行为提升到人的精神世界的打造，文章的寓意在不经意中攀登上新的台阶，而一连串反问句的运用起至关重要的作用。反问是有问无答，但寓答于问。作者思想的翻腾也就引起了读者的深入思考。

这种思考与提升不是空穴来风，而是前有铺垫，后有照应。对海伦·凯勒心怀敬意，把点击答题看作慈善行为，反映出作者本性的善良；答题不是草率的、敷衍的，而是认真的、负责的，因此，才会升腾起"庄严"的感觉、"紧迫"的感觉。这一层层铺垫推出了对人生态度的深刻思考，顺理成章。沉思以后有所悟，既用儿子的"异样的眼光"侧面描写自己的变化，又用"当时我的心被那道测试题洗得像雨后的天空一样净"，正面描写自己精神世界提升的愉悦和欢乐。构思巧妙，描写到位，而文字又十分简洁。

谜底原来如此

网站上贴测试题时曾做出这样的承诺："假若您有兴趣对此作出回答，并留下信箱，您将会收到一件意想不到的礼物。"这就抛出了一个悬念，让阅读者等待下文。文末谜底现，网站未食言，确实送来了"礼物"。这件礼物不是我们平时熟悉的试卷分数，而是一份贺卡。这份贺卡的内容真是"意想不到"，因为它不是就事论事，对答题作评价，而是要答题人"用它时时提醒自己"。原来如此！这道测试题实在不寻常。缘起不寻常，网站公布于众不寻常（受海伦·凯勒慈善基金会委托），给答题者的礼物不寻常，这是一道贯串人一生的测试题，"时时提醒"人们走好人生之路，珍惜生命，享受生命。文很短意却深长，真是发人深省。

读读　做做　写写

1. 把网站贴出的这道测试题和作者在网上做出的回答以及电子信箱中贺卡的文字连接起来读一读，思考"我"这样回答透露出

“我”怎样的人生态度。

2. 画出文中的反问句，并分别说明这些句子中蕴含的答案。

3. 如果把文中这些反问句改成设问句，行吗？设问是自己提问自己回答。请你试着改一两句，并说明用哪种修辞手法更好。

4. 同学们处在花样年华，有没有必要思考这道测试题？请写一段话来发表自己的看法，不管看法如何，均要言之有理。

《父亲的斧头》读写双效提升

父亲的斧头

靳万龙

一把斧头完成的最后一道工序是淬火。

父亲的习惯是把刚刚淬过火的崭新斧头钳起来，将斧头对准砧子上的那尖角，在那上面用力啃一啃，看这把斧头的钢口如何，它能否吃得动这铁。

因为这样，父亲的那只砧子的尖角斧痕累累。刚刚削过的新痕泛着银白，而那把父亲才试过后用力抛在地上的斧头还能烫手。新斧头发着蓝光。

这时候，父亲瞅一眼躺在前面的斧头，一只脚踩在砧墩上，端起那只水烟锅，咕嘟咕嘟抽起烟来。

而此时，我就能歇歇手，赶快离开打铁铺，跑到大门外边去。我始终想远离这叮当作响的日子，跑到外面的世界闯荡。那时候我像一把刚刚打造好的斧头，准备磨快刃子，等待机会，狠狠

本文发表于《语文报·中考版》第49期。

砍生活两斧头。

一次，放了暑假，父亲要我给他搭下手，打造一批镰刀。满山遍野的庄稼都黄了，都在等待镰刀来收割。人们需要镰刀，庄稼更需要镰刀，金黄的麦子都张了口，几乎要叫出声来。父亲心里很着急。

我不在乎这些。我想我的事。

我对父亲说，我不想打镰刀，我想去采药。我想象着，采到了一大麻袋药。那时候我们那里的羌活和秦艽正在卖着好价钱。我想自己挣回自己的学费，我觉得打镰刀挺费事的。

父亲并没有反对我去采药。他说：去吧，去干你爱干的事。

其实，我不知道什么是我爱干的事。比如父亲，打一把斧头，打一张镰刀，然后抽一锅水烟，临睡时喝二两烧酒。这些他都肯定爱干，而且每样都干得从容不迫。我呢？截至那一个秋天，还没有干成一件事。我总是喜欢想入非非。

我打定了主意去采药。我在离家二十里的山上转悠了三天就没有耐心了。别人总在低头工作，而我却怎么也找不到药，那些长在灌木中的药材总是与我擦身而过。

二十里外我似乎听到父亲锻打镰刀的声音。我想，那些刚刚打好的镰刀正被它的主人磨得锋利无比。一张张镰刀正伸向成熟的麦子。

父亲打完了镰刀，紧接着又开始打造斧头。父亲的斧头总是供不应求。

我垂头丧气地站在父亲面前，父亲一声不吭，他钳起一把刚淬过火的斧头，在砧子上狠狠啃了两下。

这时候，我确实该为我自己羞愧了。我不能眼看着自己这把刚出炉的斧头就这样白白地锈掉，然后当作废铁处理掉。我总得好好用上两下子，砍出两道新印子。父亲打造了大半辈子钢口很硬的成功斧头，但不能败在我这把斧头上。

学找文章的眼睛

《父亲的斧头》是我们常见到的能启发人思考的这一类佳作。斧头，在过去的岁月里，曾经是十分重要的生产工具，现在，我们读描绘它的文章，即使是生长在城市里的学生，也并无陌生感，反而觉得十分耐人寻味。这是什么缘故呢？通读全文，你会感受到斧头的形象是立体的、鲜明的、令人赞叹的。

开篇出人意料，并未刻画斧头的整体形象，而是集中笔力说明“一把斧头完成的最后一道工序是淬火”。为什么要把“淬火”这道工序推到读者眼前呢？作者用两小段文字说明原委。“淬火”是工件热处理的一种方法，可使工件获得某种特殊性。通常是把金属工件加热到一定温度，然后浸入冷却剂（油、水等）急速冷却，以增加硬度。斧头怎么淬火，文章略去，着力写淬过火的效果、功能，那就是泛着银白，锋利无比，能啃砧子尖角，削铁如泥。刻画新斧头锋利的同时，写它的温度——烫手，淬火的余威；写它的光彩——发着蓝光，给人以冷峻的感觉。至此，新斧头的形象展现于读者眼前。

文章末尾又写父亲把刚淬过火的斧头，在砧子上啃两下。开头结尾明写父亲斧头的钢口硬性是淬过火，文中又暗写“我”想磨快刃子，“砍生活两斧头”，进而“砍出两道新印子”，这仍然在强调斧头要有好钢口，好钢口是“淬火”所得。由此可见，“淬火”是文章的眼睛。它是个极为关键的词，这个词能牵一发而动全身。有了它，文章显现亮色；阅读时找到它，不仅能理清文章脉络，而且能准确地把握主旨。

领悟构思的巧妙

构思，顾名思义，在思想上构造。刘勰在《文心雕龙·神思》一篇中指出构思是“驭文之首术，谋篇之大端”，认为构思是写文章头等重要的事。动笔前对准备写的文章要作总体设计，方方面面通盘考虑，力求周到绵密。

你通读《父亲的斧头》时，会不会有这样的感觉？文章在写两件事或两个故事。一件是父亲按既定工序打造斧头，斧头钢性特好，供不应求，取得成功；一件写“我”也想打造好“斧头”，闯荡世界，然而，机会“擦身而过”，未能如愿。这两件事怎么融合在一起呢？思考，酝酿，发现，开掘，抓住节骨眼，文章就顺理成章了。

父亲打造斧头是实写，斧头的打造成功，关键在“淬火”；年少的“我”想独自闯荡世界，开辟“新的生活道路”，取得成功，不是真的去打造斧头，而是借物写人。“我”的挫折，“我”的无果而归，缺的就是父亲打造斧头的潜心磨砺，认真淬火。抓住“淬火”、磨砺，把父与子两件似乎不相干的事互相映衬着写，以物托人，十分自然地表达了人在成长的过程中必须经历锤炼、经历磨砺的道理。

为什么又要写打造镰刀呢？是不是节外生枝？当然不是。你想过没有，安排这样的内容，对全文起怎样的作用？它至少有如下的作用：内容厚实，不单薄；往深处开掘，表明父亲打造好斧头不是孤立的，用心锻打是一贯的，持之以恒的；父子对比起来写，父亲为收割庄稼需要镰刀而“很着急”；“我”“不在乎这些”，“喜欢想入非非”；父子情深，心灵感应，父亲尊重儿子，“去吧，去干你爱干的事”；“我”采药不成，没有干成一件事，但“二十里外我似乎听到父亲锻打镰刀的声音”。你还能举出一两点吗？俄国短篇小说大师契诃夫说过，写作的人要“把日常生活的矿石变成宝贵的金子”。生活中有多种多样的矿石，你要善于发现，还要善于开掘。锻造斧头的铁匠打造镰刀应该说是信手拈来的材料，自然，贴切，着力突出的是它的优质，它的锋利无比。见物如见人，运用打造镰刀的材料，更能使父亲的执着追求、坚忍意志跃然纸上。

要有捕捉细节的本领

不知你发现没有，这篇文章没有多少肖像描写、语言描写、心理描写，基本上采用的是平实叙事的方法，为什么会给人如此生动逼真的印象？除了整体设计的巧妙，作者善于捕捉细节的本领也是值得称赞的。

不言而喻，斧头淬火后啃铁砧尖角是细节，既写斧头的“啃”，又写铁砧的“斧痕累累”。铁砧不易对付，因而不得不“用力啃”；但毕竟对付不了好钢口的斧头，故而伤痕累累。从两个角度两个方面来刻画细节，使人如见其形，如闻斧头啃铁的震耳声。

父亲的形象更是活灵活现呈现在读者的眼前。“瞅一眼”“一只脚踩在砧墩上”“端起”“抽起烟来”，一连串的细节，从头到脚，构成了一幅别具风情的画；不仅冲击着你的视觉，而且让你听到“咕嘟咕嘟”抽水烟的声音；水烟锅里冒出的烟，父亲口里喷出的烟，无须描写，你也会有烟雾缭绕之感。

“我”闯荡了多少日子，重返父亲面前时，父亲“一声不吭”，把刚淬过火的斧头在砧子上“狠狠啃了两下”。原来是“用力”，而今是“狠狠”，对儿子事情不成的复杂感情尽在不言中，令人感动。

读读　做做　写写

1. 为什么“我确实该为我自己羞愧了”？这种由衷的自责之情来源于哪里？

2. “那时候我像一把刚刚打造好的斧头，准备磨快刃子，等待机会，狠狠砍生活两斧头。”这句话运用了什么修辞手法来写？想说明什么问题？

3. 找一找文中运用的拟人手法。如果换成一般的形容，表达效果会怎样？

4. 文章结尾言简意深，请阅读后写一点自己的感想。

《生命的表情》读写双效提升

生命的表情

生命是奇异的、精彩的，生命的过程也是充满着变数而让人神往的。每一个精彩的生命在生命的过程中所呈现出来的千姿百态，都是那样的生动，那样的真实。漫漫的生命过程中，生命有时是精彩，有时是无助，有时是焕发，有时是枯萎，有时喜怒哀乐俱在，有时平平淡淡是真。不管怎样，生命呈现出来的任何姿态都会让人回味无穷，毕竟有生命才是完美的。从呱呱坠地到撒手人寰，其间有太漫长的岁月供我们品尝，我们可以尽情地享受生命，尽情地让生命焕发无穷的精彩，尽情地让生命留下美好的回忆。

生命就好比人的脸庞，喜悦时的幸福，愤怒时的狰狞，哀伤时的幽怨，快乐时的微笑，都一一写着。生命的过程就像一本相册，把这种种都精心收藏着，相册里喜悦的幸福多了，快乐的微笑多了，生命就甜了；愤怒的狰狞多了，哀伤的幽怨多了，生命也就苦了。相册里有甜了，有苦

本文发表于《语文报·中考版》第146期。

了，生命的滋味就全了。喜怒哀乐的表情有了，酸甜苦辣的滋味有了，生命就丰富了，精彩了。留下了各种表情，体验了各种心情，这样的人生，你说会有遗憾吗？不过等你经历了这种种以后，生命也该沧桑了，沧桑得足够供你坐在摇椅上慢慢咀嚼这一生的路程。

你说，生命中的喜怒哀乐，哪一种更让你感动呢？

《中华活页文选》（高一版）2005 年第 8 期

一个引人注目的标题

当今，学生在口头与写作中经常谈到“生命”。“生命”是一个高度概括的词，查一查词典就可知，它是指“生物体所具有的活动能力，生命是蛋白质存在的一种形式”。学生讲生命时，很少考虑到这个词意义的界定，而是想到一个个活泼泼的生命体，并围绕这一点拓展出“生命的意义”“生命的价值”“生命的光彩”等话题。“生命的表情”罕见，“表情”通常用得最多的是面部流露出的思想感情，“生命的表情”指什么呢？“生命”“表”的是哪些“情”呢？又是如何来表达流露的呢？由此可知，一个吸引人眼球的标题，可以引起读者阅读的兴趣。

抽象问题具体化

“生命的表情”这个论题似乎抽象得很，看不见，摸不着，有点虚无缥缈，然而，经过作者生花的笔描绘论述，就变得形象、生动，具体可掬。作者牢牢抓住“生命的过程”进行阐发，而“千姿百态”是具体阐发的领衔之词。是怎样的千姿百态呢？先用六个“有时”的排比句形容：“精彩”“无助”“焕发”“枯萎”“喜怒哀乐俱在”“平平淡淡是真”。只要稍稍思索便可发现，生命的万千姿态不是小河流水潺潺而动，而是起起伏伏，潮起潮落，有极大的反差。正当读者沉浸在“有时……有时……”的思考之中时，作者用“不管怎样”突然收缩，往深一层开掘，点出“生命呈现出来的任何姿态都会让人回味无穷”。为什么让人“回味”？为什么还会“回味无穷”？难道“无助”“枯萎”“悲哀”“愤怒”“平淡”也值得无穷地回味吗？“毕竟有生命才是完美的”，一语千钧，作者亮出了文中的主心骨。“毕竟”一词接触到事物的本质，说到底了。有生命才完美，如果生命没有了，还谈什么千姿什么百态？谈论的对象消失，皮之不存，毛将焉附？因而，生命的存在是“表情”的前提，只要存在，不管呈现怎样的姿态都是值得回味无穷的。这样论述，初显深度。

生命的精彩、无助等姿态毕竟还不够生动、具体，于是文章顺势而下，打下一个众人熟知的比喻，使生命的表情进一步具体化。人的脸庞会把人的内心思想感情一一写上，“喜悦、愤怒、哀伤、快乐”是内心感情，“幸福、狰狞、幽怨、微笑”是脸上外在的表露。生命的表情具体化，再紧扣“生命的过程”继续阐发，以相册为喻，收藏生命的种种呈现的姿态。由姿态生发出多与少、苦与甜的概念。由于某些生命表情的多与少，相应就酿成了生命的苦与甜；由于生命中有苦有甜，就形成了生命的滋味；又由于生命具有各种表情、各种滋味，因而，就构成了生命的“丰富”“精彩”。如此一步步往深处推进，生命的本质属性显现，它们是那么复杂，那么特殊，那么高级。行文至此，既照应了文首第一句的“奇异”“精彩”，又对“生命是奇异的、精彩的”判断作了具体生动的论述。

论述中使抽象问题具体化，比喻手法、对比性的分析、排比的运用，均起了积极作用。

尽在不言中

文中用了许多笔墨述说生命表情的千姿百态，述说千姿百态背后内心的种种感情，从而显现出生命的奇异、精彩、丰富、完美。阅读中稍稍思索，一清二楚；如若深入咀嚼，就会发现这些描述、这些阐发不过是文章的表层，其中的丰富的内涵尽在不言中，激发读者想象，启迪读者深思，引导读者选择。

“毕竟有生命才是完美的”，离开生命，无完美可言。对生命该不该尊重？该不该珍爱？

怎样才是“享受生命”？怎样才能“让生命焕发无穷的精彩”？怎样才能“让生命留下美好的回忆”？怎样的人生才无遗憾？文中未做出任何剖析，读者自己思考，自己寻求解答，生命的意义何在，价值何在。

文尾最后一句直言不讳地向读者发问：“生命中的喜怒哀乐，哪一种更让你感动呢？”从生命的表情到对生命的意义价值有所理解时，你会选择怎样的人生呢？

从引人注目的标题起始，到以深层次的追问收煞，提出了读者必须直面深思的问题，构成了完整的篇章。

读读 做做 写写

1. “毕竟有生命才是完美的”这句中的“毕竟”改成“因为”可不可以？原因何在？请具体说明。

2. 把文中的比喻句、排比句找出来读几遍，体会其中用词的色彩和前后排列的顺序。

3. 生命的表情，文中是否已全部概括？你还有没有更多的看法？如果有，请你用“有时……有时……”的句式写几句。

4. 试答文中最后一句的问题，并请举例说明“感动”的原因。

《肖邦的小屋》读写双效提升

肖邦的小屋

［波兰］雅-伊瓦什凯维奇

我们带着惊讶和柔情望着这幢实为波兰民族精华的朴素小屋。它像一只轮船，漂浮在花园绿色的海洋里，花园里的一草一木，都经过了精心的栽培，因为这花园也想与肖邦的音乐般配。

春天，栗树新叶初发，几乎还是一派嫩黄色，它们悬挂在屋顶的上方，犹如刚刚出茧的蝴蝶的娇弱的翅膀。粉红色的日本樱花，宛如在旭日东升的时候飘在庄园上空的一片云彩。如此娇嫩的色调，酷似一首最温柔的曲子，又如落在黑白琴键上的轻盈的速奏。

夏天，水面上开满了白色和黄色的睡莲，那扁平的叶子舒展着，像是为蜻蜓和甲虫准备的排筏。睡莲映照在明镜般水中的倒影，宛如歌中的叠句。肖邦之家的夏，往往使人浮想联翩，使人回忆起肖邦那些最成熟的作品。尤其是黄昏时分，水面散发出阵阵幽香，宛如船歌的一串琶音。而

本文发表于《语文报·中考版》第15期。

那银灰、淡紫的亭亭玉立的树干，排列得整整齐齐，有条不紊，宛如 *f* 小调叙事曲开头的几节。清风徐来，树影婆娑，花园里充满了簌簌的声响。这簌簌声，这芬芳的香味，使我们心荡神驰，犹如是在聚精会神地倾听这独具一格的音乐的悠扬的旋律，清丽的和声。

秋天又别有一番风味。这是乡村婚嫁的季节，时不时有一阵小提琴声传到这里，飘到金黄的树冠下，飘到寂静的草坪上，它提醒我们，此刻正置身于玛祖卡曲的故乡。当我们漫步在花园的林荫小道，当我们踏上玲珑剔透的小桥，落叶在脚下踩得沙沙响。作为悠悠往事"见证者"的树叶，就像忧伤的奏鸣曲结尾中令人难忘的三重奏，它们以自己干枯的沙沙声招来了那么多的思绪，那么多的回忆……

然而，这里最美的是冬天。请看吧！四野茫茫，白雪覆盖的房舍安然入梦。花园的树木变成了水晶装饰物，且会发出银铃般清脆的响声，就像昔日挂在马脖子上的铃铛。如今既没有马，没有雪橇，也没有狐裘，更没有裹着狐裘的美女。没有母亲，没有姐妹——只有无边的静寂。一切都成为往事了。

只有他还住在这里，独自一人在雅致的房间里来回踱步。只有微弱的琴声在抗御风雪和寂静。只有音乐长存。

倘若你在这样一个隆冬季节，站在这小屋的前边，望着被积雪压弯了的光秃秃的树枝、黑洞洞的窗口，你就会感到你是和肖邦在一起。

你是在和肖邦促膝谈心。

选自《世界文学》1986 年第 4 期，韩逸译。有改动。

一篇千字的短文蕴含了无限丰富的内涵，令人叹为观止。它不是一般的托物寓情的描写景物的散文，它词美意浓，是诗，是画，是乐曲，是人生。你走进肖邦的小屋，就走进肖邦的生活；走进肖邦的生活，就走进肖邦的音乐；走进肖邦的音乐，就感受到音乐是肖邦的化身；感受到音乐是肖邦的化身，就走进肖邦的生命世界。

语言赏读与借鉴

你可以从咀嚼语言开始。文中佳词妙句琳琅满目。如“娇嫩”生动地绘出了春天花园中草木的新生态势和蓬勃朝气；“水晶装饰物”形象地展现了冬天花园树木的玲珑剔透、洁净无瑕。绘景绘物所用的比喻俯拾皆是。这些比喻视觉独特，特征鲜明。如文章起始一个比喻就把小屋推到读者眼前，小屋轻盈，绿色浓重而无边，“漂浮”又把静物写活，给读者的不仅是美，而且引发读者无尽的遐想。通感手法的运用，信手拈来，有声有色。如“睡莲映照在明镜般水中的倒影，宛如歌中的叠句”，视觉、听觉贯通，水的清澈、睡莲的美姿、歌中叠句的韵律，交汇融合，美不胜收。细细品味语言，你会发现这哪里是散文，分明是作者用语言画画，画一幅幅彩图，春夏秋冬更替，色彩迥异，意象一个个高低有序地展现，动静和谐，目不暇接。

你可以联想和想象，联系你的生活经验。认真读两遍，你会发现从“船”比喻开始，到“水晶装饰物”终结，以及诸多通感的运用，无不伴随着音响，伴随着乐曲。“最温柔的曲子”“轻盈的速奏”“船歌的一串琶音”“*f* 小调叙事曲开头的几节”“悠扬的旋律”“清丽的和声”“忧伤的奏鸣曲结尾中令人难忘的三重奏”等次第出现，优美的景色、芬芳的香味、犹如天籁之声的乐曲，交织在一起，是诗，是画，是美妙的音乐。乍看，笔笔写景；细细看，处处写音乐，写创作这些优美旋律的伟大的钢琴诗人肖邦。

探究式阅读与写作

你可以提出许多问题，并试着查阅资料，自我解答。比如，文章标题是“肖邦的小屋”，可着力写的却是小屋外的花园，这切题吗？为什么小屋里的人、事、物不写？这样虚实相间，艺术魅力何在？又如，肖邦创作了大量音乐作品，为什么文中“提醒我们，此刻正置身于玛祖卡曲的故乡”？再如，肖邦肯定结交了很多文艺名人，为何文中只提三个人？“一切都成为往事了”在文中起怎样的作用？你可以提出更多的问题。你能发现问题，阅读就深入了一步。比如第二个问题，你查一查资料，就会了解到：肖邦一生从未间断过玛祖卡曲的创作。波兰亡国，他移居国外，借助此舞曲形式抒发思乡情、亡国恨。波兰是肖邦心上永恒的情感母地，他爱这个国家犹如爱自己的生命。他把玛祖卡升华为具有民族特点的“音诗”，一共创作了 52 首玛祖卡曲，这些舞曲被称为“藏在花丛中的一尊大炮”。仅就这一点，就可以体悟到写乐曲就是写肖邦，就是写肖邦炽热的爱国热情。又如提到一些人，这就是从另一个侧面表现音乐就是肖邦的生命。

你还可以把一些言简意赅、言简意深的语句熟读成诵，永记心中；还可以神游小屋，与肖邦对话谈心，交流思想。“一切都成为往事了”，往日的追求，往日的辉煌，往日的人与事都付之东流水，留下的只是三个“只有”，历史凝固在这儿：肖邦永存，琴声依旧，音乐永恒。读到文章末尾，你大概可以领悟到这篇短文的丰富内涵了吧，从语言、画面、音乐，从思想、情感、人生，从立意、构思、篇章、技巧等诸多方面均可推敲、思考，你可选择其中有兴趣的、喜爱的或有疑问的写一点认识、体会。当然，你可以和肖邦对话，作者在全身心赞美肖邦的同时，鼓励读者瞻仰他的小屋，“和肖邦促膝谈心”。

读读 做做 写写

1. 肖邦是一位著名的音乐家，你还知道哪些世界著名的音乐家？

试着写出三位。

2. 参照文中的例句，按要求仿写句子。

例句：粉红色的日本樱花，宛如在旭日东升的时候飘在庄园上空的一片云彩。

仿句：雪白的梨花，____。

3. 本文最突出的写作特色是将景物描写与音乐结合起来，如“琶音”“旋律”“和声”等。试着用这种方法描写学校操场的一处景色，力求与平时操场的活动情况结合起来。（100 字左右）

《海边荒石》读写双效提升

海边荒石

高立群

有一年夏天，在青岛崂山附近一处无名的海滩，我第一次被石头的美丽所震慑：它们密密麻麻铺满海滩，浸润在阳光下微微动荡的海水里，一直延伸到大海深处。

水光中轮转着石头们含蓄而神秘的色彩，有的莹绿如玉，有的深红似霞，有的暗黄如湿金，有的粉白如冰雪。它们多得数不清，坦坦荡荡气度不凡地占据了海滩，简直像一座散发着灵异之光的宝藏，拦截了我眺望大海的目光。

我深深地被诱惑了，赤足涉入清澈的水中。左一块右一块，犹如贪婪的盗墓者，我挑着拣着，手里捧不下了，我就把第一批收获排放在岸边，转身又去掏摸。我决心要带一批石头回去，它们的美勾起了我的占有欲。

那些海水中的石头，几乎每一块都有独特的形状和花纹，点点滴滴，丝丝缕缕。俯身其中，

本文发表于《语文报·中考版》第40期。

令人沉醉。

不知过了多久，我捧着又一批宝贝回到岸上，眼前的景象令我大吃一惊。我手中的美石噼噼啪啪落下去，险些砸痛自己的脚。

那些“首批中选”的石头呢？它们怎么都消失了？我只迷惑了两秒钟，就发现它们依然不动待在原处，只是，岸上的石头不再美丽。我看见一些普通的石头别扭地排成整齐的一列，灰头灰脑，怪模怪样。有的带点儿灰乎乎的红或者绿，有的干脆灰不溜秋或色如沙土。我不敢相信它们就是令我一见倾心的宝贝。呆视之间，我脑中竟跳出一个字眼：死亡。

比起海中的美态，这些石头分明全死了。死去的原因，只是来了我——一个倾慕者，对之爱不释手，想把它们带回家去，占为己有。就是这点小小的贪婪，无可厚非的欲望，令它们离开长久熟稔而亲密的海水，孤独地承受夏天的烈日，而奇妙的大自然，早已让它们与大海之间此呼彼应，难舍难分。面对倾心或喜爱的东西，我们多么容易犯傻。

我把石头放回海中。在海滩盘桓良久，我竟想到一个时空远隔的人——“昆虫之父”法布尔。这个一生在清贫中与虫交谈的人，在晚年得到一小片废墟。“一块偏僻的不毛之地，被太阳烤得滚烫。但却是刺菊科植物和膜翅目昆虫的好去处。”法布尔把它称作“钟情宝地”。与有些昆虫学家不同的是，别人剖开虫的肚子，把它们制成标本，他却是研究活着的它们，“在蓝天之下，听着蝉鸣音乐从事观察”。法布尔把这块“宝地”命名为“荒石园”，听来凄冷，但荒石园的故事却充满了尊重和温暖的感情，每块石头、每只虫子，都有自己的地方，自然自在，荒得其所。

比照我们习惯的一些方式，这才是真正令人起敬的爱。

苏东坡《题西林壁》中有这样一个名句：“横看成岭侧成峰，远近高低各不同。”说的是同一景物，由于观察的角度不同，所见的景色就迥异。观景如此，写文章又何尝不是这样呢？海滩上的石头星罗棋布，美不胜收，游览的人见之爱之，会产生各种各样的想法，诉之于笔端，就会成为色彩斑斓的文章。《海边荒石》就是其中的一篇。认真阅读，思考作者是怎样写的，意欲说明什么问题。

阅读：抓住精要处

阅读文章要学会抓精要。就整篇文章而言，精要之处往往是作者用浓重笔墨表达思想感情的重要语句、重要段落。有的文章表达得比较集中，有的可能散见在各个部分，需要归纳、综合。不管作者如何安排，只要细心阅读，琢磨作者在文中的思想轨迹，总能把握得到。

《海边荒石》的表达方法属于前一种。作者在描述海边挑拣的石头前后情态迥然不同后，直抒胸臆，发表议论，表露自己的观点。而这正是作者撰写这篇文章的意图所在，她要把自己从石头变化中悟出的道理告诉读者。

“比起海中的美态，这些石头分明全死了”这一句收煞上文，接下去就探索石头死去的“原因”。不是害它，而是爱它，“爱”到什么程度呢？“爱不释手”，乃至“占为己有”。找到原因，再进而剖析这种原因的危害性。石头与海水亲密无间，和大海之间“此呼彼应，难舍难分”，构成令人赏心悦目的大自然的美景。而今，人为地把它们分离，石头的美丽光彩丧失殆尽，诱人的生命力荡然无存。罪过不在石头本身，而在于人的贪婪与欲望。奇怪的是这种贪婪与欲望并无任何恶意，而是出于喜爱。如此一层层深入剖析，令人不得不思考这样一个十分严峻的问题：人和大自然究竟是怎样的关系？人们应怎样善待大自然？

作者清晰地告诉我们：世间万物都有适合于它们自己存在的地方，都有它们自己独有的美。人们喜爱它，观赏它，尊重它的存在，就能和谐相处；如果是占有式的欣赏，那就会损伤它，戕害它。尊重自然，实际上也就是尊重人类自身。

抓住精要，文章脉络就一清二楚了。

描写：把握事物特色

这是一篇借物喻理的文章，道理要说得清楚明白，发人深省，“物”一定要选得恰当，写得传神。

选的“物”是海滩司空见惯的石头，海滩无名，时间是夏天。“无名”说明这儿的石头并无特别之处。“夏天”说明可尽情地在海滩挑拣，不受束缚。海滩拣石这件普通的小事，在作者的笔下却写得起伏跌宕，扣人心弦。

先极写海滩石头的美丽，“震慑”一词用得很有分量，说明不是一般的美，是美到心里，美得心动，美得心惊。究竟怎样美呢？你们想想，是从哪些角度、哪些方面来形容、来描绘的呢？数量、色彩、气度，为了描摹得惟妙惟肖，文中用了一连串的比喻——“莹绿如玉”“深红似霞”“暗黄如湿金”“粉白如冰雪”，把五光十色展现在读者眼前。但是，请注意这种美丽都是在“阳光下”“微微动荡的海水里”“水光中”显现的，因而，含蓄、神秘，令人沉醉。看来，这样的记叙很简单。认真思考，就会发现正是这些简单的记叙把石头与海水之间的亲密巧妙地刻画了出来。

再集中笔墨写石头时，石头已面目全非，原来色彩绚烂、形状与花纹独特的石头已变得“灰头灰脑”“怪模怪样”；原先是“一见倾心的宝贝”，而今“死亡”了。文中用对比的手法写，造成强烈的反差，使人震惊。石头由美变丑，只不过是挪了个位置；然而，这个位置的挪动非同小可，离开了它生命依存的地方，死亡也就来临。

用比喻、对比等多种手法，描写石头特色，给人以具体、生动、鲜明的印象，由此阐发道理，实实在在，令人信服。

探究：注意拓展、延伸

借物喻理，似乎已经把要阐述的观点亮出来了，为何文章还要写“昆虫之父”法布尔的事？是不是多此一举？

仔细读“我把石头放回海中”这一段，你至少可以获得如下的启发：一是引导读者作超越时空的思考。这种思考不是空穴来风，而是“在海滩盘桓良久”后出现的。从文章结构来说，它照应了上文，把作者爱石、拣石、惊石、还石于海的事情始末反复梳理，“盘桓良久”正说明不是一时冲动，而是反复思考所致。二是顺着思路拓展延伸。作者可能想到不少人，但与大自然和谐相处极其典型的要数法国昆虫学家法布尔了。写法布尔，并未着力叙述他研究昆虫王国的卓越贡献，并未述说昆虫的活动空间、生活轨迹、生存法则，强调的是让昆虫有自己存在的地方，它们能自然自在。这个材料用以拓展、延伸文章的内容，还在于昆虫活动的场所不过是“一小片废墟”，法布尔把它命名为“荒石园”，与无名海滩的荒石，遥隔时空呼应，确乎难能可贵。为了强化自己的观点，作者把法布尔与其他昆虫学家作比较，赞颂法布尔对大自然的尊重和温情。

讲述远隔时空的“荒石园”的故事，使借石头所喻之理有了有力的支撑，令人信服。最后一句是点睛之笔，它告诉我们：真正使人起敬的爱不是漠视自然，把某些东西占为己有，而是要抛弃“人类中心主义”的习惯，善待自然，保护自然，只有如此，人们才能真正领悟自然的美妙与永恒。

读读　做做　写写

1. 这篇文章是借物喻理的文章，借______喻______。
2. 文中描绘石头数量的词语有__________，描绘色彩的词语有

__________，描绘花纹的词语有__________，这样描写的意图是__________________________________。

3. 石头没有生命，怎会“死亡”？你对“死亡”怎么理解？能不能换个更合适的词？为什么？

4. 这也是一篇小中见大的文章，从小小石块中生发出人与自然该如何相处的大道理。请你也在生活中精选一个“小”，透过“小”说明一个“大”，一两段文字即可。

《夏天的水芙蓉》读写双效提升

夏天的水芙蓉

周宝元

七月末的夜晚，闷热难熬。关上门窗，打开空调，居室虽透着一股凉意，但时间一久，空气又会变得混浊。我忍不住打开了靠近阳台的窗，顿时，热浪扑面，但一股悠悠的馨香也随之袭来。

盆栽的水芙蓉绽放了？

我只知道水芙蓉是晨开午闭，没想到早上还是羞答答的花蕾，在这闷热的夏夜竟会吐露芬芳。

清明前夕，朋友给了我水芙蓉的种子。按着他的指点，我在青瓷大缸中和泥下种。说实在的，那时还不清楚水芙蓉是什么花，等到第一片娇嫩的绿叶儿露出水面，我才识得庐山真面目，原来，水芙蓉就是荷花。此后，稚嫩的叶儿接二连三地浮出水面，不断地向外舒展。初夏时，毛茸茸的绿得可人的稚叶儿已高高擎起，叠叠翠翠，盖住了青瓷大缸。每天清晨，晶莹的露珠儿在莲叶上滚动，令人产生无穷的遐想……

本文发表于《语文报·中考版》第91期。

小时候读朱自清的《荷塘月色》，隽美的语言曾深深地吸引了我。那时，我并不理解文章的真正内涵，以为这就是水芙蓉的写真，随着年龄的增长，对她的感悟也渐渐加深。“小荷才露尖尖角”时如羞答答的少女，盛开时如雍容华贵的美妇，即使是将残待谢，仍飘溢着淡淡的清香，透着温柔而凄清的美……

水芙蓉是夏令的普通时花，无论在哪一个避暑胜地，只要有水塘就能看到漂浮于水面的田田荷叶、掩映在波间的朵朵芙蓉，上海的大观园、苏州的拙政园、成都的杜甫草堂、西安的华清池，最令人神往的当数西湖的十里荷塘，红红的芙蓉、翠翠的荷叶，红绿交错，相映成趣。置身其间，怎能不领悟“接天莲叶无穷碧，映日荷花别样红”的意境。水芙蓉以其娟秀的风韵，吸引着消夏的人们，点缀着夏日里的大大小小风景区，令游人心旷神怡，流连忘返。

水芙蓉，别名芙蕖、荷花、莲花等，是历代文人骚客笔下的尤物，赞赏它的名言佳词自然是数不胜数。且不说李白的《采莲曲》，也不说辛弃疾的《卜算子·荷花》，信手拈来，如“浮香绕曲岸，圆影覆华池”，字里行间，无不雅韵欲流，轻轻地吟咏细细地品味，似乎还能嗅到那暗暗的荷香。宋代周敦颐的“出淤泥而不染，濯清涟而不妖”，揭示了水芙蓉的真谛，后人誉之为水芙蓉的知己。

盛夏，出水的芙蓉在微风中翩翩起舞，那弱不禁风的模样，如娴静柔和的淑女。其实，它才是一位不贪荣华、不畏权势的耿直硬汉。炎炎的夏日，面对暴烈的骄阳，群卉低首了，它却屹立在滚烫的水中不畏不缩，奋力地抗拒着酷暑的淫威，为跟烈日较一日之长短而盛开怒放，香留人间。

别开生面的比喻

古往今来，文人墨客颂扬荷花美姿与品格的诗文可以说是俯拾皆是。不说别的，就拿大家熟知的朱自清先生的《荷塘月色》来说吧，写荷的叶、荷的花，那美劲儿，简直令人心醉——“叶子出水很高，像亭亭的舞女的裙。层层的叶子中间，零星地点缀着些白花，有袅娜地开着的，有羞涩地打着朵儿的；正如一粒粒的明珠，又如碧天里的星星，又如刚出浴的美人”。总体上给人的感觉是柔美，是亮丽。在《夏天的水芙蓉》中，作者却蹊径独辟，给荷花打了个别开生面的比喻，令人耳目一新。作者认为“它才是一位不贪荣华、不畏权势的耿直硬汉”。把荷花喻为“耿直硬汉”，而且“不贪荣华、不畏权势”，这就一扫以往描绘的袅娜、柔美之气，站在眼前的俨然是“刚性”的汉子，性格“耿直”。

作者用这样的比喻来刻画荷花，是不是异想天开，不合常情？不是。首先，作者打了这个比方后，立即具体叙说。叙说中突出了三个要点：一是季节——“炎炎的夏日”；二是环境——头顶“暴烈的骄阳”，身处“滚烫的水中”；三是精神——“奋力地抗拒着酷暑的淫威”，不仅与烈日较长短，且“盛开怒放，香留人间”。硬汉的“硬”就在于面对艰难，奋力抗争，性格灿烂，精神感人。叙说了如此的具体情境，打这样的比喻就入情入理，不仅不突兀，而且醒人耳目。其次，作者有这样的认识，是由于——

感悟一步步深化

起初，只是因为盆栽水芙蓉给自己带来的一点清新。夏夜，闷热难熬，空调房间内又空气混浊，开窗尽管热浪扑面，但也袭来一股馨香。文章从荷花带给自己的愉悦起笔。

接着，叙述盆栽的过程，对荷花的生长形态有了粗浅的了解。显然，生命力旺盛，“稚嫩的叶儿接二连三地浮出水面，不断地向外舒展”；显然，姿态优美，“毛茸茸的绿得可人的稚叶儿已高高擎起，叠叠翠翠”，“晶莹的露珠儿在莲叶上滚动”，这就增添了对荷花的几丝情意。

“令人产生无穷的遐想……”从盆栽的莲叶上露珠滚动引起遐想这一笔拓展开文意，由点到面，宕开来写。先写往昔对《荷塘月色》的理解和眼前对水芙蓉的感悟。幼时虽倾倒于《荷塘月色》的隽美语言之中，但对文章真义并不理解，对荷花的认识当然也就十分肤浅；而今感悟渐深，对各个阶段荷花的美姿美态均有所领悟，对荷的感情又深了一层。然后，再宕开一笔，向地域扩展，写大大小小风景区田田荷叶、朵朵芙蓉的美景，带给游人心旷神怡的欢乐。夏日这普通时花，装饰世界，捎给人们惬意，这份情意渗入心间。最后，联想到历代文人骚客笔下对荷花的赞誉，由美姿到品格，由形、色、味进入内在品格的揭示。引周敦颐的“出淤泥而不染，濯清涟而不妖”，揭示了荷花的真谛。

感悟一步步深化，实质上是由点到面，由静态到动态，由荷的外形到荷的内在品质，对荷的多种特点加以展示，最终聚集在“真谛”，在品格、精神上。因而，以“耿直硬汉”为喻是认识上逐步发展、完善的必然，是感悟步步深化而来。如果没有这些铺垫，就会有唐突之嫌。

美的奏鸣曲

写荷花离不开美，《夏天的水芙蓉》也是如此。作者精心选用词语，形成美的氛围，给读者以美感。如叠词的运用：羞答答、毛茸茸；田田、朵朵、红红、翠翠、悠悠、暗暗、轻轻、细细、叠叠翠翠等，映入读者眼帘，强化形象和印象。作者精心用比喻手法创造形象，给读者以美感。如：“‘小荷才露尖尖角’时如羞答答的少女，盛开时如雍容华贵的美妇”，“出水的芙蓉在微风中翩翩起舞，那弱不禁风的模样，如娴静柔和的淑女”等，塑造种种形象，展现荷的不同风貌，加深对荷的体验。作者又精心引用相关诗文，有的是诗句文句，有的是诗文的标题，增添文化气息，增加美感。美的语言，美的形象，演绎了一支荷花的奏鸣曲，愉悦读者的身心。

读读 做做 写写

1. 文中描绘了荷花的几种形态？请你在阅读全文的基础上加以归纳。

2. 用 5~8 个叠词写一段话，描绘某种花的特征，给人以美感。

3. 文中先说知道水芙蓉就是荷花，后又介绍水芙蓉的别称，你觉得有没有必要？原因何在？

4. 查阅杨万里的诗《小池》和《晓出净慈寺送林子方》，并把这两首诗背诵下来。

《对理想的思索》读写双效提升

对理想的思索

周国平

一

据说，一个人如果在 14 岁时不是理想主义者，他一定庸俗得可怕；如果在 40 岁时仍是理想主义者，又未免幼稚得可笑。

我们或许可以引申说，一个民族如果全体都陷入某种理想主义的狂热，当然太天真；如果在它的青年人中竟然也难觅理想主义者，又实在太堕落了。

由此我又相信，在理想主义普遍遭耻笑的时代，一个人仍然坚持做理想主义者，就必定不是因为幼稚，而是因为精神上的成熟和自觉。

二

有两种理想。一种是社会理想，旨在救世和社会改造。另一种是人生理想，旨在自救和个人完善。如果说前者还有一个是否切合社会实际的

本文发表于《语文报·中考版》第 217 期。

问题，那么，对于后者来说，这个问题根本不存在。人生理想仅仅关涉个人的灵魂，在任何社会条件下，一个人总是可以追求智慧和美德的。如果你不追求，那只是因为你不想，绝不能以不切实际为由来替自己辩解。

三

理想有何用?

人有灵魂生活和肉身生活。灵魂生活也是人生最真实的组成部分。

理想便是灵魂生活的寄托。

所以，就处世来说，如果世道重实利而轻理想，理想主义会显得不合时宜；就做人来说，只要一个人看重灵魂生活，理想主义对他便永远不会过时。

当然，对于没有灵魂的东西，理想毫无用处。

四

我喜欢奥尼尔的剧本《天边外》。它使你感到，一方面，幻想毫无价值，美毫无价值，一个幻想家总是实际生活的失败者，一个美的追求者总是处处碰壁的倒霉鬼；另一方面，对天边外的秘密的幻想，对美的憧憬，仍然是人生的最高价值。那种在实际生活中即使一败涂地还始终如一地保持幻想和憧憬的人，才是真正的幸运儿。

五

对于不同的人，世界呈现不同的面貌。在精神贫乏者眼里，世界也是贫乏的。世界的丰富的美是依每个人心灵丰富的程度而开放的。

对于音盲来说，贝多芬等于不存在。对于画盲来说，毕加索等于不存在。对于只读流行小报的人来说，从荷马到海明威的整个文学宝库等于不存在。对于终年在名利场上奔忙的人来说，大自然的美等于不存在。

想一想，一生中有多少时候，我们把自己放逐在世界的丰富的美之外了？

一个经常在阅读和沉思中与古今哲人文豪倾心交谈的人，与一个只读明星轶闻和凶杀故事的人，他们生活在多么不同的世界上！那么，你们还要说对崇高精神生活的追求是无用的吗？

六

圣徒是激进的理想主义者，智者是温和的理想主义者。

在没有上帝的世界上，一个寻求信仰而不可得的理想主义者会转而寻求智慧的救助，于是成为智者。

《时文选粹（二）》

“理想”是个大字眼

中学生对“理想”这个字眼不陌生，这可是个大字眼。一提到这个大字眼，有志的同学会眼睛发亮，思想翻腾，想象飞驰；有心立志的同学会脱口说出一些名人的诤言，如诸葛亮的“夫志当存高远”，李贺的“少年心事当拿云，谁念幽寒坐呜呃”，朱熹的“为学须先立志”，等等。然而，要把“理想”的内涵说清楚，却不是件轻而易举的事。作者对此有自己独特的思考，把大字眼平实化、生活化、通俗化，既让读者感到触手可及，又能启发读者脑海里泛起涟漪，乃至掀起波澜。

文章共六个部分。第一部分开宗明义阐述“在理想主义普遍遭耻笑的时代”，一个人坚持理想，做理想主义者，必定是“精神上的成熟和自觉”，观点鲜明，毫不含糊。理想主义，追求美好，本应受到崇敬、颂扬，反而遭“耻笑”，而且是“普遍”遭耻笑，在风气如此不正的情况下，能坚守理想，实属难得，绝非一时激动，而是精神上的自觉与成熟。这个观点的引出用了一连串的假设进行比较，融历史与现状、个人与群体于一个论题，突出少年立志、中青年坚持理想的必要，否则，就“庸俗得可怕”“实在太堕落了”。然而，讲理想主义，又绝不是历史上出现过的无头脑的“狂热”，否则，就坠入灾难之渊。反复比较，言简意深。

析薪破理，叩击心灵

文章从第二部分开始，围绕有关“理想”的种种看法一一论说。形式上一部分一部分横向排，内容上层层深入，犹如利斧劈柴，剖析得条分缕明。

先说明理想有两种：社会理想和人生理想。重点阐述后者。人生理想的确立是个人的追求，个人的行为，不受“任何社会条件”的限制与影响。无理想，意味着不追求智慧与美德，不想自我完善，任何辩解均站不住脚。由此可见，人须树立人生理想。

道理十分明白，可为什么理想不受人青睐呢？原来有思想障碍，认为理想“毫无用处”。于是，作者就有用与无用展开剖析，强调“灵魂生活也是人生最真实的组成部分”，“理想便是灵魂生活的寄托”；强调一个人只要看重灵魂生活，“理想主义对他便永远不会过时”。由此可见，理想有用与否，要看这个人有没有灵魂生活，重不重视灵魂的提升。“对于没有灵魂的东西，理想毫无用处”，斩钉截铁，重锤敲打，叩击心灵。

由理想的有用与否推论到人生的最高价值。以文学作品《天边外》的阅读感受，论述幻想家与美的追求者在实际生活中的碰撞、碰壁，告诉人们对天边外的秘密的幻想，对美的憧憬，“仍然是人生的最高价值”。人的价值判断多种多样，但对真善美的追求，价值是至高无上的，古今中外难以变更，“仍然”一词表明了这种价值观的长效与永恒。不管实际生活如何，有这种追求的人，灵魂生活快乐，有依托，是真正的“幸运儿”。

再进而论述世界对不同的人会呈现不同的面貌。以音盲、画盲、只读流行小报的人、终年在名利场上奔忙的人为例，说明美——伟大的贝多芬、毕加索，伟大的荷马到海明威的整个文学宝库以及大自然——对他们来说，等于不存在。有些人因身残可以理解与同情，而有些只是因为心灵的荒芜，无美的追求，无幻想与憧憬，把自己放逐在世界的丰富的美之外了。人共同生活在一个世界里，由于有追求与无追求，世界的色彩迥然有异。事实胜于雄辩，以一连串的事例证明，人追求崇高的精神生活绝非无用。

最后，以圣徒与智者作结。圣徒与智者均为理想主义的典范。在没有上帝的世界上，尽善尽美的圣徒不可得，但“寻求智慧的救助”，清醒地认识世界，追求灵魂生活的崇高，不为世俗尘埃、垃圾、腐臭所掩埋，坚定地树立人生理想，却是智者的必由之路。

“思索”是全文的眼睛，贯串于每个部分。文章重点讨论在讲究实际、功利泛滥的社会里，“理想”究竟有没有用。作者用自己思索的成果，进行鞭辟入里的剖析，引发读者思索，从中获得启迪，做出人生的选择。

反复比较的魅力

抽象的问题阐述得如此实在，反复比较的写作手法功不可没。有人与人的比较，有社会理想与个人理想的比较，有处世和做人的比较，等等。人与人的比较放在特定的时代之中，放在同一个世界之中，有的从年龄角度说，有的从对世界的理解感受角度说，有的从圣者智者角度说，如此种种，把树立理想的可贵、丢失理想的悲哀阐述得清楚明白，令人信服。

反复比较之所以无重复之感，是由于思索不在一个层面，是一层深一层地述说，语言上也有较多变化。如“理想有何用?”以设问来开启。“那么，你们还要说对崇高精神生活的追求是无用的吗?”以反问来作结。词语的运用准确、生动、精要，有说服力。

读读　做做　写写

1. 阅读全文，分别用一句话简要概括每个部分论述的内容。

2. 为什么说人生理想的树立可“在任何社会条件下”? 你同不同意这种看法? 理由是什么?

3. 文中有些词句分量很重，请你找出一两个句子进行分析，说明这样的遣词造句对表达思想的作用。

4. 你在阅读中有无“与古今哲人文豪倾心交谈”的经验? 交谈的内容有无涉及社会理想和人生理想? 如果有，请写一点感受；如果没有，应在这方面努力。

《阳光，是一种语言》读写双效提升

阳光，是一种语言

雷抒雁

早晨，阳光以一种最明亮、最透彻的语言和树叶攀谈。绿色的叶子，立即兴奋得颤抖，通体透亮，像是一页页黄金锻打的箔片，炫耀在枝头。而当阳光微笑着与草地上的鲜花对语，花朵便立即昂起头来，那些蜷缩在一起的忧郁的花瓣，也立即伸展开来，像一个个恭听教诲的耳朵。

晴朗的日子，走在街上，你不会留意阳光。普照的阳光，有时像是在对大众演讲的平庸演说家，让人昏昏欲睡，到处是燥热的嘈杂。

阳光动听的声音，响在暗夜之后的日出，严寒之后的春天，以及黑夜到来前的黄昏。这些时刻，阳光会以动情的语言向你诉说重逢的喜悦、友情的温暖和哪怕是因十分短暂的离别而产生的愁绪。

倘若是雨后的斜阳，彩虹将尽情展示阳光语言的才华与美丽。赤、橙、黄、绿、青、蓝、紫，

本文发表于《语文报·中考版》第45期。

从远处的山根，腾空而起，瞬间飞起一道虹桥，使你的整个身心立刻从地面飞上天空。现实的郁闷，会被一种浪漫的想象所消解。阳光的语言，此刻充满禅机，让你理解天雨花、石点头；让你平凡生活的狭窄，变成一片无边无垠的开阔；让你孤寂日子的单调，变得丰富多彩。

可这一切，只是一种语言。你不可以将那金黄的叶子当成黄金；江河之上，那些在粼波里晃动的金箔也非真实。你更不要去攀缘那七彩的虹桥，那是阳光的话语展示给你的不可捉摸的意境。瞬间，一切都会不复存在。可是，这一切又都不是空虚的。它们在你的心中留下了确确实实的图画，在你的血管里涌起浪潮，在你耳边轰响着不息的呼喊，使你不能不相信阳光的力量和它真实的存在。

和阳光对话，感受光明、温暖、向上、力量。即使不用铜号和鼙鼓，即使是喁喁私语，那声音里也没有卑琐和阴暗，没有湿淋淋的、怯懦者的哀伤。

你得像一个辛勤的淘金者，从闪动在白杨翻转的叶子上的光点里把握阳光的语音节奏；你得像一个朴实的农夫，把手指插进松软的泥土里，感知阳光温暖的语言力度。如果你是阳光的朋友，就会有一副红润健康的面孔和一窗明亮晴朗的心境。

阳光，是一种语言，一种可以听懂的语言。

让思想插上双翅遨游

阳光，对我们青少年而言，十分熟悉，朝晖夕阴，谁都经历过；

语言，更不用说，学习，生活，须臾离不开。把“阳光”和“语言”看来互不相干的两种东西联系起来，是作者独有的想法，没有这奇特的想象，就不可能有如此别出心裁的吸引人的标题。

阳光是一种什么样的语言呢？让我们随着作者思想的双翅飞翔。清晨，它与树叶攀谈，与鲜花对语，是最明亮、最透彻的语言，乐得叶子颤抖，花儿开放，生意盎然的美景令人陶醉。暗夜之后，严寒之后，黑夜到来之前，它的语言最动情，能带给人喜悦、温暖，能诉说离情别绪。语言通人意，阳光与人的情意难舍难分。雨后的斜阳向人们展示语言的美丽与才华，展示语言充满智慧的禅机，它的魅力在于消解现实的郁闷，变狭窄为无边无垠的开阔，变单调为丰富多彩，使人的精神世界得以提升，景美、人美，语言令人心醉。显然，第 1 段、第 3 段、第 4 段文字告诉读者，语言有情义、有智慧、有美丽的色彩，从自然界到人世间，它在撒播美好。

这样说来，文章第 2 段是否多余？事物总是复杂的，阳光语言带给自然界花草树木，带给人间以美好，但也会带来燥热，使人昏昏欲睡。作者全景式地推出阳光语言，展现一幅幅美景，如果不是开展想象，不是思想上下遨游，就不可能超越时空，把诸多情境缀合在一起。丰富多彩来自合理的想象。

想象的内容来自现实生活

想象不是胡思乱想，要有实实在在的内容。想象的内容来自现实生活，想象是以生活和知识为基础的。举例来说，孙悟空三打白骨精的故事无人不知。因生活中有猴、猪，《西游记》作者吴承恩发挥想象，就创造出孙悟空、猪八戒等形象；生活中有正气，有邪恶，而邪恶总是诡计多端，变换出种种伪善面目欺骗善良人。源于对生活的深刻认识与理解，作者创造出白骨精的丑恶形象，创造出孙悟空以变化多端的神力与屡施诡计的妖精反复斗争的故事，以巨大的魅力吸引千千万万读者。小说如此，散文的想象也同样源于生活，源于对生活的精细观察与深入体验。

观察，就要锻炼自己的眼睛。既要注意事物的整体，又要注意它的局部和细部；既要观其静态，又要了解其变化，多角度、多侧面地观察、分析，就能采集到丰富的写作材料。如果只注意一鳞半爪，在记忆中只会留下破碎不全的印象，难以采撷质地优良的写作材料。《阳光，是一种语言》的作者对阳光在各种状况下的情态、功能等观察入微，有自己独特的感受，因而，笔头带彩，创造出优美的意境。如：晨曦中，绿叶、花朵、花瓣承受阳光时的兴奋、欢乐，展现的美色美姿，作者用“心”感受，观察到阳光语言的明亮、温馨。又如：在暗夜、严寒中，人们对阳光的期盼；黄昏时，人们对夕阳的依依不舍，作者体验到阳光语言的温暖、力量、深情。再如：雨后斜阳能使人神思飞越，带给人美丽的憧憬和不尽的遐想，作者观察到阳光语言的奥妙、智慧、向上，充满禅机。至于“对大众演讲的平庸演说家”，同样是生活中观察所得。面对燥热、嘈杂，听者躲也来不及，阳光语言却仍喋喋不休，不解人意。因为作者平日对事物看得仔细，看得真切，能见别人之所未见，所以能从多种角度刻画出阳光语言的风采，引领读者跟随着它展翅翱翔。

对话交流，解读阳光

这篇文章的特点不仅在于作者放飞想象，解读阳光语言，而且在于作者与读者亲切交流，引导读者关注生活，解读阳光。

文章前半部分是作者解读阳光语言的丰富内涵，行文至第 5 段，笔锋陡转，向读者讲述应如何理解上述的阳光语言。先强调它的虚幻，不复存在。因为金黄的叶子不是黄金，粼波里晃动的金箔并非真实，七彩的虹桥只是意境，不能攀缘，这些不过是阳光语言的非凡创造。紧接着，又阐明它不是空虚的，因为在你心中已留下切切实实的图画。你们不妨想一想，“空虚”“真实存在”岂不矛盾？其实不然，作者用看似矛盾的语言从不同角度刻画阳光，使阳光语言的功能、作用更具魅力。客观景物上的阳光瞬间消逝，而心中的阳光真实存在。作者用心解读过阳光，因而情不自禁地直抒胸臆，赞美阳光，给读者以感染。

作者敞开胸怀倾诉，仍意犹未尽，于是，直接对读者提出解读阳光语言的要求，要求把握阳光的语音节奏，感知阳光温暖的语言力度。这样用笔，就往深处开掘了一大步。作者的意图不仅是要读者分享文中解读语言的欢乐，而且是要读者亲身实践，亲历其境，亲自感受，深刻体会阳光语言的神韵。阳光是一种语言，当然要用心听，并用心听懂。文末点题，回应全文。

读读　做做　写写

1. 画出文中的排比句，分别说明它们的含义与作用。

2. 你是怎样解读阳光的语音节奏和语言力度的？说给作者听，与他交流心得体会。

3. 你怎样理解“如果你是阳光的朋友，就会有一副红润健康的面孔和一窗明亮晴朗的心境”的深刻含义？

4. 雨，有语言吗？试写一两段雨的语言，放飞想象，不受拘束。